Bill —
Keep the Faith

THE BALDING HANDBOOK

The Five Stages of Grieving
for Your Hair Loss

by

David Stern

Eckhartz Press • Chicago

ECKHARTZ
PRESS

The Balding Handbook

Printed in the United States by Eckhartz Press

First Edition

ISBN: 978-0-9848049-6-2

Photography by Ray Nilsen

Cover and interior design by Kelly Hyde

The names and identifying characteristics of some of the individuals featured throughout this book have been changed to protect their privacy. Any resemblance to actual persons, living or dead, events, or locales is entirely coincidental.

This publication is designed to provide accurate and authoritative information in regard to the subject matter covered. It is sold with the understanding that the publisher is not engaged in rendering legal, accounting or other professional service. If legal advice or other expert assistance is required, the services of a competent professional person should be sought.

—*from a Declaration of Principles jointly adopted by a committee of the American Bar Association and a committee of publishers.*

Dedication

*For Michelle, my soul mate, my best friend
and my sunscreen advisor.*

THE BALDING HANDBOOK

Forehead

Every balding man has that one moment of self-discovery that changes his life forever. Mine occurred in a 7-Eleven more than twenty years ago, but I remember it like it was yesterday. I was standing at the counter waiting for the cashier when I glanced up at the little closed-circuit security TV screen. A balding man was standing in front of the counter, wearing the exact same shirt I was wearing. I looked around the store searching for that poor schlub. There must have been another counter on the other side of the store.

There weren't any other counters.

There weren't any other poor schlubs.

The only schlub was me, and holy crap, I was going bald. (Incidentally, that was the last time I stepped into a 7-Eleven.)

Your balding moment of discovery might have been slightly different. Maybe you heard a "thwack" sound when a raindrop hit your head. That's not a sound you can ever forget. Maybe you were asked by the DMV clerk if you wanted your hair color listed as "bald," or maybe your friend or colleague asked you if you were related to the actor who played Uncle Fester in the Addams Family.

It doesn't matter how it happened, the point is that knowing you're going bald is just the first step. You have to learn how to deal with that painful fact.

In her bestselling book "On Death and Dying," Dr. Elisabeth Kübler-Ross broke down grieving into five stages: Denial and Isolation, Anger and Rage, Bargaining, Depression, and Acceptance. A balding man also goes through all of those stages as he grieves for his hair loss. In my many years working as a baldologist, I have adapted Kübler-Ross' theories and techniques for the balding man, and after years of begging and pleading from my beloved baldies, I finally put pen to paper, and created "The Balding Handbook."

What if you don't think you're a balding man — do you still need the help this book provides? Listen, to be totally blunt, if some mean friend gave you this, you *are* a balding man. But here's the funny thing, even though a jerk may have given you this book to mock you, the wisdom in its pages really will help you work through each of those stages of grieving.

I won't sugarcoat this — there will be some painful moments. But by the time you finish reading "The Balding Handbook," you will have found your path to hair salvation. There won't be anything those jerks can do to hurt you anymore. Come join the rest of us, the balding-self-actualized, as we slowly and methodically take over the world.

Yours in baldness,
David F. Stern
MBA (Master of Bald Advocacy), and
BhD (Honorary Doctor of Baldology)

WELCOME
BEAUTIFUL
AWESOME
LADS

STAGE ONE:
Denial & Isolation

In a lot of ways, this first stage of grieving is the most tragic because many of our balding brothers never get past it. You've seen those poor suckers yourself, with their ridiculous hats, combovers, plugs, and pieces, but have you ever really thought about how other people see *you*?

Buckle up, my friend, before you turn the page. This entire section could be one big hand mirror. Don't smash it. It could give you seven years of bad luck.

CHAPTER ONE
Hats: The Bald Man's Crack

I wasn't even there when you "used" that first time, but tell me if this sounds familiar at all. You were about to leave for a party and you saw it lying on the coffee table. It had been lying around the house for a while and you hadn't paid much attention to it, but suddenly you were rubbing your fingers on it gently; wondering, wishing, thinking.

"Maybe if I just did it one time."

You took it into the bathroom and indulged. When you looked in the mirror, a subtle sensation of warmth coursed through your veins. You began feeling like you did when you were a kid; young, hopeful, carefree. You liked this feeling—you liked it very very much.

Most balding men tell an addiction story almost identical to your story. It started just as innocently, but before they knew it, they were hooked on "bald man's crack" and couldn't leave the house without a hat.

1-1 The Baseball Cap

98.7% of all balding men in Stage One have been addicted to this at one time or another, even people in countries that haven't heard of baseball. It's so common that you might not have even noticed it taking over your life. But let me ask you this, Cubs fan: Are you really addicted to the hundred plus years of losing, or are you just covering your balding scalp with the blue hat? Don't laugh,

Yankees fan. I know you've won 27 championships and all, but if I offered you an autographed Babe Ruth baseball, would you give me your Yankees cap in exchange?

I didn't think so.

If you're over twelve years old and anywhere other than the ballpark on a bright sunny day, there's only one reason to wear a baseball cap. Any woman meeting a man wearing a baseball cap doesn't think, "Oh look, a baseball fan! How youthful and precocious!" She thinks, "Who does that old guy think he's fooling? He's obviously still in Denial."

Sometimes even at a baseball game.

Even if you honestly think you can get away with it at the ballpark, let me ask you this. What are your plans during the National Anthem?

Tales from the Front...

One of my first international distress calls came from an isolated mountain region of Albania. A wife was worried about her husband Agon. He refused to take off his White Sox hat. After a treacherous voyage up the Shkumbin River I finally reached his home. "Why are you wearing that hat?" I asked. "I am big White Sox fan," he said. "They score many goals." His wife looked at me, imploring me to help. "You've never even seen a baseball game, have you?" I asked Agon. He shook his head. "I wear because I am in gang," he pretended to confess. "Flashing my gang signs, bro." A single tear trickled down the cheek of his wife. "Agon," I asked as calmly as possible, "Are you a balding man?" When he broke down and cried, he was taking that first step out of Denial.

1-2 The Harder Stuff

The baseball cap is bad enough, but there are some hats that might as well be laced with Denial PCP. If you ever went through a stage when the baseball cap simply wasn't good enough anymore, did you dabble in the hard stuff?

This won't be easy, but go look in your closet right now. If you find a foam cheese head, an oversized sombrero, a jaunty golf cap, a fruit salad fedora, a Gilligan hat, a cheap straw hat, a Steak & Shake paper hat, a Jughead cap, a dunce cap, and/or a Jack Sparrow pirate hat, there's a very good chance you have a pretty serious Denial problem.

If you've ever said the following sentence: "My collection of Brimwood Toppers is my own personal Sebastian Cabot tribute," stay right where you are. I'm sending my intervention crew over to your house immediately.

> *"I had no idea that it had gotten so out of hand until the first time I saw a photograph of myself wearing that ridiculously large top hat. In retrospect; classic Denial."*
>
> *—Abe L.*

1-3 Paid with Crack

Have you ever wondered why you chose your current profession? Did you choose it for the work you do, the money it pays, or did you choose it for the headgear?

I'm looking at you, cowboy. You too, rodeo clown. Mr. Beefeater (or any other guard employed by the Queen of England), take a good hard look at yourself. Mall security guard—you too.

Not to mention you, Village People tribute band member. And if you think you're fooling me, Salvation Army bell ringer, you have no idea who you're dealing with.

Take a moment and think about what led you down this career path. Be honest with yourself. You may have based your entire life on Stage One Denial.

Tales from the Front...

I once got a call from the family of Andy A. They were in a panic. "Please come help, Mr. Stern. Our Andy has one of the worst cases of balding Denial ever recorded." I told them to calm down, that I had seen it all. "No one is unsave-able," I said. "Where can I find him?" They sent me a plane ticket. Andy had moved to Switzerland to become an alphorn blower for Ricola.

CHAPTER TWO
The Combover

The official origins of the combover can be traced back to May 10, 1977. Frank Smith, an Orlando police officer, was issued United States Patent #4,022,227 for the creation recommended by his son Donald. Donald advised his father to grow his hair longer on one side, and comb it over his gigantic bald spot. Frank agreed, and became the first one to proudly put his name to the "Combover."

Needless to say, he wasn't the last.

Are you one of Frank's followers? If so, you need to know something very important. All Stage One balding men in the midst of Denial face ridicule, but it's hard to find one that is ridiculed more than you are.

No offense.

2-1 Combover Varieties

"But Dave," you might say, "I definitely do not have a combover."

Are you 100% sure about that? Combovers come in all shapes and sizes. Here are just a few different types, and it's not even an all-inclusive list.

The original combover trademarked by Frank Smith is commonly referred to as *The Flip* at our balding conventions. (It's also quite commonly used at another convention held every four years.) If you're spending an hour after every shower flipping your hair from one side to the other, you may not be a Republican, but you're most definitely sporting the Republican Party's combover of choice ever since former New York mayor Rudy Giuliani "flipped" his way into the hearts of voters nationwide after 9/11.

The *Frontal Tuft Fluff Up* is probably the most sophisticated combover. A FTFU wearer takes the few remaining hairs on his frontal scalp, and teases them, or "fluffs them up" above the forehead to disguise the vast wasteland behind the tuft. The Frontal Tuft Fluff Up became the Democratic Party's combover of choice when former Vice President Gore used a tiny little tuft of frontal hair to create the magical illusion of a full head of hair. Unlike most FTFUers, Gore managed to pull it off by never allowing photographs to be taken from behind, and employing round-the-clock hair magicians to make his trees look like a forest. Unless you've got the Secret Service protecting you from rogue photographers (which you don't), invented the internet (which you didn't), you've got millions to waste on hair magicians (which you don't), or you're planning on participating in thousands of police line ups, the only thing your FTFU will create is a maximum amount of snickering behind your back. After all, anyone looking at you from that angle can see how ridiculous you look.

The Taliban, also known as *The Swirl* and *The Soft Serve Ice Cream*, is one of the more creative combovers. The hair is grown especially long on one side, just like *The Flip*, but instead of simply flipping the hair, the Talibaner swirls his hair into a hair mat on top of his head. Former University of Illinois and New Mexico State basketball coach Lou Henson was probably the most famous devotee of this technique. He was also widely mocked. On the other hand, the Taliban has been around for hundreds of years in the Middle East. Some historians believe it was the original inspiration for the turban.

The Trump is probably the most recent combover innovation. Trumpers grow their hair really long in the back, flip it toward the front, and keep it in place with ozone-layer-killing industrial strength hairspray. There's no need to see the certificate of the bozo that "birthed" this movement, but suffice it to say that baldologists everywhere get a certain glee when they tell their clients that this ridiculous combover must be told: "You're fired!"

Personal Pain...

I too, have experienced the unrelenting pain Stage One can cause. It was Memorial Day, 1992 when a couple of buddies and I attended a Chicago White Sox game. After a beautiful color guard presentation honoring our fallen, we all stood in reverence for the Star Spangled Banner. Right around the time the ramparts were gallantly streaming, a Green Beret behind me requested I remove my cap. Mired in the throes of Denial, I refused. He yanked my hat off, revealing my impressive Taliban combover. I woke up during the eighth inning. Those were confusing times.

Baldologists Glossary: CTNC Ratio...

Baldologists can often tell before we even meet our clients if they'll have a combover based on their occupation's CTNC Ratio (combover to non-combover). Certain occupations are almost certain to have a very high CTNC ratio—for instance, basketball coach, comic book store owner, high school math teacher, politician, and used car salesman. Other occupations have extremely low CTNC, including snowboarders, wing walkers, hot air balloon pilots, twister chasers, and pirate ship lookouts.

Tales from the Front...

One of my most recent clients, let's call him Vinnie A, simply wouldn't cop to having a combover. It wasn't until I tailed him on a particular windy day and photographed his one giant hair flapping in the wind above his otherwise bald head that he admitted to creating a Taliban every morning. Incidentally, he got a head start on the second stage of grieving when he shook his fist in the air and screamed violently at nature's evil force, his new arch enemy: the wind.

2-2 Combover Explanations

Scientists, sociologists, beauticians, and women have wondered for years what on earth would cause such an intelligent and reasonable man to create something as outlandishly tacky as a combover. Is it caused by a virus of some kind? A psychological disorder?

Even baldologists haven't been able to come to a consensus, but most of my colleagues believe it's caused by Phantom Hair Syndrome (PHS). This is similar to Phantom Limb Syndrome (PLS) which affects amputees. When you suddenly lose something that has been a part of your body your entire life, it's natural to feel it's still there even when it isn't. Many amputees still swear they can feel their limbs. Likewise, balding men swear they can still feel their long departed hair. Since combing a bare scalp can be really painful, they comb over their remaining hair without even thinking about it. PHS sufferers often have no idea they are walking around with ridiculous looking heads.

If you're worried that you might have PHS, just go into a department store dressing room with mirrors on at least three walls. Be careful. This is a pretty drastic step. Make sure to take a deep breath before you open your eyes. What you see may just shock you. If you see a Flip, a Frontal Tuft Fluff Up, a Taliban, or a Trump, people have probably been making fun of you for years.

Don't fret. Now that you see the problem, you're probably ready to jump into the second stage of grieving, which by the way, is easily the most enjoyable stage.

Some of your balding brothers aren't that lucky. You can read about those poor schlubs in the next three chapters.

Baldologists Glossary: NHF, NFA, NMH, and YWSHY...

Most baldologists consider PHS the definitive explanation for the combover, but there are other schools of thought. For instance the MaHAIRishi believes in the NHF theory, which simply means you have "No Honest Friends". Other baldologists believe in the NFA theory, meaning there are "No Females Around". A baldologist that refers to NMH is telling you that you have "No Mirrors in your House," and if you hear that you've been diagnosed with YWSHY, my sympathies are with you, because "Your Wife Secretly Hates You".

CHAPTER THREE
Grasping at Straws

It's one thing to try to cover up your baldness, like the hat addict or the combover victim. It's another thing altogether to attempt to reverse course, to defy genetics and God's will. Nearly every balding man in Stage One Denial will hold on to the edge of the hair cliff by trying one of the products described in this chapter.

Just so you know, the people peddling this stuff are making money on you only because you're stubbornly refusing to go to the next stage of grieving. The sooner you move on, the longer it will take them to afford elevators for their car garages.

3-1 Hot Head (U.S. Patent 6,024,100/Issued 2000)

The Hot Head is an apparatus shaped like a helmet and worn on your head. After the helmet is in place, you simply click on the steam generator and open the valve. The Hot Head then sprays "hair restorer" onto your scalp and follows that up with a blast of highly compressed air, which forces the hair restorer into your scalp.

As much as it bugs me to have my clients taken advantage of like this, I don't get too upset with the Hot Head folks. Even though I know steam cleaning absolutely will not make your hair grow, it will make your scalp nice and shiny.

At least you'll be clean.

3-2 Good Looking Hair (GLH)

GLH is billed as the "latest breakthrough" in hair loss treatment. Administered through a spray can, GLH contains thousands of "almost life like" fibers that will adhere to the scalp and existing follicles of hair. They call it "Instant hair in a can".

Hair. In. A. Can.

I can't believe you're going to make me say anything more than that.

> **Tales from the Front…**
>
> One of my recent clients, let's call him Jay S., swore that spray-on hair was making a huge difference with the ladies. But when I asked him to give me specific female reactions to it, it quickly became clear that he could offer no details. So, I asked him to name any female he had been with since he began spray painting his bald spot. His answer: "Rosie Palmer."
>
> No further questions, Your Honor.

3-3 Low Level Laser Technology (LLLT)

With LLLT, low level laser beams are shot into the bald scalp. According to Lasercomb (one of the leading products using this technology), "Laser light nourishes and revitalizes your hair. Light is energy and living cells like light. Your hair is no different."

A few quick questions. Have you ever been outside without a hat on in full daylight? What was more likely to grow on your scalp — hair or blisters? When was the last time you changed the bong water?

Bald Truth...

There are only 5 proven methods of restoring hair:

#1: Get bitten by a werewolf.

#2: Wear the enchanted skin of a dead wolf or werewolf.

#3: Drink water from a wolf's footprint.

#4: Eat a wolf's brain (a little cayenne pepper really brings out the flavor).

#5: Have sex with a werewolf and survive.

3-4 Dead Sea Mud

Dead Sea Mud is also sold to prevent hair loss. The nutrients in the mud are said to have "restorative powers". Read it again: *DEAD* sea mud has *RESTORATIVE* powers. I know that the whole *Dead* being *Restored* thing has happened once before, and it happened in the Dead Sea's general neighborhood, but if you're not seeing locusts falling from the sky, you might want to keep walking past the package of mud in the hair-care aisle.

Denial is not just a river in Egypt. Besides, ever notice all the bald Jews?

3-5 Rogaine

I make no judgment about the nickname the people who make fun of you behind your back have given this product (Nogaine). I only point out to you that one of the main ingredients of Rogaine is alcohol. In your lifetime has anything good ever happened to you when you were indulging in alcohol?

That's what I thought. So tell me again why you believe that rubbing it directly into your scalp will help?

3-6 Propecia

Because Propecia is a prescription drug, the makers of it have to reveal the potential side effects. The good news is that they claim it promotes hair growth for a significant portion of users. The bad news is they also disclose one of the side effects is "difficulty achieving erection". Why did you want to grow hair again? Irony alert, anyone?

And people wonder why Denial is the cruelest of all the stages of grieving.

3-7 Emu Oil (U.S. Patent 5,958,384/Issued 1999)

The abstract for the Emu Oil patent states: "Emu Oil can be topically applied to stimulate melanogenesis in the skin and stimulate hair growth."

Ever seen an emu? Let's just say that they don't exactly look like Jon Bon Jovi in the head area. I wonder if they've ever considered rubbing in some emu oil.

Tales from the Front…

When I first began counseling fellow balding brothers, and they would tell me about some of the products in this chapter, I had a hard time not calling them stupid to their faces. The closest I got was when my client Steve Q. asked me if I could score him some emu oil. I couldn't help myself. I said: "Give me a check for $575, and I'll contact my emu oil dealer. For accounting and tax purposes please write 'IMA DUMASS' on the memo line." I seriously considered cashing that check too, before my professionalism took over.

CHAPTER FOUR
Extreme Measures

As you've already discovered, there are all sorts of different types of balding Denial. I'm never thrilled when I see my balding brothers succumb to hats, but they are relatively harmless. I'm more embarrassed than worried when I see combovers. I'm troubled when Stage One Deniers shell out their hard earned money on products that don't work.

But there's one type of Denial that actually makes me wince.

The people who do the procedure call it a "hair transplant." I call it "drilling ten thousand little holes in your scalp."

4-1 Fun with Self-Mutilation

Check any phone book (remember those?) and you'll find dozens of hair transplant clinics listed in your area. If you're thinking about getting one, be prepared to write a check for between $3,000 and $10,000. And that's just the cost. Let me describe how it works. It sounds like a technique that a Nazi prison guard might have suggested. Hair is ripped out of the only part of your scalp that isn't bald yet (they call it the permanent donor zone) and is inserted into lots and lots of little holes that have been drilled into your scalp.

Sound like fun?

But what if you have an incredibly high pain threshold and an unlimited bank account? Should you consider getting a transplant then? Try thinking about that next step (after the bleeding stops on your head and your scabs are fully hardened and not quite as visible as they once were) when you arrive at work on that first day with a full head of injected-into-tiny-holes-hair. Which of the following comments do you anticipate getting from your colleagues?

#1: Hey Bill, you look great. Is that a new sweater?

#2: (holding hand over mouth) Oh my God!

While you are tussling your new head of hair gently so the scabs don't break open, your co-workers will be calling everyone in your department. Before you know it, people will be asking you if you have any extra staples.

If you haven't done it yet, I implore you, please, don't get one of these mutilating procedures. If you've already spent a fortune to have someone maim your head, I'm sorry that there's nothing I can do to help. You might want to look into some of the techniques used by your former balding brothers in the next chapter.

Tales from the Front...

It doesn't happen often, but every now and then I'm not called in until it's too late. There was one government official who was obviously in deep Denial. For years he sported a traditional combover, but he was only a Senator then. It wasn't until he began running for national office that I saw he had taken the next step; mutilating his head. He called me into his office after the procedure: "What can I do?" he asked. "People are staring at my suddenly full head of pluggy hair." I told him that it pained me to admit it, but there was nothing I could do to help. I said: "My recommendation is to drop out of the public eye and disappear." He took my advice and became the Vice President.

Stage One Balding Role Model: Carl Reiner...

Carl Reiner started going bald at a very young age, but he was an actor, and therefore felt he needed to wear a toupee to continue securing roles. By the early 1960s he abandoned the charade in a big way. As the writer/producer of the Dick Van Dyke Show, he cast himself as Alan Brady. Brady wore toupees, but Reiner made sure that all his viewers knew it. There were several episodes about the toupees, and Brady was the butt of the joke. When a former Denier takes the step of mocking himself and his fellow deniers, he is a role model for Stage One balding men everywhere.

4-2 Hell Toupee

There are two kinds of people in the world that can't spot a hairpiece: blind people and dead people. You have a beaver on your head. People don't miss that sort of thing.

Don't be taken in by those tempting commercials of that guy swimming with his hairpiece. "Look! That guy can go swimming and it looks completely natural!" If you were on-set watching them film the commercial instead of watching it via your two dimensional television, you'd say something completely different. You'd say: "Hey buddy, you have a wet beaver on your head! Better drop that hot chick pretending like she doesn't notice and run for your life!"

Don't feel bad. Every single balding man in history has given it some thought. Every single one. Balding folks from all walks of life.

But you know in your heart that they don't work, don't you? Think of all the different celebrities you've seen wearing toupees in your lifetime. Each and every one of those guys is a gazillionaire and can afford the very best quality hairpiece, and yet, you can still spot their fake hair piles from a mile away.

Are you fooled by Burt Reynolds? He was balding in 1970, and now has a furry rodent living on his head. Although in fairness to Burt, at least he's chosen to wear a gray one; 70-year-old Marv Albert's fluffy hedgehog piece is Elvis-black. Looks totally realistic, Marv.

What about Elton John? He was almost completely bald by 1976, and now he has bangs. Greg Gumbel was a balding sportscaster working in Chicago in the 1980s, but has apparently been hit by a hair truck. You can actually see the tape on Sam Donaldson's head. And William Shatner…dear Lord…your five year mission is, to boldly go where only one other starship captain (Jean Luc Picard) has gone before.

Hairpieces don't work for those guys, and they won't work for you. It's OK to consider it, but the second you do, please understand that you are only doing so because you're deep in the depths of Stage One Denial. But there is good news here, too. The hairpiece is often the end of the road, the last gasp, the final sign that you're coming close to overcoming your Denial. Seeing how bad it looks is often the final nail in the Denial coffin.

Unfortunately, some of your balding brothers respond by going even deeper into Denial — a Denial so deep you can't even find it. Their incredibly sad stories are next.

Tales from the Front…

At a recent baldologists symposium I was asked which celebrity has the best chance of overcoming his hair Denial. For me, that was an easy one. "Elton John," I said. "He's already proven able to overcome Denial in a different arena. There's no reason to believe he can't do it again."

CHAPTER FIVE
Isolation

There are men who face a moment of humiliation (like the many chronicled in the first four chapters) and emerge ready to move on from Denial. There are others, sadly, who face that same humiliation and go the other direction. Welcome to Isolation; the evil stepbrother of Denial. These are the saddest of the sad, the men who looked baldness in the eye and said, "I'm outta here."

If you're reading these words, odds are you're not one of these men. They wouldn't dare live anywhere where these words could reach them.

History is strewn with men who believed that Isolation was the only answer. These unfortunate balding souls didn't find the happiness or escape they hoped to find, but they did inadvertently chart the course of history.

5-1 The Great Explorers

The Age of Exploration was the time between the end of the Middle Ages and the beginning of the Renaissance. It wasn't an easy time for balding men because the wig hadn't yet been popularized. How motivated were these men to run away from the mocking they endured? Seemingly healthy men volunteered to go on boats without the slightest notion of where they might land. You think they were just in it for the rickets? A few examples…

Christopher Columbus was willing to sail off the end of a flat earth.

Marco Polo went looking for the Orient. Is that far enough away for you?

Ponce De Leon didn't even hide his motivation. He was looking for the Fountain of Youth. In retrospect, he was the most tragic of all the explorers because of his desired destination and the ironic place he arrived instead: Florida.

All three of them, and the hundreds of other aimless sailors from their era, learned Isolation's sad and lonely truth: You can sail, but you can't hide. When you emerge from the sea on the other end of the Earth, you'll still be balding.

> *"I was hired as a guide for these two balding guys. When I asked them where they wanted to go, they said 'Away. Just far, far, away.' So I just took them west. I figured we'd hit an ocean or something eventually."*
>
> *—Sacagawea*

5-2 The American Explorers

Before you go mocking the Europeans, realize that the Americans have had just as many tragic tales of so-called "explorers".

There is one case in particular that is truly tragic. His name was Zebulon Pike. In 1805 Pike said he was going north to find the source of the Mississippi, even if that took him all the way to northern Minnesota. A man *volunteering* to go northern Minnesota before there were Indian casinos? I don't even need to see a painting of him to know whether or not he was balding.

It's enough to break your heart.

5-3 The Poles

After all the countries and all the seas had been explored, there were only two more God-forsaken places that Isolation-minded balding men could go, the Poles.

What kind of man volunteers to explore the North Pole or the South Pole? Admiral Robert Peary, the first man credited with reaching the North Pole, was a balding man. Roald Amundson, the first man credited with reaching the South Pole, was a balding man. Santa Claus, the only official resident of the North Pole, is a balding man.

The stories of the men who travelled all the way to "discover" the poles are bad enough, but the story of the man that chose to stay there is THE textbook example of Isolation. Over the years his Isolation has gotten so bad that he only comes out one night a year.

5-4 Space

By the 1950s, Isolation had almost died out among balding men. There was literally nowhere to hide on the face of the Earth. Ah, but then the U.S. and U.S.S.R engaged in the space race, and suddenly it was no longer necessary to even stay on the Earth. Get your pencils and scorecards out and take a good hard look at the men who volunteered to get into a capsule and be shot into space, with no real knowledge of whether or not they would ever return.

Neil Armstrong – balding.

John Glenn – bald.

Buzz Aldren – balding

Sad, sad, men. You'd think that wearing a space helmet, going millions of miles into space, and even hanging out on the moon would be enough to escape the glare of society. Who put those cameras everywhere?

5-5 Nowhere to Hide

I don't care who you are, or where you think you're going to escape to, there is nowhere in the universe that will provide you with the comfort you seek. There is no such thing as the "Balding Witness Protection Program." Every corner, nook, and cranny that humans are capable of reaching, have been reached and inhabited. You can't escape.

I still hear from the occasional family of "Isolation" seekers, but today they usually just try to stay in their homes and apartments, shut the door, and never go out. Try that if you want, but at least one day a year another guy just like you will come down your chimney uninvited. And if he doesn't get his milk and cookies, he's no less judgmental than anyone else.

CHAPTER SIX
Denial Shock Therapy

Hopefully I've helped you see the way; made you realize that you've been living in Denial. If so, by all means, move on to the next stage of grieving — Anger and Rage. (It's a lot of fun).

If, however, you received this book as a gift, and you still think that staying exactly the way you are is just fine, it's time for my extreme balding therapy. This is when I sit my hopeless clients in a chair (like you), strap them down, and force them to listen to my words minus the soothing therapy. I don't like to do this to my own people, but sometimes it's necessary.

Ready? OK, here goes. My apologies in advance for the language.

"Hey Pablo! Nice beret, you friggin Cueball! Why don't you paint me a big bald unrecognizable impressionistic piece of shit!"

"Hey Swirly Boy! Come help me curl up my garden hose — just pretend it's that ridiculous strand of hair on your bald head!"

"Hey dipshit! I just bottled the sweat from my balls. It promotes hair growth, but only if you drink it. Give me $395 in cash and it's all yours."

"Hold still Marv! Don't make a move! I'm going to get my huntin' rifle and shoot that black squirrel off your bald friggin head!"

"Hey Santa! I know you have to check your lists twice to see who's naughty and nice, but I only have to check your head once to know who's bald. Suck on that, fat man!"

OK, that should do it. Welcome to Stage Two — Anger and Rage. You're in the right frame of mind now.

STAGE TWO:
Anger and Rage

In this second stage of grieving, you've overcome Denial, but now you're beginning to realize how unfair it is that you're going bald and other people aren't. What the hell is the deal with that? Your Anger will begin to bubble every time you see a Fullhead — whether it's a celebrity with flowing locks, or a relative with the exact same genes who miraculously isn't afflicted — and before you know it, you're a boiling cauldron of hate.

My job as a baldologist is to take that natural hate and direct it as productively as possible. Executed correctly, Stage Two can be a lot of fun. Executed incorrectly, and you may be executed.

It's a fine line.

CHAPTER SEVEN
Who Should You Hate?

In the first few days, weeks, and possibly months that you're struggling through Stage Two, you'll probably lash out at the people closest to you. I don't mean closest family members per se, I mean the people that are physically closest to you. That guy right there — what the hell is he looking at? "You got a problem, buddy? Want to take this outside?"

Needless to say, this isn't using your hatred productively. You can't hate everybody. The title of the chapter is "Who should you hate?"

The answer is simple: Fullheads.

7-1 What is a Fullhead?

A Fullhead is someone who managed to make it through life without losing his hair. What has he done to accomplish this? Absolutely nothing. And yet he flips his hair back and forth out of his eyes like he owns the place.

Make no mistake about it; Fullheads are the sworn enemy of the balding man. They are the ones that have convinced our culture to place importance on meaningless things (like hair), while ignoring actual admirable traits (like intelligence, morality, and virility).

If you can't hate Fullheads for that, rookie, why don't you just go home and put on a dress.

"I can't help it. I just like bald people better."

—Jesus C.

7-2 Religious Justification

If you've been raised in the Judeo-Christian tradition, you've probably been taught that hating is bad. However, a little delving into the good book will show that there's a religious justification for directing your Anger at the Fullhead.

Kings 2: 23-25… "As Elisha was going up the road, some boys came out of the road and jeered at him, saying 'Go away baldhead, Go away baldhead.' He turned round, looked at them, and called down a curse on them in the name of the Lord. Thereupon, two she-bears came out of the woods and mangled forty two of the children."

I Corinthians 11:14… "Does not the very nature of things teach you that if a man has long hair, it is a disgrace to him?"

It's right there in Biblical black and white—Fullheads are second fiddle in the eyes of the Lord—and yet, they mock their superiors.

If you can't hate Fullheads for that, rookie, why don't you get a box of Kleenex and curl up with a Harlequin Romance.

Personal Pain…

When I was going through Stage Two, I got tired of quoting those two biblical passages, so I made up another one. It's not technically in the Bible, but I discovered that nobody ever double-checked. Repeat something enough times and it becomes the truth. Just ask John Edwards or Karl Rove.

Baladiah 8:14… "Damned to eternal fire are those with hair. All bald men will live for eternity in heaven with their privy parts of stallions."

7-3 Governmental Justification

In the early part of the 00s decade, the president of the United States declared that there is an "Axis of Evil". He was referring to Iran, Iraq and Korea.

Note that Iranian president Ahmadinejad is a Fullhead. Saddam Hussein, who was the leader of Iraq at the time, was also a Fullhead. North Korea was led by crazed dictator Kim Jong Il. His hair added a full two inches to his height; perhaps the most classic case of Fullhead evil the world has ever seen. That's three for three; three evil countries led by three evil Fullheads. It's as simple as this; Fullheads are evil. That's the *official opinion* of the greatest country in the world, the good ol' U.S. of A.

And despite being officially branded as evil by the American government, Fullheads still mock those of us that are virtuous.

If you can't hate Fullheads for that, comrade, why don't you take your hammer and sickle and get the hell out of our country.

Tales from the Front...

One of my clients completely rejected my example of governmental proof at first. "How can you believe anything George W. Bush says? Not only is he a Fullhead, his father vomited on Kiichi Miyazawa, the greatest bald Japanese Prime Minister ever?" he pointed out. "It takes one to know one," I countered. "If a Fullhead says Fullheads are evil, who are we to contradict him?"

"Yes, I killed women and drank their blood. Wouldn't you if you had an incredible head of hair?"

— *Vlad the I.*

7-4 Genocidal Justification

It's no coincidence that the worst mass murderers in history were Fullheads. They didn't have the excuse of being cranky because of Stage Two. Consider these sobering statistics:

Stalin. . . . . responsible for 20,000,000 deaths

Hitler . . . . responsible for 12,000,000 deaths

Genghis Kahn . . responsible for 40,000,000 deaths

Jim Jones . . . . . . responsible for 909 deaths (what a pussy)

Now consider that bald man Jonas Salk saved millions with his polio vaccine.

If you can't hate Fullheads for that, rookie, why don't you and your red armband go hide in a bunker somewhere.

Stage Two Balding Role Model: The Bald Eagle...

The bald eagle is not just a majestic animal, he is our national symbol. Does the bald eagle hide his baldness? No, in true Stage Two fashion he takes it out on furry (Fullhead) creatures everywhere. Nobody messes with our balding (eagle) brothers and sisters. Nobody.

7-5 Scientific Justification

The Greek physician Hippocrates recognized a connection between the sexual organ and baldness. He noted that eunuchs (men castrated before puberty), did not become bald. That means, of course, that with baldness, comes virility. Any woman that has bedded a balding man certainly has discovered that fact for herself.

Yet, the Fullheads in the media have led women to believe that men with flowing locks are somehow more virile (Fabio? Are you kidding me?).

If you can't hate Fullheads for that, rookie, why don't you just hand over that magnificent instrument of yours. You won't be needing it.

Baldologists Glossary: HLH...

HLH was an acronym used by baldologists several centuries ago. During a balding man's initial physical examination, baldologists noted when a balding man was HLH (Hung Like a Horse). After several generations of natural selection, this has become such a dominant trait in balding men that baldologists no longer even bother checking.

7-6 Hating with a Purpose

Now that you know who to hate (Fullheads), and have voluminous evidence to support that hate, how can you productively use that hate without getting in trouble, arrested, or killed?

That's the million dollar question, and I'll answer it for you in the next chapter for the low, low price of this incredible book.

CHAPTER EIGHT
Refining Your Targets

The key to staying out of prison during Stage Two is identifying targets for your hate that are one of four things…

A) Dead

B) Unreachable

C) Generic

D) Inanimate objects

If you stick with these four categories, you can vent and rage 'til your heart's content. It may even feel kind of therapeutic to get it off your chest.

But most importantly, you probably won't go to jail.

"Do you hear or fear or do I smash the mirror? Smash!"
— Pete T.

8-1 Hating the Dead, Historical Figures

Not the Grateful Dead, although some of them definitely qualify. In this case, I'm mainly referring to dead people who have done serious harm to you specifically and our people more generally. I'll start you off with a few free ones that you might not think about immediately.

Let's begin with George Eastman. Eastman died in 1932, but before he left this Earth he invented the first camera marketed to the masses. If it weren't for George, you wouldn't be spending long afternoons kissing, caressing, and gazing at the worn and tattered photos of yourself with hair. Thanks a lot, George. They say a picture is worth a thousand words, but every time I hear your name I can only think of one: Jag.

Here's another good dead guy to hate: P.T. Barnum. He was instrumental in the development of the funhouse mirror. Looking at a regular mirror isn't good enough for you, Barnum? You had to make us look at mirrors that enlarged already enormous foreheads six to seven times? Thanks so much, I was really hoping to feel like an alien mutant bald headed freak and now I can! That's not what I call a FUNhouse, asshole.

Have you considered hating the very dead Thomas Edison and Joseph Swan? Before they were around, our people stayed indoors until nightfall and were judged strictly on the content of our character. Edison and Swan ruined all that by producing the first practical light bulb. Not only did they illuminate every nook and cranny of every building and street, but now when our people come up bright ideas (which we often do), Edison & Swan's invention lights up directly above our heads. Thanks a lot, fellas. Nobody noticed that reflection before you came along.

What about Edward Scarlett? He devised the side arms for eyeglasses that rest on the ears — which caused the popularity of eyeglasses to soar. Until 1730, our bald brothers were having their way with nearsighted and farsighted women left and right. Thanks to Scarlett we have to limit ourselves to nearsighted or farsighted women that lose their glasses, or forget to wear their glasses, or can't find their glasses because we've hidden them so well.

Dr. William H. Bates is my final suggestion for some healthy Stage Two Anger/Rage/Hate. He's the man credited with making ophthalmologists think beyond eye-glasses to correcting the eyes themselves. Because of Bates, we now have corrective laser eye surgery. Thanks for your "help," Bates.

Do you think it's a coincidence that Alfred Hitchcock named his main character Bates in the movie "Psycho"? Hitchcock was simply going through a very productive version of Stage Two Hate.

Tales from the Front...

One of my older clients, Mel B., pointed out something to me about Dr. William Bates that made both of us feel better. Bates lived in a time when formality in speech was commonplace, especially among the well-educated. That means that before he became a doctor, he was known as Mr. Bates. And when he was a boy, he was known as Master Bates. He not only had a full head of hair, he had a full palm of hair.

8-2 Hating the Dead, Your Family

You have a few people in your family that you'd really like to spend the bulk of your time hating. For instance, your brother. You know the one I'm talking about, the one that somehow has a full head of hair despite having the same general genetic makeup as you. He seems like a logical choice to hate. But here's something you need to remember before you do: Your brother is also alive and can press charges when he discovers that you've drilled a hole in his microwave to expose him to radiation. The police actually investigate suspicious cases like that. They'll find that recipe for Draino Soup on your hard-drive.

But I'm not saying you can't hate your family. In fact, you must hate your family. It's an essential part of Stage Two Anger and

Rage. After all, the hair doesn't fall far from the tree. You are bald for a reason. You're bald because you are genetically predisposed to be bald, and those genes came from your family. That's something worth getting pissed off about. But don't hate the living. Hate the dead. They are ones that passed this on to you.

Hate every other generation of males on your mother's side of the family (one theory of where the balding gene comes from), or hate the previous generations from your father's side of the family (another theory of where the balding gene comes from), but by all means, hate. If you hate all of your dead relatives you're bound to be correctly targeting the prick that gave you the defective gene.

8-3 Hating the Unreachable

It's tempting to hate the guy in your office (probably named Bradley) that all the women secretly love. He's easy to hate with that lush, thick hair of his and that boyish grin. But once again, he's alive and well, and way too easy to injure, maim or destroy. That could get you in big trouble. It's much better to hate the unreachable. Let me give you a few easy examples.

Warren Beatty. Oh Warren Beatty, how much we hate thee. From his very early films, even before he let his hair grow out, Beatty had luxurious locks. By the time his 1975 movie "Shampoo" came out, he had gone from subtly jabbing us with his hair, to roundhouse punching us in the gut with it. Like his character in that movie, he bagged hot babe after hot babe while walking around this Earth with a perfect head of hair. He's safe to hate because he's preoccupied looking for the last good movie he was in.

Hair Bands. Do I need to say more? Poison, Kiss, Twisted Sister, Cinderella, Ratt, Skid Row, Whitesnake, et al. Hate them all.

They've been rubbing your face in it for nearly thirty years now, the long-haired pricks. And they're totally safe for you to hate, because even though these days you can run into them at the local suburban summer festival, you'll realize you can't harm them any more than they've already been emotionally harmed by having to compete against the Tilt-O-Whirl and the corndog vendor for their fans.

Paul McCartney. In 1967 he wrote the line "When I get older, losing my hair, many years from now." It's more than 40 years later and he still hasn't lost his hair. For cryin' out loud, the man's still known as a "moptop" and he's over 70. Hate away. He's safe to hate because he's a Knight (Sir Paul McCartney), and you know better than to mess with guys that wear metal suits.

Personal Pain...

In 1971, the Five Man Electrical Band released a song called "Signs," which includes the line "and the sign said 'Long Haired Freaky People Need Not Apply'." I suppose it's about time that I came clean about that. Those were my signs. I made a fortune selling them. Suck on that one-hit-wonder freak boys, I was going through Stage Two Anger and Rage.

Baldologists Glossary: DHAW...

The acronym DHAW is used by baldologists to show the limits of generic hate. It stands for Don't Hate All Women, because there are a few exceptions to the rule. For instance, any woman that has experienced virile balding love will not judge you—she will desire you. Also, there are a handful of bald chicks, like Sinead O'Connor and the character in the first Star Trek movie, and you can't possibly hate them. Don't get me wrong, you will end up hating most women during Stage Two, but no baldologist worth his salt would allow his client to hate without telling him about DHAW.

8-4 Hating the Generic

During Stage Two Anger and Rage, you might want to avoid hating specific people entirely. There are plenty of generic classifications of Fullheads that are easy to hate. For instance:

Anchormen. As a group, it's hard to top anchormen. Television news directors obviously scour the country looking for genetic freaks that still have fabulous heads of hair well into distinguished old age. The list is endless. On a national level, over the years we've been treated to Walter Cronkite, Dan Rather, Tom Brokaw, Brian Williams, Peter Jennings, Scott Pelley, Brit Hume, Wolf Blitzer, Sean Hannity, Chris Matthews, Geraldo Rivera, etc. Local television news anchors are also hair freaks. Just hate them all, and you can't go wrong.

Movie casting directors are another safe target. Why? Because the evil villains in movies are disproportionately bald. The James Bond series was particularly inflammatory in its portrayal of bald men. No less than three of its evil villains were bald. *Austin Powers* went so far as to call its bald villain, "Dr. Evil." This is not a new trend. Since the beginning of the movie era, the bald character was more likely to be the murderer, the psychopath, and/or the bad guy. Why was it necessary to cast a bald man to play Mr. Potter in *It's A Wonderful Life?* Surely Bela Lugosi was available.

The Broadway musical "Hair" is another great thing to hate, for obvious reasons, but instead of hating the specific people that perform in it, or the jerk who wrote it, if you hate it generically, you can't get into trouble. It still plays all over the country, so there will be lots of opportunities to have it boil your blood. Just leave Treat Williams (one of the original stars) alone. He has suffered enough in his career. If you reserved a weekend to watch all of

Treat's award winning acting performances, you would still have time left over to clean the garage, run a marathon, cure cancer, write a novel, translate War & Peace into Gaelic, do a 34,000 piece jigsaw puzzle and balance the United States budget.

Children. Instead of lashing out at specific kids like the one in the elevator that says to her mommy "What happened to that man's hair?", if you hate all children equally you won't feel the need to lash out specifically. Your own children may have a few rough years, but remember that Anger and Rage won't last forever, and think how much emotionally tougher they'll be if they have to work a little harder to receive Daddy's love.

High school reunions are another easy target of generic hate. There are really only two things that former classmates discuss at those horrible events: the girls that got fat, and the guys that went bald. Just so you know, the girls that got fat usually don't attend. That leaves one target, and you look at him every day in the mirror. For the love of God, don't ever attend reunions (unless your school mascot was the "Skin Heads" or "The Fighting Emus" and school spirit compels you), but feel free to direct your generic hate towards them.

The hair care industry. By all means, hate these faceless generic people who think nothing of charging $20 for a thirty-second haircut. They intentionally sell some of the ridiculous hair care remedies we mentioned in Stage One. But worst of all, they treat us as if they haven't even noticed we aren't Fullheads. Ordering workers to make small talk about mundane matters while pretending to cut non-existent hair is contemptible, and certainly worthy of your generic Stage Two Hate.

Personal Pain...

While I was in Stage Two Anger and Rage, I devised a few fun passive aggressive ways to get back at the subjects of my hate. I bought ugly pets and named them after my relatives. I volunteered to plan the high school reunion so that I could print fake yearly salaries next to the old photos on everyone's name tag. I brought a picture of Brad Pitt to the hair salon and said: "I want my haircut to look just like his." And I created a whole new genre of children's books. My book, *There's an Evil Clown Living in your Closet and He Will Steal All your Toys when You're Sleeping* has been banned in every state except Texas.

8-5 Hating Inanimate Objects

If you see a ChiaPet, by all means, hate the shit out of it. A Ken doll or a G.I. Joe? Their heads easily snap off. Peaches, with their taunting fuzzy skins, fuck those friggin fruits. Fur coats? You may not throw blood on them for the same reason as PETA, but let me tell you, it's incredibly satisfying. Plus, nobody bats an eye anymore anyway.

For me, the best thing to hate isn't technically an inanimate object, but it's not a living, breathing organism either. It's the English language itself. Let me count the reasons why...

#1: Hair Trigger Temper

#2: A Hair Raising Experience

#3: Splitting Hairs

#4: Come Within a Hair

#5: Pull My Hair Out

#6: Let My Hair Down

#7: A Bald-Faced Lie

#8: A Hairy Situation

Is there another language in the world that uses more hate speech against our people? I've consulted with baldologists the world over, and the simple answer is: No, there isn't. If the English language hates us, it's perfectly OK to hate it in return. Besides, I never completely understood that goofy "sometimes Y" vowel rule.

CHAPTER NINE
Our Bad

Before we go any further, we should also show you the importance of using your Stage Two Anger and Rage wisely. Turns out there have been a few examples in history of our people making some bad choices. We're not making any excuses for them, but if they hadn't been so terribly mocked and shown a little sympathy instead, they probably wouldn't have gone a little too far. Remember, they lived at a time when baldologists were scarce.

On behalf of those deceased balding brothers, we offer the Fullhead world a politician's apology: "We apologize if you were offended by our actions."

Our bad.

9-1 The Romans

Roman Emperors had a bit of a balding problem, and it might have led to a cranky outburst or two. There was that whole "throwing the Christians to the lions" thing, and Nero's burning of the entire city, and the attempted "takeover of the whole world" thing, but remember this; even though balding Stage Two Roman emperors did have a bad day or two, Roman society is still credited with some incredible innovations in advancing civilization. Their contributions to government, plumbing, the alphabet, and architecture were more significant than the contributions of the entire Fullhead millennium (also known as the Dark Ages) that followed them. They also gave us the hilarious

Broadway hit "A Funny Thing Happened on the Way to the Forum."

Stage Two Bonus Role Model, Charles The Bald.

Years before Charles The Bald ruled the Roman Empire from 875-877 A.D., his evil brother tried to invade and take over the land which is now France. The righteous, Charles The Bald (with the help of his punctual brother, Louis The German) prevailed and royally kicked his ass. His brother's name? Lothair. Seriously, you can't make this shit up.

9-2 Victorian England

The English of the 19th century had a collective balding problem. When they reached Stage Two, they may have overcompensated a bit by colonizing the entire world into one empire. One of these Englishmen even took it out on his own people. Ebenezer Scrooge gave his countrymen juice loans and foreclosed their properties when they couldn't pay. His Anger was so intense he legendarily made his employee Bob Cratchitt work on Christmas.

Remember this; even though his name is still synonymous with a really bad attitude at Christmastime, he did reform his ways before he died, going so far as to give a Christmas goose to a crippled boy. Sure it took four different ghosts scaring the shit out of him to reform his ways, but the point is, he did reform.

9-3 The Great Depression

In the midst of the Great Depression, the balding Jerome Howard had a rough time grieving for his hair loss. Instead of getting support from his family, his evil Fullhead brother Moe nicknamed him "Curly," slapped him in the face, pulled his nose, and poked him in the eyes whenever he could. Is it any wonder Curly's time in Stage Two was ugly? Before he was done, he had hit people with hammers, ladders, frying pans, pianos, and concrete-filled buckets. He also forced mercury into eyes, scalded people with boiling water, and buried others alive.

Remember this; even though he inflicted random and frequent pain, he never lost his sense of humor. Nyuk, nyuk, nyuk.

Tales from the Front...

My mentor was a baldologist in New York in the 1960s, and he often tells me the tale of his most memorable client, Fester A. This client was apparently creepy, kooky, mysterious, spooky, and altogether ooky. During his Stage Two Anger and Rage, however, he didn't take it out on others—he took it out on himself. He put light bulbs in his mouth and routinely blew up his face. Whatever you do, don't follow in Fester's self-destructive footsteps.

9-4 Modern Day Anger

Those who don't learn from history are doomed to repeat it. Learn the lessons taught to us by the Roman Emperors, the Victorians, and Curly. They had the same Anger and Rage that you're experiencing, but they took it a little too far.

In the pages of this section, I've given you much more productive ways to work your way through Stage Two Anger and Rage. Rant and rave to your heart's content, but there will come a time when you're ready to move on.

When that time comes, Stage Three Bargaining will be waiting for you with open arms.

CHAPTER TEN
Anger Shock Therapy

Hopefully I've helped you see the way, and you have productively worked your way through Stage Two Anger and Rage. If so, by all means, move on to the next stage of grieving — Bargaining.

If, however, you still think that staying angry forever is a good plan, it's time for my extreme balding therapy. Buckle up, pal. I'm not going to hold back.

My apologies in advance for the language.

"Hey nice Warren Beatty dartboard, Harold. You know what he was doing while you were throwing darts at his publicity still from 'Shampoo'? Banging the shit out of Annette Bening."

"Hola, Chuck. I hear you're speaking only Spanish now because English is too mean to bald people. I've got four words for you, hombre: *calvo, escueto, pelarse, pelón*. You're still *el baldo*, pal."

I hate to put it that way, but if you haven't figured it out yet, Anger and Rage is really only a temporary solution to your problem. There's only one person that can help you now, and his name is spelled with a G, an O, and a D.

You'll get know him extremely well in Stage Three.

STAGE THREE:
Bargaining

You'll know you've entered this third stage of grieving the first time you shampoo with holy water or start a prayer with the following phrase: "Dear God, if you give me back my hair, I promise to never…"

Welcome.

In many ways, this is the most desperate stage of grieving. You've already gone through painful Denial. You've already taken out your Rage. And now, you're desperately hoping for a miracle. Anything at all.

In the following section, we'll travel that bumpy path of self-loathing, introspection, and desperation together. I've been there myself, and I know what you're going through.

CHAPTER ELEVEN
Regrets, I Have a Ton

Nearly every balding man starts Stage Three in the same place; inside his brain. Once Denial and Anger haven't helped, he'll start to get that nagging feeling that he must have done something to bring this baldness on himself. Was it something he did? Was it something he said? Did he anger You Know Who?

I hear these questions all the time. Trust me, you're not alone.

You're just in Stage Three.

11-1 Did I Wear a Baseball Cap Too Much?

My mother used to tell me this. She said that wearing hats all the time makes your hair fall out. Have I mentioned that my mother wasn't exactly a scientist? She also used to say that drinking water after eating fruit would lead to diarrhea. In fact, she wore hats all the time and didn't lose her hair. If you have someone feeding you that same line, you must ignore them. Wearing a hat didn't make your hair fall out. You were wearing a hat *because your hair fell out*. (By the way, Joseph Heller, author of *Catch-22* was a bald man.)

I have two words for you to offer conclusive proof this entire theory of hat-inflicted hair loss is ridiculous: Minnie Pearl.

*"Football helmets don't cause hair loss either. If I was still the quarterback of the Steelers, I would root for that MFer Troy Polamalu to be pulled down by his f***** hair on every f***** play."*

— Terry B.

11-2 Is It Because I Visited Pennsylvania in the Late 1970s?

I went there in my mind too after I watched the Jane Fonda/ Michael Douglas film about the nuclear accident. What makes your hair fall out? Of course! Radiation. I was in Pennsylvania (home of Three Mile Island) during the 1970s, and there must have been radiation in the air. That's why my hair is falling out!

Um… no. The band Poison was also in Pennsylvania in the late 1970s. Kevin Bacon was too. So was Jeff Goldblum and Mike Ditka. They're all FROM Pennsylvania.

Pennsylvania didn't cause my hair loss or yours. Although, to be on the safe side, don't visit Bald Mountain in PA. Also, stay away from Blue Ball, PA. On the other hand, Intercourse is a nice place to enter. Just sayin.

11-3 Did I Kill My Hair with a Perm

You didn't kill your hair, just your reputation — those perms looked ridiculous. But even if you got caught up in Brady-mania and you got a perm so you could look like Greg, Peter, Bobby or Mike Brady, it didn't cause your baldness.

This is incredibly easy to prove: Mike Brady (Robert Reed) died with a full head of hair.

11-4 Did My Stressful Job Cause My Hair Loss?

I can't tell you how many times a client will start a conversation with "ever since I started this job, my hair is coming out in clumps. I have to get another job."

I always ask these people the same thing. "What do you think is the most stressful job in the world?"

"President of the United States," they reply.

"Have you seen Bill Clinton lately?"

He still had a glorious head of hair after serving *eight years* as president. Then again, ol' Bill did have a way of taking the edge off.

"I call that a bargain, the best I ever had."

—Pete T.

11-5 What If I Left It Somewhere?

Other than your ambition, your virginity, and your will to live, the only things you've lost in your life up until now are things like your car keys or your wallet. Tell me if this internal monologue sounds familiar to you at all, as you attempt to "find" your hair the same way you found your wallet.

"OK, I've lost my hair. Time to retrace my steps. Where in the world did I see it last? Hmmm, I remember having it in 1983 when I was sitting on the couch watching the last M*A*S*H episode. Maybe it's lost somewhere in the couch cushions."

Can I just save you a lot of time? You're not going to find it there. It's also not in your glove compartment or your junk drawer or the stadium where you saw Depeche Mode.

It has literally gone down the drain.

(And don't hire a plumber to get it back. Only a small handful of it will still be in your drain, and you've got no way of knowing exactly which part of your body it came from, if you get what I'm saying).

11-6 Did I Say Something About My Hair to Anger God?

You logically know that God isn't sitting in heaven keeping a tote board of hair whiners and complainers to smite with hair loss, but it won't stop you from remembering back to your Fullhead days, when you…

~ Bitched about the hair in your eyes

~ Complained about the length of time it took to dry your hair

~ Whined about the wind mussing up your hair

~ Grumbled about your sweaty hair or "hat head"

~ Carped that your hairstylist "didn't cut enough"

Or

~ Lamented how difficult it was to maintain that "Flock of Seagulls" doo.

Look, here's the thing about God. He doesn't get angry at people who complain about their hair. He has a whole different set of things he gets angry about.

We'll take a closer look at those next.

CHAPTER TWELVE
The Big Ten

Once you start thinking that you may have done something to anger God, it won't take long for you to investigate the things that really upset Him. If you're from the Judeo-Christian tradition, there are really only ten things he commands you to do or not do.

The Big Ten. The Ten Commandments. Those babies were literally etched in stone.

Is it possible that God smites people with hair loss for breaking these rules? That's something that will inevitably go through your mind as you work your way through Stage Three, but there's some pretty strong evidence that "hair loss" is not his smite of choice.

Let me just make my case before we get into the nitty gritty of Bargaining.

12-1 Thou Shall Have No Other Gods Before Me

I was right there with you. When I was in Stage Three, I remembered the time I wrote "Clapton is God" on the wall of the high school gym. I remembered the time I wrote "Todd is God" (for Todd Rundgren) on my college lecture hall desk. I even recalled the time I referred to my buddy Steve as a God when he managed to secure a six pack of Milwaukee's Best before we were old enough to legally drink.

For a while I was convinced that these three incidents were the cause of my bald head. Clearly the real reason God had chosen to smite me with hair loss was this wanton breaking of rule #1.

Then I remembered John Denver. He referred to George Burns as God in two different movies and had long locks until his dying day. Although, God did page him a bit early.

12-2 Thou Shalt Not Take the Lord's Name in Vain

How many times have you broken this rule? Every time the cable went out? Every time you were cut off in traffic? Every time you hit your thumb with a hammer? Is it possible that the exclamation that came out of your mouth caused God to take away your hair?

Have you ever heard of Marilyn Manson? He/she has a song called "Arma-*Goddamn*-Motherfuckin-Geddon".

Don't you think the Lord would have taken his/her hair first?

Baldologists Glossary: CB Radio...

That was a term baldologists used in the 1970s. "CB" stands for Commandment Breaker, and "Radio" was a profession that employed more "CBs" than any other industry in America at that time. Nearly all of them had long hair. Did the Lord spare them hair loss smiting because they could tell time two ways ("4:10, that's ten after 4"), always knew the temperature at the airport, and possessed an encyclopedic knowledge of slutty girl phone numbers? Of course not. God was playing the long game. He just slowly killed their entire industry instead.

12-3 Keep Holy the Sabbath

If you're a Christian, the Sabbath is Sunday. That's the day the NFL plays. Not exactly a holy sport, is it? How does God smite those players? If Clay Matthews is any indication, it's not by taking away his hair.

Personal Pain...

While I was mired in Stage Three, I hedged my bets by dabbling in other religions. One Sunday, I found myself taking communion for the first time. Not knowing what to do with the wafer, I shoved it in my front pocket. I wish I had a nickel for every time a congregant said, "Is that the body of Christ in your pocket or are you just happy to see me?"

12-4 Honor Thy Mother & Father

Everyone breaks this one, but some break it a little more dramatically than others. Ever see *Gladiator*? Then you must remember that Commodus (Joaquin Phoenix) killed his own father, Emperor Marcus Aurelius (Richard Harris).

Not exactly honoring the old man, was he?

And yet Phoenix still parades around the globe with a full head of hair.

12-5 Thou Shalt Not Kill

Let me just set you straight on one thing—killing someone's hopes or dreams does not qualify. That's not murder. (That's being a parent, a husband, a wife, a boss, or Chicago Cubs management.)

Actual murderers usually have full heads of hair. I've already mentioned dozens of examples in this book, but I'll give you a few more: Dahmer, Manson, Mark David Chapman, and John Wayne Gacy.

12-6 Thou Shalt Not Commit Adultery

Have you cheated on your wife? John Edwards did. His hair is still so special it costs $400 per haircut.

12-7 Thou Shalt Not Steal

We've all done it. Heck, I've stolen a dozen or more jokes in this book already. But the all-time steals leader Rickey Henderson still has a full head of hair.

> *"I'm pretty sure I've broken all ten of those suckers, multiple times, man. Multiple times. Heh. I eventually got sent to jail, but I still have my hair."*
>
> *— O.J.S.*

12-8 Thou Shalt Not Bear False Witness Against Thy Neighbor

Please. Is there anyone that lied to his or her neighbor (Gladys Kravitz) more than Darren and Samantha Stevens in Bewitched? Both Darrens still had hair when they died.

God doesn't smite liars with hair loss, he just cancels their shows.

12-9 Thou Shalt Not Covet Thy Neighbor's Goods

We've all been guilty of "keeping up with the Jones'" (especially Tom Jones — how can you not envy a man that has women literally throwing panties at him?), but think about the most famous coveter of all — Indiana Jones (another Jones!). He coveted someone else's historical goods in five different movies, and never lost a hair on his head.

12-10 Thou Shalt Not Covet Thy Neighbor's Wife

OK, I know it sometimes feels like you're single-handedly keeping the porno industry alive, and those women are often married to someone else, but it's a multi-*billion* dollar industry. You can't possibly be doing it by yourself. (Er… you know what I mean). There are many, many others that are doing the exact same thing, and many of them still have full heads of hair.

And, probably, hair on their palms.

Oh, and they can't see that well anymore.

But those last two are much more traditional God-smiting techniques.

Is God the Answer?

Hopefully in this chapter I've convinced you that God didn't take away your hair because he was mad at you. That's an important realization in your Stage Three development.

But as soon as you realize that God didn't take away your hair, you're bound to realize something else; He's the only one that can get it back for you.

In the next chapter, I'll walk you through the best way to ask Him.

CHAPTER THIRTEEN
Closing the Deal

Before I even begin to give the tips you'll need to present a good deal to God, I should warn you that your odds of success are roughly equivalent to the odds of attending a Cubs World Series parade.

But remember who you're dealing with here. There's always the chance for a miracle. He's really the only one that hands them out.

The key is to do your homework before you offer your deal.

13-1 Who is He?

He is perfect. In the sales biz, we call that a "tough sale".

He almost certainly won't be swayed by a money offer ("It's easier for a camel to enter through the eye of a needle than a rich man to enter the gates of heaven.") or a fancy golden calf (just ask Edward G. Robinson in the "Ten Commandments"). Don't waste your time trying to win Him over with expensive gifts. He's simply not going to play ball.

> *"I offered Him an iPhone, and got no response. I'm guessing technology isn't his thing, or He was burned by the AT&T package from one of our earlier models."*
>
> *— Steve J.*

13-2 So What's an Appropriate Gift?

He literally has everything, but He accepted a few gifts that we know about. For instance, He appreciated Abraham's offer to sacrifice his first born son, and He accepted his own son's offer of his life.

But let's face it, those guys were asking for a lot more in return than you are. You're not asking for eternal life or for all of mankind's sins to be forgiven. You're just looking for a little hair. You don't need to go the full "first born child" or "your life" route for a measly little favor like that.

I recommend a little ice breaker to show you care. Here are a few possibilities that aren't too showy or bribe-y...

*Homemade baked goods

*A nice floral arrangement

*A picture frame

*A box of candy.

There are other gifts that you definitely should avoid. Remember, you're not 100% positive that your religion is the correct one, so play it safe by avoiding the following...

*Pork

*Beef

*Dancing

*Exposed Female Flesh

This icebreaker, of course, is not your entire gift. That's just your opening salvo. Your real offer will have to be something that He is known to appreciate: Service.

Please be realistic here. Don't offer Him anything you can't deliver. You'll never last as a monk in the mountains of Italy. You'll never be able to live by all Ten Commandments. You have no credibility. It would be like Congress promising to end all partisan bickering. He won't buy it—your chances will be dead before you even begin.

Go with something that will be painful, but possible. For instance, offer to live by one commandment that you currently don't live by. Promise to stop referring to your mother as a "royal pain in the ass," or promise to install a firewall on your computer to prevent you from coveting on the internet, or maybe even promise to use the phrase "Dag Nammit" as your go-to angry exclamation. It won't be easy, but you can do it in exchange for your hair, can't you?

Be honest with yourself. If your answer is "Yes, I can do it," proceed to the next step. If you're answer is "Not a chance, bub," proceed to the next stage of grieving. You're ready to be depressed.

Tales from the Front...

Back in the late 80s I dealt with an actor who was going bald. Let's call him "John T." He kept talking about triangles, and bridges, and things that made no sense to me. It wasn't until I figured out he was a Scientologist that I understood he was in the midst of Stage Three Bargaining.

"I gave Him a grill and promised to stop calling my children George. Turns out, I couldn't think of any other names... so, no hair for ol' George."

—George F.

13-3 Where and When Do I Offer This?

OK, let's say you have a nice baked good (like a cannoli) and a promise to eliminate using His name in vain in traffic — where do you offer it and when? He's everywhere, right?

Well, yes He is, but He does have a lot of homes. Look for the home that works for your religion (let's say one with a steeple) and go to Him. It's only polite, and it shows that you're willing to go that extra mile.

The time you choose is important too. If you do it during a regular service, some Fullhead is bound to eat your cannoli. I'd recommend going there during a sporting event like the Super Bowl. You're guaranteed to have the place to yourself.

> *"When I was Bargaining with Him to get my hair back, I offered Him the most precious thing in my life. I promised to never, ever squeeze the Charmin. I had no idea that was impossible."*
>
> — *Mr. W.*

13-4 How Do I Make My Offer?

Presentation is important. Dress in your nicest suit (no hats!) Repeat this word to yourself over and over again: Humble. You are humble. You have never been this humble. You are the lead singer of the 60s rock group Humble Pie, except you're not dead yet. (RIP, Steve Marriot.)

Start with the cannoli (a fresh one — please don't get cheap here), and then move on to the promise. Keep it simple, direct, and specific. Here's a little sample you can adapt to your offer…

"Dear God, if you give me my hair back I promise that I will never use Your name in vain again in traffic, even when I get cut off by a cab, even when someone is tailgating, even when a driver's ed kid is driving slowly in the left lane, and even when other motorists or people in wheelchairs ignore the clearly posted and widely understood rules of the road."

Then get out of there. You've done all you can do.

"I found the humble part of the sales pitch the most difficult thing to do. I mean, I was giving Him a knife that sliced and diced like nobody's business. It could cut a watermelon, then a stick, and then a tomato! And I bought it for an incredibly low, low, price of only $19.99. But wait — there's more! And I couldn't tell Him. Had to stay humble."

— Ron P.

13-5 What If He Answers Me?

Good news, bad news. The good news is that He does grant face-to-face sales appointments on occasion. The bad news is that you've probably just been involved in some sort of fiery car crash.

This is the ultimate go-time. Have your closing argument on the tip of your (potentially severed and bleeding) tongue. It's your only chance. Here are a few tried and true sales approaches that might work for you.

The Porcupine Close is a technique that uses leading questions to get desired results. For instance, if the Lord asks: "Have you accepted Me as your personal savior?" You can respond with something like "Would you like my bushy new full head of hair and me to accept You as my personal savior?"

Mirroring could work too. That's a technique that counts on mirroring the speech and mannerisms of your potential client in an effort to build a rapport. It's going to be tough to prepare because He hasn't really spoken to anyone we know of for a while, but last we heard, He was doing the whole burning bush thing. A few prepared quips like "And I thought Boca was hot, you know what I'm saying?" could work wonders.

Bringing Up the Competition is another possibility. We live in competitive times, and the Almighty may not be immune to market forces Himself. If it starts sounding like your request is about to be denied and all hope is lost, you may want to bring up the competition. For instance…

God: I appreciate your time on Earth and all, but we're really looking at going in a different direction.

You: Satan said You'd say that.

God: You've called on Satan?

You: Oh yeah. He said that hair re-growth was definitely an option, and that I should go with him, because You couldn't do it.

God: He said I *couldn't* do it?

You: He also thinks You can't restart my heart and make me avoid that fiery car crash.

God: Satan is a hack. Watch this.

"I really pulled out my A-game when I had my chance, but it turns out there was one friend I couldn't win, and one person I couldn't influence."

—Dale C.

13-6 Do Any of These Techniques Actually Work?

Aha! That's a question you should have asked a long time ago. There's something I've been meaning to tell you about that.

God doesn't bargain.

Ever.

Sorry.

He's already given you exactly what He wants to give you. He's perfect. That means ZERO mistakes. He wants you to lose your hair.

So why did I spend an entire section covering Bargaining if there is zero chance it will work? The same reason I spent an entire section discussing Denial and Anger. You have to go through this process to reach Acceptance.

It's for your own good.

Plus, I'm getting paid by the word.

CHAPTER FOURTEEN
Bargaining Shock Therapy

Hopefully I've helped you see the way, and you have worked your way through Stage Three Bargaining. If so, by all means, move on to the next stage of grieving — Depression.

If, however, you still think that continuously Bargaining with God is a good plan, it's time for my extreme balding therapy. You've been through this a few times before, so you should have a pretty good idea how it feels.

My apologies in advance for the language.

"Hey, Cannoli Boy, let me ask you a question. Let's say you're watching the prayer switchboard operator in heaven and there are five hundred calls coming in at one time. One of them is asking for a stop to the bloodshed in Darfur. Another is asking for a humane and dignified ending to a suffering parent's life, and then your request comes in. Do you think God's switchboard operator drops everything and says: 'Hey Boss, check out line five. We've got another bald guy asking for his hair back, but this time he's offering *two* cannolis AND he swears he'll stop yelling at Asians on the highway.' Wake up, dumbass. Those calls go right to voice-mail. And don't try to e-mail, either. You might as well be asking to extend your penis or get personal bank account information for a Nigerian prince. Your request is spam, dipshit."

He will not retweet your Bargaining tweet. He will not "like" your Bargaining facebook status update. As long as you are Bargaining to get your hair back, He considers you white noise.

Why?

HE DOESN'T WANT YOU TO HAVE ANY FUCKING HAIR!

And when you finally and positively realize that there is nothing at all you can do, that there is no possible way you will ever have hair again, that all possible avenues have been exhausted, that the *final* word has come from the *final* possibility, and that *final* word is NO, then, and only then, are you ready for the fourth stage of grieving.

We don't call it Depression for nothing.

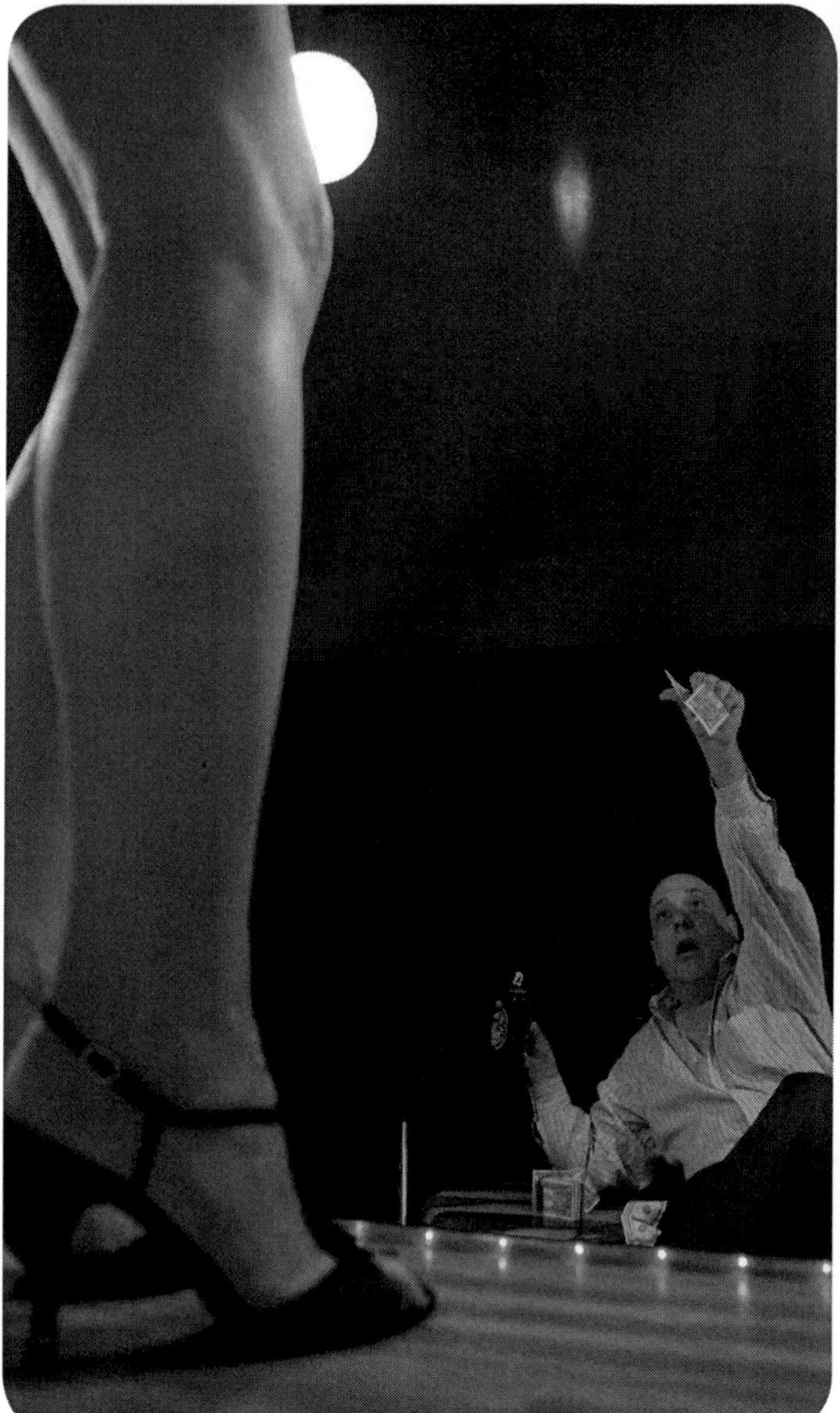

STAGE FOUR:
Depression

You are looking in the mirror at the real you for the first time. No amount of Denial will prevent you from seeing him. No amount of Anger will relieve your pain. No amount of Bargaining will bring back your hair. You are that bald guy. And it's going to take some time to get used to it.

That painful adjustment time is what we in the baldology world refer to as Stage Four Depression.

CHAPTER FIFTEEN
Historical Depression

I've been asked the same question a thousand times: "How long will Stage Four last?"

I wish there was an easy "one size fits all" answer to that question, but it has varied throughout history. It could take you quite a while to come to grips with your loss. On the other hand, something could happen in society that will speed up the process significantly. If there is a silver lining in Stage Four, that's it.

Simply root for a repeat of one of the following time periods in history, and your stay in Stage Four could be brief indeed.

15-1 The Bubonic Plague

Those were the days! Fullheads were simply too preoccupied with dying, burying their dead, and diagnosing black bile to persecute balding men during the reign of death known as "The Bubonic Plague".

Balding men walked side by side with Fullhead men carrying their dead bodies out of their homes and throwing them into pauper's graves. Sure, our people died occasionally too, but they weren't suffering through Stage Four. Nobody cared that they were balding. They could just be themselves.

Since the plague first appeared there have been several outbreaks, most recently in the 17th century. I'd say we're due for another one. Hang in there—you could be the lucky one to have it occur during your time in Stage Four.

> **Tales from the Front...**
>
> I had one client, let's call him Mike T., who just couldn't snap out of his Stage Four funk. To cheer him up, I told him about the plague. Next time I saw him he had horribly bad breath and his teeth were brown. When I asked him what was going on he said: "I'm just trying to bring on some bubonic plague." Turns out, he wasn't the brightest guy in the world.

15-2 The Irish Potato Famine

In the years 1845-1850 the potato crop failed in Ireland, causing widespread famine and death. Over a million people died of hunger and diseases like typhus and cholera; but not a single balding Irishman spent a single day wallowing in Stage Four.

Lucky bastards.

While our country is slightly more diversified in terms of our crops and food supply, there's always the hope that global warming starts to speed up and we could undergo massive food shortages. It could happen while you're in Stage Four. Cross your fingers.

> *"I just want to point out that while my film may have been completed during my Stage Four suffering, I still stand by its conclusions. The devastation hasn't happened in time to help me, but it might not be too late for you."*
>
> *—Al G.*

15-3 The Influenza Pandemic

While the plague really only affected Europe, and the potato famine only affected Ireland, the Influenza Pandemic of 1918-1919 was worldwide (that's what pandemic means — worldwide epidemic). Soldiers were returning home from World War I all over the world and brought influenza home with them. In one year over 25 million people died; but not a single balding man suffered through Stage Four Depression.

The odds of a new pandemic aren't really in your favor, but with antibiotic-resistant viruses, and flu vaccine shortages, it's not out of the question. To speed matters up, I suggest you start spending your free time at Chuck E. Cheese or riding public transportation. Maybe date a sorority girl.

> *"You know what can get you out of Stage Four Depression overnight? A stock market crash. Last time, they all came begging at my door, and while I might have been called a scurvy little spider by a Fullhead or two in Bedford Falls, nobody called me bald anymore."*
>
> *— Mr. P.*

15-4 The Great Depression

After the stock market crashed in 1929, and didn't recover until we entered World War II, our nation was gripped in what has since been called "The Great Depression". In that glorious era, balding men weren't the only ones that felt that way — every single American did. We finally felt like we belonged.

Is it possible to go through a time like that again? You better believe it. We came perilously close already. Root for the Greek people to keep on insisting on a twelve hour work week. Root for the Republicans and Democrats in this country to put partisan purity over our country's best interests. It's not only possible, it's darn near probable. They've already gotten our entire country's financial portfolio downgraded.

When the next Great Depression finally kicks in, you'll be out of Stage Four in a heartbeat.

CHAPTER SIXTEEN
Support Groups

The situations mentioned in the previous chapter can alleviate the pain of Stage Four Depression, and yes, in some extreme cases, even vault you right into Stage Five, but chances are you're still going to have some very dark days. You're going to need some coping skills to get you through the pain.

Most grief counselors suggest that participating in a support group will help mitigate the effects of Depression. However, it's not easy finding one. Usually, church basements are reserved for those pansy alcoholics and drug addicts.

Don't fret, there are places that you can go to share your thoughts and feelings with other bald men.

16-1 Strip Joints

Go to any gentlemen's club and you'll be sure to find plenty of men mired in Stage Four Depression. Their sadness will be easy to spot. Just look for ashen complexions, glazed looks, joyless expressions, and involuntary head bobbing. I'm not sure why this is true, but I've discovered that talking to your balding brothers about your Depression while looking directly at a bald vagina is extremely comforting. Maybe it's just the soundtrack provided by Robert Palmer's "Addicted to Love". Maybe it's just being surrounded by your people. Maybe your huge stack of $1 bills just makes you feel worth a little more. The bottom line is you'll feel better.

But here's a few words of warning.

#1: There's no need to have any comforting discussion in the "champagne room" unless you want to leave a very poor man. Trust me on this. I learned that one the hard way.

#2: Be careful where you go. I suggest you avoid places named Dixie Normas, Ramrods and The White Swallow. Again, this is experience talking.

> **Tales from the Front...**
>
> One of my clients, let's call him Sheldon, felt like he would be cheating on his wife if he went to a strip club, so he tried a different approach. He installed a stripper pole in his house, put on a Donna Summer CD, and asked his wife to perform for him. Needless to say, this didn't exactly help him with his Stage Four Depression. Thanks to the prescription written by the emergency room doctor, however, it did introduce him to Vicodin, which helped ease the pain of his broken jaw and his balding Depression.

16-2 Comic Book Conventions

Throughout recent history, Stage Four sufferers have tended to congregate at these conventions. You'll fit right in. Just pay your $40 and bathe in the community of balding Depression. Saddle up to any of the attendees dressed up as The Atomic Skull, or Skin, and then pour your heart out. You'll find that they have empathy, understand your plight, and can tell you any and everything you'd care to know about Stan Lee in excruciating detail.

But here's a tip for talking to your balding brothers in this setting. Never lead with the balding talk. Say at least one non-balding sentence first. Try something like this: "I was hoping to find a copy of Neil Gaimen's 'Sandman' here. I feel a little guilty for loving his stuff, you know what I mean? The guy has talent, but his luxuriously full head of hair really rubs our noses in it, don't you think?"

If you're not a comic book guy, just trust me on this. That's an icebreaker for the ages.

"I'm all bluster on television and in public, but when I get around my balding brothers at these think tank meetings, I'm all blubber."

—Karl R.

16-3 Political Think Tanks

It doesn't really matter which political party you support, a room full of political think tankers is a room full of our people. You'll mingle with ease without all those judgmental Fullheads and/or women cramping your style. The topic of discussion may begin with an in-depth critique of health care, but it will eventually lead to an in-depth discussion of why women don't appreciate political operatives. It always does.

Your introduction of balding Depression will be seamless.

CHAPTER SEVENTEEN
Words of Comfort

Most baldologists agree that in order to get past Stage Four, you'll need closure. (And no, that's not the name of a strip club.) You need to say "goodbye" to your long lost hair. Once you've managed to do that, you'll finally be ready to move on to the final stage of grieving.

17-1 Hair Obituaries

What says "you're dead" better than an obituary? Sit down and compose a loving tribute to your dearly departed hair. Follow the rules of obituary writing. Mention the cause of death, the survivors, and the highlights of your hair's life (maybe even the time your hair had actual 'highlights'). Let it all go. It's incredibly therapeutic.

But remember this; since you probably won't be able to resist taking a few last shots at your relatives, you might want to use a pseudonym. We live in a very litigious society.

Tales from the Front...

One of my clients from North Carolina was stuck in Stage Four until he wrote the following: "A. Hedda Haire of Bald Head Island, NC is presumed dead after being missing since 1987. He was last seen near a shower drainage facility in Aliffa, Missouri. Hedda was born to Really Missami and Lois My (nee Dignity) on September 12, 1963. Haire began drifting away while attending Tufts University in 1985. Shortly thereafter

(con't on next page)

> *(con't from previous page)*
>
> he was diagnosed with MPB which he battled throughout his all his too short life. Little is known about his whereabouts since the late eighties. Haire is preceded in death by his loving grandmother, Jean (nee Defectiv) and estranged brother Nevalostmi. Remnants will be spread at Chaim Bald Memorial Park, Disappointment, KY on October 14 at midnight."

17-2 Hair Eulogies

If you're not the obituary-writing type, there's another way of attaining closure: a hair eulogy. Who knew your hair better than you? Think of your hair's greatest accomplishments. Did it keep your perm longer than normal? What about obstacles it overcame? Manfro? Split ends? Pompadour? Remember things you shared; the combs, the hairbrushes, the dippity-do.

But most importantly, say goodbye once and for all.

> **Tales from the Front...**
>
> One of my more famous clients eulogized his departed friend in a beautiful song. To this day, it still gives me chills. He sang: "And it seems to me you lived your life, like a mullet in the wind. Shining like Billy Ray Cyrus, when the hairspray set in." He later wrote different lyrics to that same song for a dead princess of some kind, but I'll never forget the goose bumps when he sang it to me.

17-3 Bald Poetry

Luckily for us, some of the greatest poets of all-time were balding men. If you can't write any inspirational words yourself, perhaps their words can provide you comfort. From William Shakespeare to E.E. Cummings to Ogden Nash to James Taylor, our people have been waxing poetic for centuries.

I know what you're thinking. Did any of those guys ever write poems about balding?

Baldologists have combed through the archives of each of these men and discovered some previously unreleased poetry. I should note that none of these poems have actually been confirmed as authentic, and some of my colleagues believe that they are complete forgeries written by modern day balding men (like the baldologists "combing the archives" themselves), but even if they're fakes, if they bring comfort to our brothers going through Stage Four, that's good enough for me.

17-4 William Shakespeare 1564-1616

Fullheads call him "The Bard," but baldologists call him "The Bald". He is known as the greatest playwright in history, but he was also a distinguished poet. His poem of choice was the sonnet. Some think the following recently discovered Shakespeare sonnet wasn't published because it technically broke 35 of the 37 sonnet rules. Others believe it wasn't published because it's clearly not written by Shakespeare. Regardless, I believe its soothing words are inspirational. It's called "The Loss"...

Thou were there to greet me in the morn as I lay,

Lamenting thine misshapen curls,

Twas a "Bed Head" I heard the valets say,

One of their colloquial pearls,

Yet, one day, my bed head remained on the bed,

As the rest of my body arose,

I became in that moment, something I would dread,

An easy target for razor-tongued foes,

But with a quill in my hand, and no hair on my head,

I penned plays that will never be topped,

In my day and beyond I will be widely read,

The floor with my foes I have mopped,

I suffered no loss on that bed-headless day,

I hope I have shown my bald brothers the way.

17-5 E.E. Cummings (1894-1962)

Famous balding poet E.E. Cummings was one of the most popular American poets of the 20th century. He was known for his bold approach; shunning rules and conventions. Cummings wasn't bothered with rhymes, punctuation, syntax, or baldness. He was a poetic rebel and an intellectual giant.

My baldology colleague Michael Medina has been a Cummings-head for many years, and claims to have uncovered this previously unpublished Cummings poem. Yes, it was hand written, and yes, a few handwriting experts have confirmed that the handwriting was an exact match with Medina's own handwriting, but whether or not this is the really work of Cummings himself or just a Cummings-head, it's truly comforting. It's entitled "Follicles"...

follicles needy, my petulant child, gimme gimme gimme,

gimme nutrients, gimme soap, gimme nutrients,
gimme soap, gimme life then give me freedom

take your freedom, take it down the drain,
tangle yourself there

a plumber charges seventy five dollars an hour,
liquid plumber is cheap,

and I pour it on you, eating you up,
sending you down in the sewer,

now you tangle on rats as you swim to the sea
and you tangle on dung and you reek,

you have freedom, enjoy your new life,
my bald head doesn't miss you, my petulant child,

no more gimme, no more gimme, no more gimme.

I breathe now.

You rot in the sewer.

17-6 Odgen Nash (1902-1974)

Famous bald poet Ogden Nash was a regular contributor to *The New Yorker*, *Saturday Evening Post*, and many other literary publications of the 20th century. He wrote humorous and thought-provoking poems for both adults and children. Often these poems were quite short and to the point ("Candy is dandy but liquor is quicker").

Baldologist James Tiberius Wiser uncovered an unpublished Nash gem in the early 90s. Though the circumstances of the poem's discovery remain slightly suspicious (it was found in Wiser's own garbage can), and James is known to be a little obsessed with Nash (he calls his favorite breakfast "Corned Beef Nash" and his favorite television show "Ogden Nash Bridges"), I'm willing to believe it's a Nash original. Even if it's not, it's beautifully written. The poem is entitled "Bald"...

Bald,

I've been called,

But they can stare,

At my lack of hair,

I'm a millionaire,

So I don't care.

17-7 James Taylor (1948-)

Though famous bald man James Taylor is known more as a folk singer than a poet, it's hard to dispute the beauty of his lyrics. Unfortunately, some of his earlier words (written while he still a Fullhead), don't really have the depth of character that his post-bald lyrics do. And sadly, he still performs the song "Fire and Rain" with the original words, even though he has clearly evolved since those days.

I've taken the liberty of rewriting the lyrics for his new reality. If Mr. Taylor wants to re-record the song with my new lyrics, he can have them, no charge. If not, at least the words will provide comfort for my balding brothers in the pages of this book. I've re-christened the song "Bye and Auf Wiedersehen". Enjoy...

Just yesterday morning, I saw all of you were gone,

Now you are nothing more than a memory,

We're done warring, so I wrote you this song,

My way of taunting you like you taunted me,

Bye-bye hair, Auf Wiedersehen,

Bye-bye clumps of you falling in my Quiche Lorraine,

Bye-bye swirling you until I get profane,

And I'm happy I won't see you again.

17-8 Go To the White Light

Do you see that light at the end of the tunnel? That light represents the end to your suffering and the beginning of your new life as a fully-actualized secure bald man. Go to the light. Go to it! Get ready to breathe fresh air for the first time in decades.

You're ready to go to the final stage of grieving. You're ready for Acceptance.

'Tis truly a glorious stage. (Sorry, I was still feeling a little poetic.)

Baldologists Glossary: FOS Discovery…

When a baldologist says that a colleague has made an FOS discovery, he simply means that every baldologist in the world realizes that discovery is "Full of Shit" (FOS). The discoveries in this chapter clearly fit in that category.

CHAPTER EIGHTEEN
Depression Shock Therapy

Hopefully I've helped you through the darkness of Stage Four Depression. If so, by all means, move on to the next stage of grieving — Acceptance.

If, however, you want to continue moping around the house, I'm afraid I have some bad news for you. You know what's it time for again, don't you? It ain't gonna be pretty, but these verbal slaps in the face will wake you up.

My apologies in advance for the language.

"Hey, Whiny Pants, do you think Yul Brynner sat around the house listing the reasons he was sad about his baldness ("Et cetera, et cetera, et cetera!")? NO! He polished his head, walked out that front door, and kicked some acting ass!"

"Do you think that Jonas Salk retreated to a dark room and cried about his baldness? NO! He let that balding head glisten in the sunlight, and cured the fuck out of Polio!"

"What about Michael Jordan? The only people crying around him were the miserable Fullheads eating the bottom of his motherfucking shoes as he soared toward their cock-sucking basket."

CHEER UP! There's no reason to be down.

We've got work to do, you and I.

So put on some pants, shave that three day growth of beard and whatever stubble remains on your head, and let's go kick some ass.

That's what Stage Five is all about.

WELCOME
BEAUTIFUL
AWESOME

STAGE FIVE:
Acceptance

Congratulations! You no longer deny your real self. You are no longer angry at the Fullheads who try to keep you down. You no longer attempt to bargain with God to get your hair back. And you no longer sit in a dark room weeping over your hair loss.

Welcome to Acceptance.

First you will discover that your life has become easier. You'll see how wonderful life can be as a bald man; the many advantages, the doors being opened.

Then, once you're comfortable in your own head skin, there's something I'd like to sell you. Don't worry, it's won't cost you much.

But it may cost the Fullheads their world dominance.

CHAPTER NINETEEN
Time and Money

The first thing you'll notice when you finally come to grips with who you are is that you suddenly have more time and money than you ever imagined. Did you realize that you are actually a wealthy person who has been hiding inside a not-so-wealthy person's body? Did you realize that you were the kind of husband/father/boyfriend/friend that could *always* be there for your loved ones?

Oh, my bald brothers, let me count the ways.

19-1 Time Is on Your Side – Morning

How would you like to sleep an extra twenty minutes, thirty minutes, sixty minutes or more? Done. You have all the time in the world in the morning because you no longer have to waste your time doing things like…

- shampooing
- drying your hair
- swirling your hair into a combover
- checking the Weather Channel for wind patterns
- spraying hair spray to hold remaining strands in place
- applying gel or mousse
- looking in the mirror at your bald spot growing
- applying Rogaine

- picking the dead skin around your plugs
- making up fake illnesses so you can stay home
- combing your piece
- trimming your piece
- fluffing your piece
- kissing your piece

By eliminating these items from your morning prep-time, you are on your way to giving the world a gigantic boost in the arm.

19-2 Time Is on Your Side – Daytime

With up to an extra hour of sleep, you'll find that you'll tap into energy that you never realized you had. This will make you get your work done faster, more efficiently, and will turn the head of your boss. That means you'll get promoted, and everybody knows what happens when you get promoted: It's slack-off time, baby! Now you can make everyone else do all the work. That leaves you with up to six extra hours of time per day.

Throw in the extra time you'll save by no longer doing the following…

- shopping for hats
- trying on hats
- washing and maintaining your hats
- reading hat catalogues
- ordering hats from catalogues
- awkward chit chat with hair stylists

- writing angry letters to makers of sham bald products
- conferring with your lawyer about restraining orders you've received from sham bald product manufacturers
- writing letters to attorneys of sham bald products
- testifying at Grand Jury hearings against sham bald products
- putting sugar in your bald-joke-loving brother-in-law's gas tank
- putting lice in Warren Beatty's hat
- hunting animals for their hair

With all of these activities off your schedule forever, you suddenly have more time than you ever realized. Look out world, here come the answers to your problems.

> *"I was just moonlighting as an actor until I stopped fighting it. Ever since then I've had the time to Die Hard, Die Harder, and hell, I'll say it, Die Hard with a Vengeance. If only people realized what 'hard' I was referring to."*
>
> *—Bruce W.*

19-3 Time Is on Your Side – Evenings

With your newfound confidence and stamina, the little woman in your life is going to find out just exactly how virile a bald man can be—and she probably won't be able to keep that silly smile off her face. Trying to keep up with you, she will be forced to get into shape. That means she won't be home much. She'll be at the gym working out for that night's session. That means you'll have all sorts of extra time that you used to spend…

- refilling the dish washer to her ridiculous specifications
- digging through the garbage for things that should have been recycled
- talking to her
- listening to her
- begging her for a little…ahem…love

If you're a father, this extra time will allow you to spend more time with your kids, which will help you form a healthier bond with the next generation of bald dynamos. When your wife sees how much you are helping the kids, she will get even *more* excited by you.

That's the good news. The bad news is that you won't have too much free time after she gets home from the gym…because she won't let you leave that bedroom until she passes out with fatigue.

And you were upset about going bald?

Tales from the Front…

If you live in certain cultures, there is some danger involved here. One of my wealthy Saudi clients, Saleh A., didn't have the cultural limitations we have in the Western world. Before he knew it, he had 58 wives and 133 children. Luckily, he was bald enough to have the virility to satisfy all of those women and the energy to coordinate all those play-dates.

19-4 Money, Money, Money

In addition to the time savings caused by your hair loss, you will also notice that you're suddenly much wealthier than you used to be. How could that be? Think about it. Money that used to be thrown down the drain (sometimes quite literally), will now stay in your pocket. You have seen the last of....

- Shampoo
- Conditioner
- Gel
- Mousse
- Rogaine
- Propecia
- Hair restoration specialists
- Baseball hats
- Sombreros
- Derbies
- Fedoras
- Foam-cheese heads
- Emu Oil
- Wigs
- Hair-weaves
- Combs
- Brushes
- Lap Dances

You probably didn't even realize how much money you were throwing out the window caring for something that didn't even exist. Now that you accept the real you, the money won't stop coming your way. You've already gotten a promotion at work because of your extra energy, and once you get rich, it's all over, baby. The rich get richer in this country and for once that's going to be you.

> *"I wouldn't have believed it. I mean, look at me; my wrinkled bald head and gigantic nose both resemble a flaccid penis, but even I have a woman. Money makes the world go round, my friend."*
>
> —*Alan G.*

19-5 New Expenses

This new found wealth and time, of course, does have some

downsides. The time you used to spend avoiding people will now be spent avoiding taxes. It's not easy figuring out the depreciation on your corporate jet and remembering to save all receipts when you ship jobs over-seas.

For those of you without a spouse, we're afraid that there will be a few extra expenses that will begin to creep up during Stage Five. Because women can smell testosterone, and you will have it leaping out of your pores, beautiful women will start throwing themselves at you. Beautiful women have very well developed olfactory senses. Not only can they smell testosterone, they can smell money—and you've got it in spades, brother. That means even more women will be throwing themselves at you. Your real life will closely resemble an Axe deodorant commercial.

In the short run this means shelling out a few more dollars for things like condoms and dinners at nice restaurants, but this is just temporary. Pick out the best one, have her sign a pre-nup, and then continue reading this book.

We've got some work to do.

Tales from the Front...

Many of my clients are very wealthy executives who have nagging doubts that the women in their lives are only with them because they have money. One client, let's call him Rupert M, pointed out that his wife was more than thirty years younger than he was. I told him what I tell all my clients: "She had never been balled until she went bald." A few weeks later he was testifying before Parliament and some nutjob tried to hit him with a shaving cream pie. Rupert's wife jumped across five people to protect her man. That woman may have married him because he had money, but she stayed with him because balding virility knows no bounds.

CHAPTER TWENTY
Bald Power

I'm going to say something right now that may make you scoff, but here goes: We are going to take over the world.

How can this happen? It's really quite simple. Through the power of this book, we're going to create a generation or two of self-actualized balding men. In the next chapter we'll create a marketing campaign that will make us the coolest dudes in the world. Once our people crawl out of the closet and flex our muscles, we're going to achieve some truly great things.

Don't scoff— there is historical precedence for this.

"Qualities of a moral order are measured by deeds"
— Proverb from the Ancient Egyptian Temples

20-1 Denial Was Just a River in Egypt

Ancient Egypt (between 2900 B.C. and 300 B.C) was a culture that not only accepted bald men, it preferred them. Many scholars believe that the Egyptians encouraged head shaving because of the hot climate. Others believe they did it to keep their hair free from vermin. The reasoning doesn't actually matter anymore. The point is that bald men ruled the country.

What did this bald-centric society accomplish?

Oh not much. Just a 2600-year reign of power. Just a few marvels of engineering and construction. Just a few inventions like embalming, surveying, glass-making, paper, the 12-month 365-day calendar, the pulley, and the sun-dial. Not to mention the basis for a really cool Steve Martin song.

Oh, and they also invented the wig. Sadly, that may have brought an end to their worldwide reign, but slightly more than a millennium or so later, it also led to another period in history where our people dominated.

> *"Three things are men most likely to be cheated in; a horse, a wig, and a wife."*
>
> *— Benjamin F.*

20-2 The Age of Reason

Other than tipping your cap to the great wisdom of Pepe Le Pew, giving the French credit for anything isn't easy. However, one of our French brothers did something that caused an explosion of deep thinking and innovation we now know as "The Age of Reason". His name was Louis XIII, and he was a balding man. He also happened to be the King of France, and during his reign he embraced that old Egyptian invention; the wig.

Once King Louis XIII began wearing a wig at all times, it set the fashion. That fashion spread throughout Western society. Louis' son, another balding man named Louis (the XIV), had such a passion for wigs he had hundreds of them. He was the Imelda Marcos of hairpieces. Under that King Louis, the wig became mandatory in high society. Once everyone had to wear a wig (or be considered uncool), people no longer discriminated against our people for being bald. Men were judged not by the hair on their head, but what they said and did. The accomplishments of this era speak for itself.

Great thinkers like Sir Isaac Newton, Goethe, and Voltaire would have been using their brain power to devise diversionary escape techniques ("Look! There's Marie Antoinette and she's lost 5 kg!) With a wig, their enlightened thought flourished.

(Before you start emailing me, I know that Marie Antoinette was actually married to Louis XVI so the above doesn't really make sense. But seriously, you've read 100 pages of this book and that's what you're going to bitch about? You should be happy that I used the metric weight of a human head.)

What did the wig do in our country? Our American founding fathers merely created a system of government that changed the world. They wrote the Declaration of Independence, the Constitution, and the Bill of Rights. Led by wig-wearing baldy George Washington, Americans accomplished true greatness and a bitchin' *Schoolhouse Rock* song.

So what happened? How did this wig-centric society drop the one thing that allowed it to accomplish more than had been accomplished in the previous two thousand years? I'm afraid this is where the French come in once again.

During the French Revolution the wig became a symbol of the aristocracy. It was a sign of "the man" of that revolution, and nobody likes "the man". Fullheads quickly gave up their wigs so they could blend in with society and avoid the guillotine. Unfortunately, our people weren't so willing. Faced with the choice of uncovering their baldness or being executed, they chose execution. By the end of the revolution not a single one had survived, and France hasn't contributed anything to society since.

The wig also fell out of favor in America, and other than obesity, we haven't really contributed much to society since either.

It's not that our people didn't try (remember the political party known as the Whigs?), but the rest of the country was no longer letting us set the agenda.

20-3 The Third Bald Era

There are really only two things stopping us from having a third great bald era; our own inability to get through the five stages of grieving, and society's aversion to our baldness. The first twenty chapters of this book take care of the first problem. The next chapter will take care of the second.

Oh, and just a note for our German balding brothers. We're sticking with the phrase "The Third Bald Era" — don't go freelancing on us with a word like "Reich". The word is not interchangeable with "Era". My marketing department has thoroughly tested this with focus groups.

CHAPTER TWENTY ONE
The Thirty Year Plan

It's not good enough to have a good defense. My balding brothers, we need to go on offense. You can't win if you don't score.

With that in mind, I have spent the past few years designing the nuts and bolts of the bald revolution. This is a complicated thirty year plan to take over the world and/or solve all of the world's problems.

But I can't do it without the help of every single bald brother.

21-1 The Thirty Year Plan, Step One

The first step is winning the hearts and minds of the world. Bald has to be considered cool. This is a pop culture battle first and foremost. We need to put a face on baldness that is cool, hip, widely respected, and beloved by all. That choice is obvious: Michael Jordan.

The next thing we need is a slogan. I've focus-grouped this thing to death, and the one that seems to have the most universal appeal is the phrase: "Bald is Bad". (Incidentally, "Less Hair, More Head" came a very close second. T-shirts available at Eckhartzpress.com). That's how confident we are, MFers. We are purposefully using a slogan that literally means the opposite of what we mean, and trusting the masses to understand this "bad" is the 1970s Huggy Bear use of the word. As in Bad Ass.

A great spokesperson and a great slogan isn't enough of course. We need a master craftsman to put pictures and emotions to that message. That's where our famous balding brothers Jeffrey Katzenberg and Karl Rove come in. They will put together a series of wildly creative (and often times misleading) television and print ads (financed by our wealthiest balding brothers — do you hear me Warren Buffett?) that will sell our message to the masses…over and over and over and over and over again.

This campaign will make the "Got Milk" slogan seem low-key. Great bald men will be fighting each other to make the next "Bald is Bad" spot. Everyone from former VP Dick Cheney to Bill Murray to Charles Barkley to Pete Townshend to Alan Greenspan to Vin Diesel will want to be a part of this. It will become an icon of American pop culture.

And then we'll make it a worldwide phenomenon using the same techniques in every country in the world.

21-2 The Thirty Year Plan, Step Two

Ever since so many of our people were killed in France during the French Revolution, we have been outnumbered. To keep things rolling after our generation is dead and buried, we need to make sure we have the man power.

That's why the second stage involves replenishing our people. This should be a piece of cake for a group of guys with our virility. Start spreading your seed, gentlemen, but be selective. You must find a woman who is follically pure. Check her ancestry and make sure you meet her father. If her grandfather is dead, have his body exhumed. Once you find a suitable mate, procreate at will. It's time to plant another generation. When they start losing their hair too, we'll be ready to hand the baton.

21-3 The Thirty Year Plan, Step Three

With relentless abandon, we'll need to disseminate our doctrine to our offspring at a very early age. Shun traditional nursery rhymes and replace them with new ones, such as:

Little Miss Mullet, was a hair zealot,
Spewing her hate and lies,
Along came a baldman,
With a boiling hot caldron,
And that's how Miss Mullet dies.

Or

Eeny, meeny, miny, mare,
Catch a Fullhead by his hair.
Make his noggin very bare,
By filling his hat with lots of Nair.

Also, beloved fairy tales will have to be changed. For instance, that whiny bitch Rapunzel can forget about leaving that fucking tower, ever!

21-4 The Thirty Year Plan, Step Four

Once we establish our cred and plant the seed for long-term dominance, we'll be free to do what we do best: Fix the world.

Since we don't want to waste our efforts doing things like creating the world's greatest Italian Beef sandwich, let's agree on a common set of priorities. We can tweak these at the next convention, but I think this is a pretty good place to start.

*Curing cancer

*Achieving peace in the Middle East

*Figuring out how Uri Geller bent those spoons

And finally, just to prove that we can literally do absolutely anything we put our minds to, including things that were heretofore considered impossible, we will even get…

*A Chicago Cubs World Series title

Stage Five Irrefutable Proof.

Wharton School of Business lecturer and smartest man in the world, Albert Mannes proved that bald men are perceived as being more dominant and masculine than Fullheads. According to his unbelievably well written and poignant research paper, Shorn Scalps and Perceptions of Male Dominance, he proved that our plan for world domination is the will of nature. The fact that he lost his hair in his thirties has absolutely nothing to do with his conclusions.

How Can You Help?

Obviously if you're a scientist, researcher, or doctor, please drop whatever you're doing and cure cancer. If you're a Jew or an Arab or a Palestinian or an Iranian, achieve peace. Uri, bend that goofy magician oath and ESP me some answers.

If you're a bald baseball superstar, why on earth aren't you playing for the Cubs? Call your weasel agent and force a trade. I'm talking to you Pujols, Youkilis and Konerko. Obviously, that Fullhead, Theo Epstein doesn't know what he's doing.

Unfortunately, most of you don't fit into one of those categories. But that doesn't mean there's nothing you can do to help. There is one thing that you can do immediately.

Make it your life's work to force every bald man you ever meet to buy this book. Every single one. Buy 50, 100, 200, or 1000 copies and keep them in your car. When you run out, buy a thousand more. Don't just lend out your copy—each bald man needs his own personal copy to constantly read.*

Don't fall down on this job.

Together we'll find our way. The road leads right to the top. The bald top.

Because BALD IS BAD!

**When you run out of bald people to give this to, remember our "Bald is Bad" and "Less Hair, More Head" t-shirts are available in all sizes. Our yellow "Baldstrong" solidarity bracelets are on sale through Christmas.*

Acknowledgements

Victor Hugo said it best, "Adversity makes men, and prosperity makes monsters." This work could not have existed, if not for my trusted and lifelong companions, Adversity, Pain and Anguish. Since my late twenties, you've been a constant source of inspiration.

Deepest gratitude to my family for the long, impressive line of multigenerational defective genes. Without you dead guys and girls (and a few still living), this book could never have happened. Sorry if I defaced your graves. My bad.

Thanks to my many acquaintances who have at one time or another thought they were the funniest guy on earth. I couldn't possibly mention all of you who have given me wacky bald t-shirts, Chia-Pets, bald guy combs or "All I Want for Christmas is Some Hair" coffee mugs.

Thank you to eBay for allowing me to sell wacky bald t-shirts, Chia-Pets, bald guy combs or "All I Want for Christmas is Some Hair" coffee mugs. You helped me finance this book.

To Elisabeth Kübler-Ross, who wrote the book, *On Death and Dying*. You laid the groundwork for this masterpiece.

To my editor, Bridget Kaempfer, who caught all doze typoes and worstest grammar. Seriously, a great friend. Thank you.

To Ray Nilsen, who could possibly be the greatest photographer on Earth. He only laughed a little when we took the grave picture.

To Kelly Hyde, the coolest and most awesome designer ever. She also only laughed a little at me, but laughed a lot at the book, which makes up for it.

To Tom Sochowski and Vince Argento who never missed a support group in eleven years. I'll try to make better coffee, I promise.

To Richard Kaempfer who was a constant source of support and guidance while publishing this book. A true rarity, Rick is a Noble Fullhead. Throughout a thirty year friendship, Rick always saw the beauty inside me, never once seeing the imperfections that were on the outside. He's the Moe to my Curly, the Jerry to my George, and the Dick van Dyke to my Alan Brady.

To my three lovely daughters: Lyla, Julia, and Ehren. If I had any hair when you were born, you probably would have caused me to lose it anyway.

Finally, to my perfect wife, Michelle. Blessed is not a strong enough word to describe how lucky I am. Love with all my heart — you're all I could ever want.

About the Author

Afflicted with male pattern baldness since his twenties, David Stern has become an advocate and spiritual advisor for balding men worldwide. He received his MBA (Master of Bald Advocacy) from F.U. in 1986. Stern recently applied to become a United States congressional lobbyist specializing in issues facing bald men. At the time this book was printed, he was still awaiting a response. Before dedicating his life to his balding brothers, David was a sales/marketing executive and co-owner of an advertising agency in Chicago. He still lives in the Windy City along with his wife Michelle and his three daughters.

天地明察 上

冲方 丁

角川文庫 17398

目次

序章

幸福だった。

この世に生まれてからずっと、ただひたすら同じ勝負をし続けてきた気がする。

そのことが今、春海《はるみ》には、この上なく幸せなことに思えた。

気づけば四十六歳。いったいいつからこの勝負を始めていたのだろうか。

決着のときを待ちわびた気もするし、思ったよりずっと早く辿《たど》り着けた気もする。長い道のりだったことは確かだが、それがどういうものであるか振り返ることさえしてこなかった。そのせいか、勝負が始まったのは、つい昨日のことであるような思いさえする。

「は……春海様……。い、いよいよです。こ、この日本の改暦の儀が、いよいよ決します」

泰福《やすとみ》が言った。可哀想なほど不安と緊張で震えている。声に怯《おび》えがあらわれていた。帝《みかど》から事業を拝命した陰陽師《おんみょうじ》統轄たる土御門《つちみかど》家として、最も堂々と構えるべきであ

ったが、

「は、春海様の暦こそ、日本の至宝です。そ、そのことを帝もきっとおわかりのはずです」

泰福はむしろ春海にそうだと言って欲しくてたまらないような調子で口にしている。

春海は一瞬、打てる手は全て打っていること、また今後、起こるであろうことを全て、この若者に告げようかと思ったが、

「必至」

にこりと微笑み、ただそれだけを、事も無げに告げた。

三十歳の泰福にはそれで十分だった。またそれ以上のことを伝えても余計に惑乱するだけだろう。果たして泰福はなんとか怯えを和らげ、顔を引き締めて真っ直ぐ前を向いた。

並んで座る春海と泰福を、同じく帝の勅を待つ公家《くげ》たちがちらちらと見ている。

特に賀茂《かも》家に連なる者たちの怒りと嘲《あざけ》りの顔。冷ややかな蔑視《べっし》。満悦の様子で坐《ざ》す者。

春海は、それらの面々を等しく盤上の碁石に見立て、この後の展開を正しく予期した。

そうしてさらに打つべき手を見定めながら、先ほどの幸福がどこから来るのかを考

えていた。

改暦の儀。

貞享《じょうきょう》元年三月三日の今日。ついに帝は、かねてから誤謬《ごびゅう》明らかな現行の暦法を廃し、新たな暦法をもって新時代の暦となすことを発布された。

そのための新暦として候補とされたのは、三つの暦である。

大統暦《だいとうれき》。

授時暦《じゅじれき》。

大和暦《やまとれき》。

帝の勅令は果たしてどれを採用とするのか。今や誇張なく日本中がその裁定に注目していた。

江戸では将軍綱吉《つなよし》が、大老の堀田正俊《ほったまさとし》とともに改暦の勅の報を待っている。

公家層は躍起になって改暦の儀に介入した。諸藩の武家には春海を強力に支援する者がいた。世の算術家、神道家、仏教勢力、儒者、陰陽師たちが揃って〝三暦勝負〟を見守っている。

そして何より民衆が、この勝負に熱狂した。彼らが寄せる関心は、幕閣の予想を超える盛り上がりを見せた。頒暦《はんれき》（カレンダー）の販売数は如実に上昇し、暦法を題材にした美人画まで販売され、戯作者《げさくしゃ》たちが暦を題材に新作の準備をしているという。

春海は、今なら平明な眼差《まなざ》しで彼らの願いを見通すことが出来る気がした。

暦は約束だった。泰平の世における無言の誓いと言ってよかった。

〝明日も生きている〟

〝明日もこの世はある〟

天地において為政者が、人と人とが、暗黙のうちに交わすそうした約束が暦なのだ。

この国の人々が暦好きなのは、暦が好きでいられる自分に何より安心するからかもしれない。戦国の世はどんな約束も踏みにじる。そんな世の中は、もう沢山だ。そういう思いが暦というものに爆発的な関心を向けさせたのだろうか。春海はそんな風に思った。

やがてそのときが来た。居並ぶ面々に伝奏《てんそう》が到来することが告げられ、泰福が生唾《なまつば》を呑《の》んだ。ざわめきが起こり、それが徐々に鎮まってゆく中、ふいに春海は遠くから響く音を聞いた。

かいん、ころん。

軽妙に鳴り響く、幻の音だ。

ああ、そうか。あのとき勝負が始まったのだ。この幸福の思いはあそこから来ているのだ。

いつかその音を聞いたときから今に至るまでの年月を、春海は、そっと胸中で数えてみた。

二十三年間。

裁定のときを前にして緊迫する面々をよそに、思わず笑みが浮かんだ。

二十三年もの間、ひたすらだ。

ひたすら、これをやっていた。その間ずっと、響き続けてくれていた音だ。

ほどなくして座に帝の決定が告げられる一方、春海は目を閉じて、人生の始まりを告げるその幻の音に耳を澄ませた。

からん、ころん。

第一章　一瞥《いちべつ》即解

一

その日、春海は登城の途中、寄り道した。

寄り道のために、けっこう頑張った。

まだ暗い卯《う》の刻の前に床を離れ、寒さに首をちぢこまらせながら、慣れぬ二刀を苦労しいしい腰に帯びた。刀の重さでふらつきながら、提灯《ちょうちん》を持って邸《やしき》を出た。

江戸城の多数の御門は、明け六つどきの鐘とともに開く。鐘は、日の高さを基準に鳴らす。

当然、冬の鐘の間隔は、夏に比べてひどく短い。同じ六つから五つ、卯から辰《たつ》の刻の間でも、冬と夏では一・五倍もの時間の差が生じるのである。

江戸は、門限によって厳しく統制される都市だ。かの春日局《かすがのつぼね》ですら、門限を過ぎての通行は認められなかった。時間厳守は常識であり、遅刻は許されない。そもそも城に出仕する者の第一の勤めは、敵の襲来に備える、というのが建前である。いかに泰平の世を謳歌《おうか》しようと、いまだ戦時の慣習が色濃い城で、刻限に間に合わぬことほど不覚悟なことはなかった。

だから、急いだ。

刀の重みに振り回されながら、開門とほとんど同時に、馬場先《ばばさき》、鍛冶橋《かじばし》の門と、続けて過ぎた。城とは真反対の方へ、大名小路を足早に横切って行った。

畳屋の間を通って京橋を渡り、銀座の前で、やっと早朝の駕籠《かご》にありついた。

駕籠舁《か》きたちも欠伸《あくび》まじりに仕事の支度に取りかかったばかりである。

帯刀した若者が、息せき切ってやって来る様子に、すわ一大事かと緊張の面持ちになった。

「どちらへお出《い》でで？」

「渋谷《しぶや》」

息を整え、急いで春海は言った。提灯の火を消し、さっそく駕籠に乗り込もうとした。

がつん、と刀が駕籠の両脇につっかえ、跳ね返された。

「ああ、もう」

焦りながら、もたもた腰から二刀を外す。

駕籠舁きたちが不審顔になった。よく見れば春海は束髪をしていない。ということは武士ではない。だが刀を携えている。しかも、どこかの大名邸から出て来たに違いない、やけに品の良い身なりである。咄嗟《とっさ》に何者かわからない〝身分不詳〟の人物だった。

「渋谷のどちらへ？」

駕籠舁きの一人が、この妙な客を警戒して訊《き》いた。彼《か》の辺りは暗くなると追い剝《は》ぎが出る。そんな場所に早朝から何があるのか。

「宮益坂《みやますざか》にあるという、金王八幡《こんのうはちまん》の神社《やしろ》に行きたいんだ」

春海は、両手に抱えた二刀を、横にしたり斜めにしたり、どうしたら刀と自分が同時に駕籠に乗れるのか、懸命になって試しながら、

「急いで頼むよ。五つ半には戻りたいんだ」

それで、いっぺんに駕籠舁きたちから緊張が失《う》せた。なあんだ、と肩をすくめている。

春海の声からは京訛《なま》りが聞き取れた。つまり京から江戸に下ったなにがしの青年が、江戸が珍しくて、こんな時間から名所見物に出かけようというのだ。先述したように城の出仕者は門限に縛られているので、遠出をしたければ、このような早朝から動か

ねばならない。そう、駕籠舁きたちは解釈した。それ以外に解釈のしようもなかった。

基本的に大名は家臣たちに江戸の物見遊山を禁じている。が、近頃は、留守居役たちからして政談と称し、料亭に集まり、名所に繰り出すのだから、なあなあのなしくずしになっていた。駕籠を運ぶ方もそれがわかっているので観光案内めいたことをやって銭をもらったりもする。

「宮益の八幡なんざ、こんな季節に行ったたって面白くもなんともありゃしませんよ。桜なんか葉も枯れちまってまさあ」

駕籠舁きの一人が、親切半分、自分たちこそ江戸詳知の案内役、という自負半分で助言し、もう一方も、うんうんうなずいて、

「もっと近場に、御利益のある名所《とこ》は幾らでもありますがね」

「桜じゃないよ。絵馬に用があるんだ」

言いつつ、やっと刀と一緒に駕籠に潜り込めた春海が、ほっとなって微笑み、

「絵馬？」

駕籠舁きたちが、意表を突かれて二人同時に訊き返した。

「うん。それに御利益はもう十分だ。白粉《おしろい》も塩もやったし、番茶もやった。急いでくれ。時間がないんだ」

「絵馬、ねえ」

不思議そうに繰り返しつつ駕籠を担いだ。

春海が告げた白粉とは、近くの京橋八丁堀《はっちょうぼり》のお化粧地蔵のことだ。お地蔵様に白粉を塗れば病気平癒の霊験があった。逆に塩は、江戸北辺の寺に頭から塩まみれのお地蔵様がある。その塩を足に塗るとウオノメが取れるという。番茶は、向島《むこうじま》の弘福寺《こうふくじ》にある〝咳除《せきよ》け爺婆《じじばば》〟の石像に供えると、風邪を引かなくなる御利益。

どうやら、そこそこ江戸は見て回っているらしい。それで今度は何やらが宮益にあると吹き込まれたのだろうか。観光目的の人間には現地の住民には理解できないようなこ、つまらないものにも喜ぶところがある。何だか知らないが、どうせ見れば馬鹿馬鹿しくなるたぐいのものだろう、駕籠舁きたちはそんな風に納得しながら、この正体不明の若い男を運んで行った。

駕籠舁きが言ったように、金王八幡宮には桜があった。

源頼朝《よりとも》が植えたという名木〝金王桜〟である。金王の名の由来である武将、金王丸《こんのうまる》を偲《しの》んでのことだそうで、社には金王丸の木像も安置されている。

だが十月の桜は枝しかない。木像も特定の時期しか拝観できない。

駕籠舁きたちには〝面白くもなんともない〟場所である。

ただし春海は、まんざらこの神社に縁がないわけではない。実を言えば、その出自は、清和源氏《せいわげんじ》ゆかりの畠山《はたけやま》氏の一族なのである。それにここには他の見所もある。三代将軍に家光《いえみつ》が選ばれるよう春日局が参拝祈願し、その成就の折、御利益に感謝して造らせた社殿と門があった。

けれども、ということは将軍家ゆかりの神社であるからして、歌舞音曲《おんぎょく》や馬鹿騒ぎのたぐいは御法度《ごはっと》である。これまた駕籠舁きたちにとっては、まったく面白味に欠けている。

何であれ、春海は、それらの名物《もの》には目も向けない。到着するなり刀を抱いて境内への階段を駆けた。駆けつつ、ふと道の真ん中は、神が通る道であることを思い出し、

「おっと、いけない、いけない」

脇へどいた拍子に、両手に抱えたままの刀を、鳥居にぶっつけた。

かーん、という良い音に、駕籠舁きたちが仰天し、

「なんてえ罰当たりな。神様に鞘当《さやあ》てを食わせてらあ」

祟《たた》りのとばっちりを恐れて、手を合わせて拝んでいる。

春海も慌てて柱に向かって非礼を素早く三度詫《わ》び、それからまた急いで駆けた。

境内の真ん中でぴたっと立ち止まり、左右に顔を巡らせる。神社の一角に、奉納所があった。すぐさまそちらへすっ飛んでゆき、

「おお……」

子供のように目を輝かせ、それを見た。

春海の膝元《ひざもと》から頭上まで、所狭しと絵馬が吊《つ》り下げられている。

その一群に、完全に目を奪われた。

円図、三角図、菱形《ひしがた》、数多《あまた》の多角形。それら図形の中に、幾つも描かれた内接円に接線。

辺の長さ、円の面積、升の体積。方陣に円陣。複雑な加減乗除、開平方。

難問難題、術式に解答といったものが、奉納した者の名や、祈願の内容とともに、どの絵馬にも、びっしりと書きこまれている。

個人ではなく、塾の名で奉納されているものもある。

問題だけで、術も答えも記されていないものもある。

術にいたる数理を、ことこまかに記したものもある。

春海が住む邸《やしき》の者から、それらの存在を聞き、ひと目見てみたくてここまで来たが、

「これほどの数とは……」

圧倒されながら、感動の呟《つぶや》きが、溜《た》め息をつくように零《こぼ》れ出た。

そのとき春海の目には、一つ一つの絵馬が個別にあるのではなく、絵馬たちの群れ集いそのものが、それこそ満開の桜のごとき見事さで、日の中に輝いているように見えた。

ほとんど無意識のまま、抱えていた二刀を絵馬たちの下に置いて押しやった。

それから、手を伸ばして額面の一つを見た。その次を。さらに次を。しまいには清流に手を差し入れて、水の清らかさを楽しむように、ただ触れていった。

どの絵馬も、書いた者の心地好《よ》く美しい緊張をたたえている。春海が触れた絵馬同士がぶつかって、からん、ころん、と鳴る音にすら、人々の神妙な思いが満ちている気がした。

「すごいな、江戸は」

呟きとともに、感動と歓《よろこ》びが、笑い声になって口から溢《あふ》れた。

研鑽《けんさん》を誓い、神の加護によって技芸が向上することを願うために。あるいは己が成長を果たせたことを神に感謝して。人々が、それぞれの目的で、算術を記し、神に献《ささ》げた絵馬の群れ。

世に言う、〝算額奉納〟であった。

始まりは定かではない。

当時、算術は、技芸や商売のすべてである一方、純粋な趣味や娯楽でもあった。機会があれば老若男女、身分を問わず学んだのである。そろばんと算術が全国に普及し、算術家と呼ばれる者たちが現れて各地で塾を開き、その門下の者たちがさらに算術を世に広めた。

算術書も多く出版され、中には長年にわたって民衆に親しまれ、版を重ねるものもある。

そしていつしか、神社に奉納される絵馬に、算術に関するものが現れていた。

人々が願いを絵馬や額に託し、神仏に奉納する習慣は、古くからある。おそらくは、純粋に、問題を解答するに至ったときの歓びや、算術が身についたことに、神や仏の加護を見出《みいだ》し、感謝を込めて奉納したのが始まりであろう。やがてそれが、おおやけの発表の場となったのも、寺院や神宮という、大勢の者が足を踏み入れる公的な場であることを考えれば、必然であったのかもしれない。何しろ研鑽の成果を出版するには資金が足らぬ者でも、絵馬ならば、きわめて安価に〝発表〟を行うことができたのである。

逆に、自身や塾の名を誇示し、宣伝するため、巨大な額を奉納する者もいた。そういう者たちは、長年の保存に耐えられる造りの額を献げた。金箔《きんぱく》や漆を塗って、見た目も美しくしたり、中には碑石に算術を彫ったものもある。そういうものは、鴨居の上に飾られたり、奉納品として保管されたり、社殿に安置されたりして、一般の絵馬よりもずっと畏《かしこ》まって扱われている。

むしろ絵馬よりも、そうした特別な額こそ、〝算額〟と呼ぶべきものであろう。

だが今、春海は、密集する絵馬の群れにこそ、鮮烈な感動を覚えていた。どの絵馬も、神社が保存するたぐいのものではない。年の暮れにはまとめて浄《きよ》め焼かれ、灰と化す。にもかかわらず、献げられた絵馬たちだった。あるいは、だからこそ、その年の成果を奉納し、本願を祈念する。そして翌年には、心機を新たにするための絵馬が献げられる。名のある算術家から一般庶民にいたるまで、そうして奉納する絵馬の群れにこそ、神道風に恰好《かっこう》をつけて言えば、〝息吹〟があった。

春海は、しばし陶然となって眺めていたが、はっと我に返り、

「こうしてはいられない」

いそいそと筆記具を取り出し、これはと思う絵馬の内容を書きとめていった。むろん短時間では網羅することはできないし、さすがにその気はない。算術を覚えたての者の絵馬を見ても学ぶべきものはなかった。一見して既知のものとわかる術は省いたし、その応用とわかる問題も、さっと一読するだけで済ませた。

そうするうちに、妙な絵馬が、ちょうど春海の額の上ほどの高さの列に、ずらりと並んで存在していることに気づいた。

やや大きめの絵馬板に、まず問題と、出題者の名や、所属する塾の名が、記されていた。

それから、その隣に、違う筆跡で、術や解答が、別の者の名とともに記されている。

さらに、その答えに対し、

『明察』

の二字が、記されている。

ちょっとぽかんとなって同じ列の絵馬を眺めた。問題と出題者だけで、答えを記すべき空白が残されているものがあって、

「なるほど、遺題か」

ようやく合点がいった。とともに春海の顔に、満面の笑みが広がっている。

遺題とは、算術書を出版する際に、あえて答えを書かず、問題のみが、補稿として付け加えられたもののことを言った。

その書を読んだ人間に、独自に解いてみよと、算術の力量を試させるためのものだ。難問が多く、何年にもわたっておおやけに解答されないものもあったが、大抵は、別の者が解答を出版するとともに、さらに別の遺題を載せた。

そしてその遺題を解いた別の者が、解答と新たな遺題を出版し……と、次々に継承され、算術好きの読者を楽しませるとともに、術理の検討と発展に貢献すること大であった。

それと同じように、絵馬によって出題された問題に、別の者が答えを書いているの

だ。しかも面白いことに、その後さらに出題者が見て、合否を記している。しかも答えが合っていることを『明察』と褒めつつ、どこか解かれたことを悔しがるような雰囲気がある。

中には、書き加えられた解答が誤っており、『借シクモ』とか、『誤謬《ごびゅう》ニテ候』など、相手の努力を認めつつも、どこか鼻を高くした様子で、正答を書き加えていたりする。

果たして、これらの出題者と解答者たちは、互いに面識があるのであろうか。

おそらく大半は顔も知らないのではないか。なのに奉納品に他者の筆記を許し、あまつさえ誤りが書かれることとすら許していた。これも神仏への感謝から発展した娯楽の態度であろう。

しかも、きわめて真剣な娯楽である。何しろ神への献げものだし、出題した方は神社に金を払って絵馬を奉じている。また、絵馬のような小さな板きれに、幾つも解答を記す余裕があるわけがない。解答する者は、はっきりと正答であることを信じて書かねば、神と出題者、あるいは絵馬という慣習そのものに対しても、無礼を働くことになる。

そうしたことを大前提にしながら、堂々と、算術勝負を行っているのだった。

神前の勝負であることが、かえって算術家たちの意気に火をつけるのか、そうした〝勝負絵馬〟が、奉納所の右端から左端まで、完全に一つの列を占拠している。神社の宮司も、このような勝負を好ましく思い、わざわざその一列を専用に空けてやっているのかもしれない。

なんとなく剣術の試合を彷彿《ほうふつ》とさせ、ぞくぞくした。

「面白いな、江戸は」

そんな呟《つぶや》きが腹の底から出てきた。勢い、書き写すのは〝勝負絵馬〟に絞られた。

紙は、懐中に束になって入っている。筆記用ではなく、刀のための懐紙だった。春海にとっては規則の上で、ただ持っている紙であり、何枚費やそうとも、いざというときに困る、といった考えなど、てんで浮かばない。

寒さも忘れ、ただ一心に写した。それが一段落して、ほっと息をつきながら、改めて絵馬の一つをしげしげと見た。書き写すことに専念したため、大半の内容にきちんと理解がついておらず、中でも特に気になるものが、それだった。

『今勾股弦釣九寸股壱拾弐寸在　内ニ如図等円双ツ入ル　円径ヲ問』

という問題と図、そして、『礒村吉徳門下　村瀬義益　寛文元年十月吉日』と、名と奉納日が、達者な字で記されている。

答えはまだない。

問題よりまず、名に驚いた。出題者の名までは写していなかった。

「あの礒村吉徳《いそむらよしのり》か……！」

江戸に私塾を開いている名高い算術家の一人である。

人づてに聞いた話では、肥前《ひぜん》の鍋島《なべしま》家に算術をもって仕え、今は、同じく算術の技能を求められ、二本松《にほんまつ》藩に招かれているという。

算術書も出版しており、二年前に出た『算法闕疑抄《けつぎしょう》』は、春海も愛読している。というか、猛烈に熱中した。崇《あが》め奉らんほどに貪《むさぼ》り読み、今のように夢中で書き写して学んだ。

もともとは弟子が礒村に断りなく算術書を出版し、しかも誤謬が多かったため、弟子の不始末を正すために書を出すことを決めたという。算術を学ぶ者からすればありがたい限りだった。しかも珠算術、すなわちそろばんを使った算術書の中ではきわめて優れ、また古今の算術を総合し、比較検討しながら、礒村流算術を世に知らしめた書であった。

それほどの成果を上げた礒村の、弟子である村瀬《むらせ》という者に、なんともいえぬ羨《うらや》ましさを感じながら、微動だにせず、繰り返し問題を読んだ。

『今、釣《つり》（高さ）が九寸、股《こ》（底辺）が十二寸の、勾股弦《こうこげん》（直角三角形）がある。その内部に、図の如く、直径が等しい円を二つ入れる。円の直径を問う』

直角三角形は、最も短い辺を〝勾〟、その次に長い辺を〝股〟、最も長い斜辺を〝弦〟と呼び、算術では、ひんぱんに取り上げられる図形の一つである。

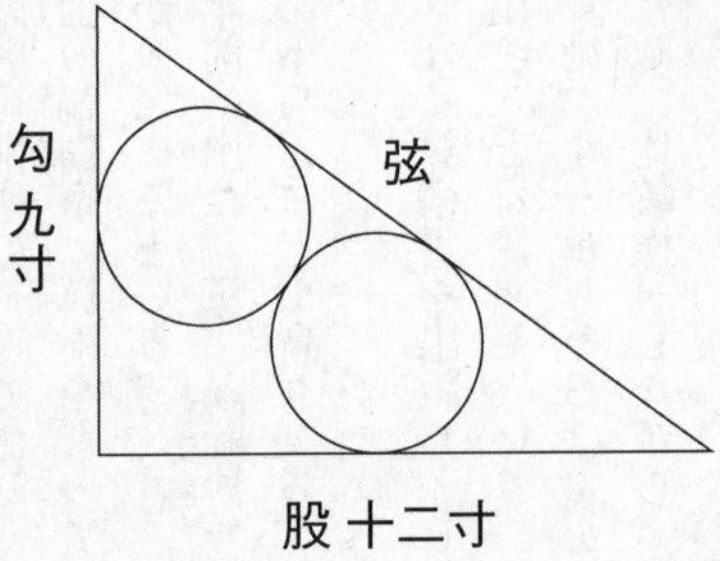

取り上げられる理由は、〝勾股弦の法〟が、様々な問題の答えを導く術となるからで、『勾の二乗に、股の二乗を足すと、弦の二乗に等しい』

という法、すなわち〝三平方の定理〟を知っている春海には、何やら今にも問題が解けそうな気がした。

気がしつつも、いまいちその後の術式が明瞭《めいりょう》にならない。紙と筆記具をしまうと、そろばんを取り出した。だいたいの見当をつけて、ぱちぱち珠《たま》を弾《はじ》いてみた。

まず勾股弦の法により、勾が九寸、股が十二寸なら、弦は十五寸である。

そこから、頭の中で、相似比を求めるための線を、図に書き加えたりして、計算した。

答えは、ちょうど十寸になった。

思わず脳裏に、

『誤謬』

の二字が、ひらひら蝶《ちょう》のように舞い、やたらと恥ずかしくなった。

三角形の二つの内接円の直径が、三角形の高さより長いわけがない。というよりそんな円は三角形からはみ出る。

気を取り直して、何度か術を工夫してそろばんを弾いてみた。上手《うま》くいかない。しかし、もう少しで解けそうな気がする。ううむ、と唸《うな》った。術式が完成しそうになるときが一番の苦しみであり楽しみである。あと一歩、あと一目、などと呟きながら、だんだん夢中になってきた。

やがて、うぅん、と唸り首を傾げ、そろばんをしまった。

今度は、小さな包みを取り出し、敷石の上に広げ始めた。包みの布地には、黒と赤に塗りわけられた、小さな棒の束が現れている。包みの布地には、桁数《けたすう》と升目が記されてあった。

そろばんとはまったく別個の、算術のための道具、算盤《さんばん》である。算木《さんぎ》と呼ばれる棒の組み合わせで、一から九の数字を示し、各桁に並べてゆく。そうすることで、じっくりと複雑な計算を行うことができた。また、赤木は正の数、黒木は負の数を示し、加減乗除も開平法も平方根も、自在に求めてゆける。

その算盤を、石畳の上に広げた。

日頃の行儀の良さから、冷え切った石の上できちんと正座をし、黙々と算木を並べた。

並べながら、すぐに解けそうだと思った問題の奥の深さに、どっぷり浸《つ》かってしまった。

「けっこうな問題を出すじゃないか」

そろそろ城に戻らねばならないという思いがどんどん遠のいてゆく。

視界の隅を、ちらちら何かが横切るような気がしたが、頭は算術でいっぱいになって気にもしなかった。ひたすら解答を求め、さすが高名な礒村の弟子だと感心し、ま

た対抗心を燃やし、我を忘れて術を工夫するというより、こねくりまわして計算するうちに、

「申し訳ありません」

頭上から、澄んだ声が降ってきて、思考が中断された。

かき消えそうになった術の流れを、咄嗟《とっさ》に、頭の中で書き記すように暗記した。それができるのが春海の技芸であり、幼い頃からの特技だった。

顔を上げると、箒《ほうき》を持った綺麗《きれい》な娘がいて、ちょっと見とれた。

十六、七くらいの歳で、可愛い眉根《まゆね》に、不機嫌そうに皺《しわ》を寄せている。

「私に何か？」

正座したままの春海が、真面目に訊《き》いた。

「憚《はばか》りながら、お立ち退き下さいますようお願いいたします」

娘が、勢いよく言い放った。

「そこを掃き清めねばなりませんので」

ざっ、と音を立てて箒で春海のすぐ前の石畳を掃き払ってみせる。

言うことを聞かねば、並べた算盤ごと、枯れ葉の山まで運ばれそうだった。

見れば、自分の周囲は残らず、しっかり掃除されている。あとは自分が座る場所だけだった。どうも、先ほど視界の隅をちらちら横切っていたのは、この娘の箒だった

らしい。

算の音も耳に入らぬほど、術に没頭していた自分に、春海は感心した。

「これはすまなかった」

丁寧に詫《わ》び、算木が崩れぬよう、算盤の布地を引っ張って、ずるずる後ずさった。

呆気《あっけ》にとられる娘をよそに、二歩分ほど後退して、正座し直し、

「これで良いかな」

それまで自分がいた場所を指さし言った。

「良くありませんッ」

娘が、箒を振り上げんばかりに喚《わめ》いた。ちょうど朝の仕事を終え、休憩がてら参拝に来た近隣の老百姓たちが、地べたにひざまずいて叱られる春海に目を丸くしている。

「神前ですよッ。こんなところに座らないで下さい」

「しかし――」

神前だからこそ、身も心も引き締まる思いで算術に没頭できるのだ、と主張したかったが、娘に鋭く遮られた。

「お武家様が朝から油を売って。今日はもうじき御登城ではないのですか」

どうやら近隣の大名邸《やしき》の者だと思われているらしい。その割にずいぶんと遠慮のない娘の態度である。それだけ春海が、武士の威風からはほど遠い証拠でもあった。

「私は武士では――」

と誤解を解こうとして、

「御登城⁉」

叫んだところへ、にわかに鐘の音が聞こえてきた。

西久保か目白の鐘か。何でもいいが、ぞっとなった。もう鐘が鳴るなんて。慌てて算木と算盤を片づけにかかり、娘が、そら見ろという顔で、

「お膝《ひざ》に、枯れ葉がついていますよ」

なんなら箒で掃いてくれようかという態度で言う。

「ああ、これは失礼」

実際にそうされたところで、真面目に感謝しそうな春海である。

ささっと手で膝を払い、そのまま走り出しかけたが、踏みとどまり、

「大変良い勉強になりました」

律儀に、娘と絵馬の両方に頭を下げてから、

「御免」

返事も待たずに駆け足で門へ向かった。

ちょっとびっくりしていた娘が、

「地べたでお勉強なんて、よそでして下さい」

また怒ったように言うのも右から左へ通り抜け、春海は走った。

門を出るなり焦燥に襲われた。待たせているはずの駕籠《かご》がない。

「──どこだ？　どこに行った？」

と思ったら、道から外れたところで煙管《きせる》をふかす駕籠舁《か》きたちがいた。道にいないのは、じき大名行列が現れる時刻なので、あらかじめ脇へどいているのである。その様子がさらに春海を焦らせた。ばたばた駕籠に乗り込み、

「さあ行ってくれ。大急ぎで帰ってくれ」

「絵馬はお楽しみになれましたか」

駕籠舁きの一人がのんびり訊いた。

「良かった良かった。実に良かった。さ、急いでくれ」

駕籠舁きたちは、何が面白かったんだろうと、さほど興味もなさそうに肩をすくめ合って駕籠を担いだ。

えっさえっさ、と駕籠舁きたちが急坂地を軽快に進み、宮益を離れてちょっとした辺りで、

「──ああっ⁉」

駕籠から、春海の絶叫が湧いた。

「と、止まってくれ！　頼む！　戻ってくれ！　大事なものを忘れた！」

駕籠舁きたちも、ああ、そう言えばと、神社から戻ってきた春海に欠けていたものに思い当たった。普通は無ければすぐに気づくのだが、春海に限っては、むしろ無い方が自然に見えた。駕籠舁きたちが、やれやれと方向転換し、宮益坂へ戻った。

「着きましたぜ」

駕籠を地面に下ろす前《さき》から、春海が転がるように飛び出した。一目散に神社に駆け戻る途中、またもや咄嗟に道の真ん中からどいた。そしてその拍子に、鳥居の柱に横っ面をぶっつけた。

「あ、痛っ、痛《い》ったあ」

くらくらしながら、それでも駆けた。

「神様に面当てしてらあ」

今度も、駕籠舁きたちは手を合わせて拝んでいる。

奉納所へ辿《たど》り着くと、先ほどの娘が、本格的に怒った様子で睨《にら》んできた。

「お忘れ物ですッ」

きっとなって絵馬の下を指さす。その娘の仕草に、春海は心底、安堵《あんど》した。

「ああ、あった、あった。ああ、良かった」

そこに置きっぱなしになっていた二刀を、慌てて拾った。

江戸は繁栄と同時に貧困の町である。刀など落ちていようものなら、金が落ちているのに等しい。一両日のうちに売り飛ばされ、柄《つか》も鞘《さや》もバラバラにされ、装いを変えて誰のものともしれぬ刀となって、公然と売りに出される。いったんそうなれば発見することは不可能だった。不覚悟も良いところで、下手をすれば失職ものである。

また、それだけでなく、

「絵馬の下に置くなんてッ、みんなのお願いを断つ気ですか！」

まがりなりにも奉納品の群れの、その真下に刃《やいば》を置けば、そう解釈されても仕方がない。

「いや、すまない。まことに申し訳ない。ついつい、この絵馬たちが面白くて……」

と、平身低頭で詫びつつ、絵馬の方へ目を向けた春海が、

「――えっ⁉」

仰天して叫びを発し、そのあまりの勢いに、娘がのけぞった。

「な……なんです、大きな声など出してッ」

威嚇されたと思ったか、娘が、食ってかかるように言う。

春海は、目をまん丸にして絵馬を見つめ、

「……答えだ」

と、言った。

春海が、さんざん粘って解こうと努力した問題だった。その絵馬に、

『答　七分ノ三十寸　関』

なかったはずの答えが、さらりと書き足されてあった。

何者かが、春海と入れ違いにここを訪れたのである。

そして驚くほど短時間で、この難題に答えを書きつけ、去っていった。春海の背に震えが走った。にわかには信じられなかった。驚愕《きょうがく》の面持ちのまま娘を振り返った。

「こ、この答えを書いた者を見たか？」

「はあ」

「この〝関《せき》〟というのが、その者の名か？」

「はあ……」

曖昧《あいまい》な声で返された。娘の表情には明白な警戒心があらわれている。だが春海は気づかず、さらに訊《き》いた。

「何者なんだ？」

「若いお武家様です」

娘はそれだけ言った。献《ささ》げられた絵馬を管理する神社の側としては、それ以上のことをいちいち教えられないという態度である。逆に訝《いぶか》るように訊き返してきた。

「なぜお知りになりたいのですか？」

「どうやって解いた？　術は？　やはり勾股《こうこ》の相乗から始めるのか？」

「そんなの……」

知るわけない、というように娘が困り顔になった。春海も、咄嗟《とっさ》に質問を変え、

「この場で解いたのか？　それとも、あらかじめ答えを知っていた風だった？」

口にしながら、おそらくその武士は、まさに今自分が立つこの場所で、初めて絵馬の問題を目にし、そして解いたのだろうと直感していた。そういう答えの書き方だった。あらかじめ問題を解いた上で、ここを訪れたのだとすれば、もっと、苦労して解いたなりの記し方がある。

『答え曰《いわ》く』とか、『これにて合問《ごうもん》』といった言葉をさり気なく付け足したくなる。それなのに、『答えは七分の三十寸』と、解答のみを伝えていた。苦労や力量の誇示といったものが、まったく見当たらない。

自身の名すら、〝関〟と、姓だけ添え物のように書いている。ただ算術数理の術こそ求められるべきものであり、個人の名など二の次と言わんばかりの態度だった。

だが、娘の答えは、春海の想像を遥《はる》かに超えた。

「先ほどいらして、どれも一瞥《いちべつ》して答えを書いてらしたのを見ておりました」

「どれも……？」

反射的に、また絵馬の方を見た。

「おっ――」

息を呑《の》んだ。声が出なかった。どれも。そんなまさか。どれも。一つ残らず。

その数、七つ。

春海が咄嗟には解けなかった問題を始め、他の、答えのなかった絵馬にも、同じ筆跡、同じようなわけもなさで、答えが、〝関〟の名が、さらさらと記されていた。

からん、ころん。

風に揺られて絵馬同士のぶつかる澄んだ音がした。

その音を、完全に心を奪われたまま聞いた。驚きを通り越して、周囲の時が止まり、自分の息づかいと絵馬の音だけが世界に響いているような思いだった。

あるいは止まったのは、春海の内部を流れる時の一部であったろうか。この瞬間に味わった途方もない驚異こそ、のちの春海の人生において、何よりも克明に記憶されることになるものだった。もし、人生の原動力といったものが、その人の中で生じる瞬間があるとすれば、春海にとって、まさに今このときこそ、それであった。

「一瞥即解――」

呟《つぶや》いた途端、背ばかりか総身に震えが走った。爪先《つまさき》から頭のてっぺんまで痺《しび》れた。

「そ……そのお方は、どちらへ向かわれた？」

神妙になって訊いた。呼び方が、〝その者〟から、〝そのお方〟に変わっていることにも、自分で気づいていない。

だが娘は今度こそ本当に警戒した顔で、

「存じません」

突っぱねるように告げた。

「そうだ、まだ近くにいるかもしれない」

ほとんど独り言のように春海が言った。先ほどよりも姿勢を正し、

「いろいろ訊いてすまなかった。ありがとう」

律儀に頭を下げ、くるりと娘に背を向けた。

「あっ……ちょっと、あの人を追いかける気ですか⁉ あなたが書いた絵馬でもないのに、何をそんな、むきになって――」

このときも娘の声は右から左へ通り過ぎた。お陰でこの後、〝関〟について、ずいぶんな遠回りをすることになるのだが、春海はただひたすら、くそ重たい刀を抱いて走った。

二

駕籠《かご》に乗って戻る途中、目を皿のように見開いて、〝一瞥即解〟の武士の影を追っ

たが、渋谷の田園風景のどこにも、それらしい人物はついに見つからなかった。

がっかりしながら、例の問題と、関という武士が出した解答に気を取られ、城までの道のりでただの一度も大名の行列に出くわさなかった幸運に気づかなかった。

駕籠舁《か》きたちもそういう道を選んでいるわけだが、もし行列にぶつかっていたら、その場で駕籠を降りて行列が過ぎるのを待たねばならず、しかもすぐに次の行列が来て、時間だけがただ過ぎてゆく、ということになりかねなかった。

だがその幸運も、鍛冶橋を過ぎて終わった。馬場先門の付近は早くも人でごった返し、とても下馬所《げばしょ》である内桜田門《うちさくらだ》まで進めない。そのため和田倉門《わだくら》へ回ったが、そこも同じ状況で、仕方なく春海が指示して大手門の方へ向かったが、とんでもない人だかりに、

「旦那《だんな》、ここで降りていただけますか。こっから先は、歩きの方が速い」

なんと御門に辿り着けないまま、駕籠が止まってしまった。

「こんなに混むなんて……」

仕方なく駕籠から降りた春海は、なんとか刀を差しながら呆然《ぼうぜん》としている。

「そりゃあ、御登城日ですから」

駕籠舁きたちは、そんなことも知らないのかと、不審を通り越して不思議がった。

大名たちが登城する定例日は、多数の行列が一斉に城へ向かうため、どの道も渋滞

になる。そのために大名の中には同心組合に手当を出して行列の先導を頼む者もいる。

また、城内に入れるのは大名と限られた家臣たちだけなので、残りは下馬所にとどまり、主人たちが帰ってくるまでじっと待っていなければならない。そのせいで下馬所に残される者たちだけで、大変な混雑になる。さらにその上、

「今日は天気が良《い》いんで、ずいぶん見物人が多いようですねぇ」

と、駕籠舁きが言うように、下馬所に残された槍《やり》持ちに箱持ち、若党に中間《ちゅうげん》たちが、ずらりと並ぶ〝雄壮〟な光景は、昨今ではすっかり観光名物となっていた。

わざわざ登城日の下馬所を見るためだけに来る者たちがおり、さらにはそうした観光客目当ての物売りが集まるのであるから、それはもう、とてつもない大喧噪《だいけんそう》の有り様である。

春海は、十三歳のとき、初めて御城に登った。当時、将軍となったばかりの、同年代である四代将軍・家綱《いえつな》の眼前で公務を勤めて以来、今年で十年目になる。

それでいながら、この大混雑をろくに知らなかった。

ここから人の群れの中を、重たい刀を抱えてだいぶ行かねばならず、

「まあ、仕方ない」

自分に言い聞かせながら、あらかじめ用意していた銭を、駕籠舁きに渡した。

銭通しの紐《ひも》に通したまんまの束を二つ。ひと束、九十六文だが、紐を通すと百文と

して扱われる。束が二つで二百文。しかし現実は、百と九十二文である。

ぴかぴかの、手垢《てあか》もついていない寛永通宝《かんえいつうほう》だった。最近ではほとんどその純国産の貨幣が、国外からの輸入貨幣に取って代わっている。だが銭はぴかぴかでも、けちも良いところである。日本橋から新たにできた新吉原《しんよしわら》までの駕籠代だって二百文はする。それをあんな宮益の急な坂を行ったり来たりさせて、これっぽっちはないだろうと、駕籠舁きたちが不平を口にする前に、

「上り坂は一割増し、下り坂は一割二分増し。遠回りした分と急がせた分は一割五分増し。銀一匁と五分で、ちょうど百文。銀三分で二十文」

ひょいひょいと、駕籠舁き二人に、今度は銀で払った。あっという間に支払額が倍以上になる。しかも銀は、いまだに額面よりも重さで銭と両替することが多い。春海が支払った銀は見たところきわめて良質で、けっこうな両替額になりそうだった。

「こりゃあ、いいんですかい？」

駕籠舁きがびっくりした顔になっている。

「計算が間違っていたか？」

春海が訊き返した。その反応自体が間違っているとは駕籠舁きたちも言えなかった。

「銀にしたのがいけなかったか？　銀六十匁が銭四千文だから——」

そろばんを取り出そうとする春海を、駕籠舁きたちが慌てて制止した。

「いや、何も間違ってやしませんよ、旦那。ええ、お見事なそろばん上手で」

「あんまりぴったりなんで、ぶったまげましたわけで。こりゃまったくのご名答」

「うん、さようであるなら」

「御門まで駕籠を運べねえのが残念で」

「いや、朝早くから遠くまでありがとう」

「また使って下せえ旦那」

「うん」

春海は、ちょっと胸を張って答え、刀の重みで左へ傾《かし》ぎつつ、雑踏の中へ走っていった。

「やれやれ、高くついたな」

自分で律儀に計算しておきながら、ろくに値切ろうという発想もなく、春海は駆け足で道を大回りしながら呟いている。けれどもそれだけの価値はあったと嬉《うれ》しくなりながら、井上河内守《かわちのかみ》の邸《やしき》の門前を通り過ぎ、北へ向かって松平越前守《まつだいらえちぜんのかみ》の邸の門前を行き、同じく大名行列を避けて回り道をしようと詰め寄せた人々の間を、押し合いへし合い、揉《も》まれるようにして進み、やっと酒井《さかい》邸の方、大下馬所のある大手門へ辿《たど》り着いていた。

見れば、確かに〝雄壮〟だった。

御門とお堀の前で、江戸城と青空を背に、御家人《ごけにん》や藩士たちがござを敷いて勢揃い、というか、ほとんど蝟集《いしゅう》している。彼らは、雨が降ろうが雪が積もろうが、主人が戻るまでずっとそこにいなければならない。みな見せ物ではないと言わんばかりに無表情だが、見物されることが前提としか思えないほど衣裳《いしょう》やたたずまいに気を遣っていた。

大名たちの参勤は、前将軍の家光が武家諸法度《ぶけしょはっと》を改定し、制度となった。だが本来は大名たちが自発的に江戸に参府し、徳川家に儀礼を尽くす〝御礼〟の行いである。それが制度化されたのは、大名たちにとっても、その方がありがたかったからだ。いちいち参勤の時期を確かめ、自分たちは参勤しても良いのか願書を出し、その返事を延々と待つよりも、定期的な参勤が義務化された方が、余計な苦労も出費もなくなる。

徳川家も、参勤する大名は歓待し、市中に宅地を与え、ときに邸宅建設の資金を融通《ゆうずう》した。そのため昨今は城の周辺にびっしりと大名邸が並ぶのが当たり前になっている。

そうした大名の家人たちに、強制されてそこにいるという様子はない。むしろ堂々と存在を示し、藩によって趣の異なる衣服や武具道具を、競うように見せつけ合っているのだから、実際、下手な見せ物よりよっぽど見応《みごた》えがあった。

その武士たちが、いそいそと門へ行く春海に気づき、

「なんだ、あのへたれ腰は？」

「どこの士だ？　いや……士か？」

じろじろ見つめ、口々にささやくのが聞こえ、春海はそれとなく襟を正しつつ、集中する視線に首をすくめて大手門を進んでいる。

先ほどの駕籠舁《かごか》きたちが、そんな春海の住居を知ったらどう思うだろうか。内桜田門の下馬所の前、邸を出ればあっという間に門へ進める場所、すなわち松平肥後守《ひごのかみ》邸こと会津《あいづ》藩藩邸であることを知ったら、なるほどと納得したか、あるいは余計に呆《あき》れ返ったか。

春海は、大手三の門、中の門、中雀《ちゅうじゃく》門と、大名や役人たちとともに同じ道を粛々と進んでいる。大手三の門は下乗《げじょう》門とも呼ばれ、一部の役人や大名はここまで駕籠で来ることができる。そこから中雀門までは御三家だけが駕籠で進める。ほとんどの者が徒歩になり、またここでも主人の帰りを待つ者たちがその場にとどまるため、またも出勤の混雑だった。

しかもただでさえ厳重に警備され、また侵入しにくく設計された城の虎口《こぐち》である。混雑する時間帯は、なかなか人が進まない。春海も、ときに脇にどいて身と頭を伏せ、

また進む、とずいぶん苦労している。だが、ひときわ高く澄んだ青空を見上げながら、春海は、ひどく気持ちが昂揚《こうよう》するのを覚えていた。

書きしたためた、絵馬の算術問題が、束になって懐中にあった。

自分が咄嗟《とっさ》には解けなかった設問に、

『七分の三十寸』

一瞬にして答えを導いた、〝若い武士〟のまだ見ぬ姿が、ぼんやりとした影のように、脳裏に浮かんでいる。

わくわくした。

駕籠賃は高くついたし、走り回って汗みずくだった。刀の重さで足腰は痛むし、顔の横の、鳥居にぶつけたところもまだ少し痛む。早起きをしたせいで頭はぼんやりするし、だいぶ腹も減った。

その上、これから仕事だ。

それでも、やっぱり、見に行って良かったと思った。

混雑する中之口《なかのくち》御門から城内に入り、役人衆の下部屋の一つで着替えさせてもらった。

同じ部屋で着替える武士たちから、刀の脱ぎ方が違う、差し順が逆だ、などと講釈され、そのつど従順に言うことを聞きながら、春海は詰所へ向かっている。

詰所と言っても正式なものではない。談議したり道具を置いたりする場所が必要なため、部屋を借りているだけである。春海やその同僚たちが江戸に来るのは、秋と冬の間だけであることから、その年によって使わせてもらえる部屋が違うこともあった。

春海は、どこかに、あるいは誰かに、刀の鞘《さや》をぶつけてしまわぬよう、左側の壁をつたうような進み方で、やっと部屋に辿り着いていた。

部屋に来たのは春海が最後だったが、何とか同僚との顔合わせには間に合った。

特別な行事のとき以外は、さして話し合うべきこともなく、挨拶《あいさつ》が済むと、春海はひたすら茶坊主から茶をもらってごくごく飲み干している。

そうする間にも、本日のおのおのの役目が簡単に確認され、みな行ってしまった。

部屋に一人残った春海は、ようやく茶碗《ちゃわん》を置いて、背後を振り返った。

ありがたいことに、今いる部屋から先は、逆に帯刀は許されない。

そのため入室した際、教えられた作法通りに刀を脱ぎ、自分の後ろに置いてあるのだが、いかにも気に障る。刀には独特な気配があって、そこにあるだけで、やけに存在を感じてしまうのである。絵馬の群れの下に刀があるのを見た娘が、怒るのも無理はなかった。

あまりに気になるので、振り返って、ずずっと手で押しやった。まだ気になる。膝《ひざ》立ちになって壁際まで押しやり、それから完全に刀に背を向けた。

このような振る舞いをする春海が、御家人であるはずもない。もちろん旗本ではない。しかし将軍様に御目見得《おめみえ》することができる。といって学僧のように面と向かって会えるわけではなく、ろくに将軍様のお顔を見ずに公務を行う。

刀から離れてほっと息をつきながら、春海は、その〝公務〟の準備に取りかかった。

部屋の一隅に、わざわざ京の職人に作らせ、江戸まで運ばせたという碁盤が並んでいる。

その一つを、自分の席の前まで運んだ。それから、白石、黒石の入った碁笥《ごけ》を、それぞれ傍らに置いた。そして作法通り一呼吸の間を置き、しっかり背筋を伸ばした。碁盤全体が等しく視野に固定されてから、碁笥を見ず、そっと黒石を一つ取った。そしてその石を、ぴしりと、なかなか良い音を立てて打った。さらに白石を打ち、続けて黒石を打つ。暗譜した棋譜の中から、今日の指導碁に使うものを選び、石を並べてゆく。

別に遊んでいるわけではない。技芸であり仕事である。碁をもって徳川家に仕える〝四家〟の一員、すなわち御城の碁打ち衆というのが、春海の職分なのだった。

三

例年十一月、春海は、将軍様の前で〝御城碁《おしろご》〟を打つ。剣術で言えば御前試合にあたる。

碁打ち衆として登城を許された四家、すなわち安井、本因坊《ほんいんぼう》、林、井上の名を持つ者たちにのみ許された勝負の場であり、各家に伝わる棋譜の上覧の場であった。

そのため秋には江戸に来て、冬の終わりまで滞在する。そしてその間、定期的に城内で大名相手に指導碁を行い、あるいは大名邸や寺社に招かれ、碁会を開いたりする。

先に述べたように春海は十三歳で、同年代の四代将軍家綱の御前で碁を打つ公務を勤めた。

翌年、十四歳のとき、父が死んだ。

そのとき父の名を丸ごと継いで安井算哲《さんてつ》と名乗った。それが本来の春海の名である。

安井家は清和源氏に発して、足利《あしかが》、畠山より分かれ、畠山家国《いえくに》の孫である光安《みつやす》が、河内国の渋川《しぶかわ》郡を領したことから、まず渋川家を名乗った。

さらにその孫である光重《みつしげ》が、播磨《はりま》国の安井郷を領し、安井家を名乗った。

そしてその子孫である父の安井算哲が、十一歳のとき〝囲碁の達者な子〟として大《だい》権現様《ごんげんさま》こと徳川家康に見出《みいだ》されたのである。以来、囲碁をもって駿府《すんぷ》に仕えた。そして江戸に幕府が開かれるとともに、生家のある京都と、御城のある江戸との間を往復する生活になった。

その父の跡を継いだのだが、春海には、二代目安井算哲を名乗って名乗らぬという、ちょっとした事情があった。

というのも春海は算哲晩年の子だった。

そのため春海が生まれる前に、父は他に養子をもらっていたのである。

名は安井算知《さんち》、三代将軍家光が見出した碁打ちの達者で、今年、四十五歳。

春海が生まれてからは、義兄として、また後見人として、春海を支える立場となったが、そのときにはもう既に、春海と同じ〝安井〟の名を継いでいた。

父兄を敬うのは徳川幕府の奨励するところである。美徳である以前に、法令として遵守されるべきものだった。家は長子が継承し、次男、三男は、他家に養子に出されるか、独立して召し抱えられるか、そうでなければ冷や飯食いとして冷遇される。春海も、長子であり二代目でありながら立場としては次男という、近頃たまに武家でも見かける中間的な立場となっていた。

しかも安井算知の働きには文句のつけどころがない。

かの三代将軍家光の異母弟にして、将軍や幕閣から絶大な信頼を得ている、会津肥後守こと保科正之《ほしなまさゆき》の、碁の相手としても召し抱えられているのである。

春海が江戸では会津藩邸に住んでいるのも、その安井算知の後援ゆえだ。それほどの技量と地位、また二十年もの経験の差を持った義兄である。その算知を立てるとき、春海は、安井ではなく、あえて一字変えて〝保井〟を名乗った。あるいは同じ安井家一党であることを強調すべきときは改めて〝安井〟を名乗った。その場そのときに応じた名乗り方をしたのである。

そしてそうするうちに、また別の名が現れるようになった。

〝渋川春海〟という名が、物心ついた頃、ふっと心の片隅に生まれた。目的があって頑張って考案したのではない。自然と、それを自分の名と思いついた。以来、公務以外で、なんとなく〝渋川春海〟を称した。それが受け入れられるようになると、だんだんにそちらの名を使う機会が増えていった。

署名も、保井と安井、どちらも使う必要がないときは、渋川を使った。

渋川郡を領した祖先を敬ってのことだ、と言うと恰好《かっこう》が良いが、要は、それだけ曖昧《あい》味《まい》で、よりどころを失いそうな立場なのである。ころころ名を変えるなど、いかにも次男、三男のすることだった。自らの存在を成り立たせる手段を〝新しい名〟に求めているのは明らかである。

だが春海の場合、あんまり悲壮さはない。それどころか自身の曖昧な立場を素直に受け入れ、むしろ自由さとして味わっているところがあった。

そもそも今の立場が嫌なら、寺社奉行所に「我こそが安井算哲」と訴えれば良い。安井算哲の長子である春海にはその権利がある。あるいはそうまでせずとも、繰り返し安井算哲を名乗り、家業に邁進《まいしん》すれば、おのずから周囲も安井家の長子とみなすようになる。

特に今年、保科公の意向で、算知は会津にいた。御城碁に出仕できる安井家の者は、春海だけである。そういうときこそ、努めて安井を名乗るべきであろう。

だがそれをしない。

しないばかりか、〝渋川〟などという碁打ち四家いずれにも属さぬ名をわざわざ使う。

髪形や帯刀の問題も、実のところ、そうした春海自身の態度に原因があった。

先にも述べた通り、春海は武士ではないので束髪はしていない。剃髪《ていはつ》もしていない。では武芸者や学者のような総髪かというと、なんだか中途半端で、子供の髪形のようでもある。というより、髪も服も、そのつど指示に従っていた。

城内の服飾は、日々、将軍様や、奏者番、目付の意向などで、ころころと変わった。春海のような職の者は、昔から寺社奉行の〝呼び出し〟に従って出仕する。奉行所から、次の登城の際には、これこれこのように着衣を調えるように、と指示が下される。

城内では、身分によって着るべきものが事細かに決まっている。特に登城する大名たちには、咄嗟《とっさ》に武力行使ができぬよう、身動きが取りにくい礼装が定められたのだという。

ただし、かなり気分的な指示も多く、〝今回の儀式は派手めに着飾るよう〟とか、〝倹約令の発布のため簡素に〟など、言ってしまっては悪いが、朝令暮改だった。

大きな規則を運営する上で、しばしば発生する、雑音のごとき決まり事もある。

いったん作られた決まり事が、無数の小さな決まり事を生み出してゆく。さらにそれらが、互いに矛盾する決まり事を生み、その矛盾を解消するため、また新たな決まり事が生まれる。

中には咄嗟に意味がわからず、馬鹿馬鹿しいとしか思えぬものもあったが、細部にわたって守らねば城内にいる資格を失う。身分が高い者も低い者も必死である。

春海も、それで途方に暮れたことがあった。

とある行事の際、急に、髪と帽子のことを指示されたのだが、髪が足らないのである。

そのため〝毛髪不足〟を真面目に訴え、書類まで作って、髪がこれこれの長さに伸びるまで指示に従わなくともよい、という許可を得ねばならなかった。

そしてその決まり事も、次の行事の時には、なくなっていた。なんとか伸びたと、ほっとした髪を、がっくりしながら切って、元の髪形に戻したものである。

刀もそうだ。春海はこの歳まで帯刀したことがない。まさかするとも思わなかった。

それが、「剃髪をせぬのに無腰でいるのは何やら見栄えが悪い」との意見が、目付あたりから急に降って湧いたとのことで、ある日、いきなり寺社奉行所から刀が下賜《かし》された。

春海の職分での帯刀は珍しい。というより本来ならありえない。

同僚たちの間では、ただ一人の例外的な措置で、名誉でもあった。

だが春海はちっとも嬉《うれ》しくない。何しろ下賜とは名ばかりの借り物である。官給品であり、二刀分の借り賃がしっかり俸禄《ほうろく》から天引きされる。うっかり失くせば厳罰が下る。実際、酔っ払った御家人《ごけにん》が刀を置き忘れた上に盗まれ、厳しいお咎《とが》めを受けることがたまにあった。

重たい上に俸禄は減る。座るにも駕籠《かご》に乗るにも邪魔だが、どこにでも持って行く義務がある。しかも扱いが悪いと、こっぴどく怒られる。まかり間違って城内で鞘当《さやあ》てでもしたら進退問題になる。そのせいで道でも廊下でも、武士とすれ違うときは左端にべったり寄った歩き方になってしまう。剣術などろくに知らない春海からすれば、疫病神に憑《つ》かれた気分である。

しかも帯刀したらしたで、今度は、「束髪もせぬのにへっぴり腰で帯刀する者がいるのは見栄えが悪い」というような声が、どこからともなく聞こえているらしい。春海としては、いつでも喜んで二刀を返上する気でいるのだが、残念なことに、まだそういう指示が出される気配はない。

碁打ちの身なりは僧に倣うのが一般的である。立場が上になれば京都から薄墨《うすずみ》の綸《りん》旨《じ》をいただき、僧侶《そうりょ》として高い官位をもらう。だいたいが駕籠で登城するたぐいの、けっこう身分の高い幕臣なのである。またそうでなければ将軍様の御前に出ることなど許されるものではない。

こうした碁打ち衆のあり方は、かつて織田信長、豊臣秀吉、徳川家康の三人の覇者に碁をもって仕えた本因坊算砂《さんさ》に始まる。算砂は、織田信長より〝名人〟と称《たた》えられてその初めとなり、豊臣秀吉より碁所《ごどころ》および将棋所に任じられてその初めとなった。そして本因坊算砂の背景には日蓮宗《にちれんしゅう》の存在があったことから、徳川家康は城の碁打ちや将棋指しを寺社奉行の管轄とした。

つまり春海も、安井算哲の名を継ぐと同時に、さっさと頭を丸めればよかったのである。

それなら、ある日突然、己の体重の十三分の一にも等しい二刀（春海が実際に量ったところ、正確には十三分の一よりもっと重かった）などを抱えるようなことにはならなかった。

というより、そんな事態になる方がおかしい。同僚たちも、春海の帯刀の名誉を認めつつも誉めはしない。むしろ、なんでそんな状態になるのかと怪訝《けげん》な顔をする。

だがそれでも、春海には、あえて曖昧さの中に己をとどめようとする思いがあった。このままただ安井家を継いでしまったら、どこかにあるはずの本当の自分が、この世に現れる機会が消えてしまうのではないか。そんな思いが、どうしても消えないのである。

他の次男、三男の者たちからすれば、家督は継げるがあえて継ぐことを悩むという、実に噴飯ものの贅沢《ぜいたく》と言えた。碁打ちという特殊な職分、義兄の高い地位が、偶発的に生んだ自由さであり曖昧さだった。だが春海の思いは、かなり真剣な気持ちに裏打ちされている。だから、碁以外に、これはと思ったものには、とことんまで打ちこんだ。

算術はその代表格で、そろばんも算盤《さんばん》も、六つのときに初めて習って以来、なんと面白いものがこの世にあるのだろうという思いで使い続けている。どちらも触れているだけで新しいものが生まれそうだった。それも、他ならぬ自分の手で生み出せるのではと思えてくる。

そんな昂揚《こうよう》をもたらすしろものを若者が手放せるはずがない。肌身離さず持ち歩いた。刀は忘れても算術の道具だけは決して忘れなかった。

幾らやっても算術だけは飽きない。それがこの城に勤める自分にとって、どれほどの救いとなっていることか、碁盤に並べた石を眺めながらつくづく自覚させられた。

脳裏にはあの『七分の三十寸』の絵馬がちらちらよぎり、どうにも仕事に身が入らない。

そこへふいにまた茶坊主がやって来て、

「もっと飲みますか?」

と言ってくれた。仕事が中断されたことを春海は喜んだ。

「うん、ありがとう」

「今日も、お相手は酒井様ですか?」

茶坊主が茶湯を出しつつ、さりげなく訊《き》いた。酒井とは老中の一人、酒井〝雅楽《うたの》頭《かみ》〟忠清《ただきよ》のことである。茶坊主衆には、権力者たちの日々の様子を観察するような、城の勢力構図の変化をいちはやく見抜こうとするようなところがあって、こういう質問をしてくる者が多い。

だが、春海はそういうことに頓着《とんちゃく》せず、

「うん。なぜか私がお相手する」

「それはまた、ずいぶんと見込まれておられるのですねえ」

「うーん、どうだろう」

「お菓子などはいかがですか？」

「えっ？　良いのかい？」

「ええ、ええ。お持ちしましょう」

「それは助かる。ありがとう、ありがとう」

昼食まで空《す》きっ腹でいることを覚悟していたので心から感謝しながら、ほとんど手癖のように、そろばんを取り出している。

「さ、どうぞ」

茶坊主が差し入れた菓子を見ながら、ぱちぱち珠《たま》を弾《はじ》いて、

「こんなものかな。些少《さしょう》だが」

「はい。ちょうど良きかと存じます」

「さようであるなら」

と銭を茶坊主に渡している。

城内には、上級から下級まで大勢の茶坊主衆がいて、雑用や給湯茶事を行う。彼らは同時に城内の連絡役を務め、ときに城の事情に疎い諸大名のため便宜をはかったりもする。

そのため諸大名が茶坊主衆に〝御用〟を頼んで手当を支払い、自邸に出入りさせて

饗応《きょうおう》することが慣習となっていた。春海もそれに倣って小遣い銭を渡すのだが、大名たちの手当に比べれば些少に決まっている。ただ暗算できるような銭勘定に、わざわざそろばんを弾くところに愛嬌《あいきょう》があって茶坊主衆は春海を〝そろばんさん〟などと呼び、けっこう親しまれていた。

春海はそんなことは全然知らない。茶坊主たちは、みんな親切だな、と思っている。自分のことを茶坊主たちがそんな風に渾名《あだな》しているのを知ったら、かえって喜んだのではないか。中には、自分たちの立場を笠《かさ》に着て横柄な振る舞いをする茶坊主たちもいたが、そういう実態も、春海はよくわかっていない。

「いつもながら、本当にお好きなんですねえ、そろばん」

去り際に、茶坊主が感心した風に言うのへ、

「うん。まったく奥が深い。あなた方も持ち歩いたらどうだろう。きっと便利だよ」

にこにこ応じたりして、茶坊主が部屋に戻ったとき、笑い話の種にされるとは、てんで思っていない。ただ、

「いつも親切にありがとう」

春海の丁寧な振る舞いのせいで、笑い話が嘲笑《ちょうしょう》や揶揄《やゆ》にはならないところが、人徳と言うべきか、こういうところでは妙に得をする性格でもあった。

「いえいえ。いつでも御用のときはお声がけ下さいますよう」

と退去する茶坊主に、わざわざ賄賂《まいない》を渡すほど、城内の働きに懸命な春海ではない。ただ習慣に従っているだけで、もし銭を渡さねば茶坊主から冷ややかな扱いを受けるような、無為な身分でもなかった。座布団だって、頼めば銭なしでこっそり貸してくれる。

ありがたく茶菓子をむさぼった春海は、改めて今日の指導碁のため、盤上で布石の順序を工夫した。そうするうち、だんだんと石を運ぶ手が滞り、やがて完全に止まってしまった。

もう我慢できなかった。いそいそと石を片づけると、懐から算盤を取り出し、つい今まで業務を行っていた碁盤の上に広げ始めた。

あまつさえ算盤の布が動かぬよう、黒石で四方を押さえたりしている。そうしながら、

『七分の三十寸』

あの答えが、本当に合っているのかどうか、早く確かめたくて仕方なかった。

というより、合っている、という気がしてならない。瞬時にして書きつけられたという絵馬の答えの全てに、ことごとく『明察』の二字が付された光景が、やけに明瞭《めいりよう》に想像できた。その想像通りであることを確認するまではおちおち仕事にも集中していられない。

どうすれば『七分の三十寸』に至ることができるか、解答から術式を逆算してゆくことが主眼となった。問題はすっかり暗記しているし、自分が解こうとして行き止まりにぶつかった幾つもの術式も一つ一つ思い出せる。誤謬《ごびゅう》もまた答えの一部である。誤謬が増えていけばいくほど、辿《たど》り着くべき正答の輪郭が浮かび上がってくる。今はまだ算術の公理公式というものが総合され始めたばかりであり、どの術も、多分に、個々人の才能と閃《ひらめ》きによって導き出されることが多かった。

だからこそ面白い。未知こそ自由だった。誤りすら可能性を作り出し、同じ誤りの中で堂々巡りをせぬ限り、一つの思考が、必ず、次の思考の道しるべとなる。

そんな算術の醍醐《だいご》味《み》を味わい、我知らず微笑んで算木《さんぎ》を並べるうち、ふいに、これはという手応《てごた》えを感じた。やはり勾股《こうこ》の相乗が起点であるのだ。勾股弦の法をもって等しい線の比を出すため、勾股弦の総和、勾股の和、弦による乗あるいは除と、順に組み立てれば、きっと……、と、そこまで辿り着いたとき、

「いったい何をしているのです」

おっそろしく不機嫌な声が飛んできた。

振り返る前に、春海には誰だかわかっている。相手が急に現れたことよりも、その怒りを秘めた声にびっくりした。

「ずいぶん早く戻ってきたね、道策《どうさく》。もう指導碁は終わったの?」

少年が部屋に入って来て、ぴしゃりと鋭い音を立てて戸を閉め、

「松平様より席を外すよう申しつけられましたゆえ。道悦《どうえつ》様だけ残り、わたくしは退席致しました」

むすっと告げ、碁盤を挟んで春海と向かい合った。

初々しい顔立ちに似つかわしくないほど、みなぎる才気の相である。正面に座られると、大人でさえ気圧《けお》されると評判の少年だった。

名を、本因坊道策。

今年で十七歳となる若手の碁打ちである。

つい最近まで三次郎と呼ばれてみなから可愛がられていたが、その才気煥発《かんぱつ》の著しさから、師の本因坊道悦に跡目とみなされ、既に、本因坊道策を名乗ることを許されていた。

春海と同じく、剃髪《ていはつ》せず束髪せずの髪形だが、こちらは正式に本因坊家を継いで剃髪する日を待ち望んでいる。また、決まり事に従って帽子を乗せているが、公家《くげ》だか僧だかいまいち判然としない型の帽子で、これも朝令暮改の一つだった。来年辺りには型ごと消えてなくなっていそうな帽子だが、道策は毎日きちんと手入れをしている。

「松平様も、道悦殿が相手だと、きっと気を楽にご相談できるのだろうね」

春海が少年を宥《なだ》めるために言った。少年が、自分だけ退席させられたことに怒っているのだと勝手に解釈している。

松平様とは松平〝伊豆守《いずのかみ》〟信綱《のぶつな》、今の四老中の一人である。前将軍家光に老中に任ぜられ、家光が薨《こう》じたとき、家光自身と、その異母弟たる保科正之から、殉死追い腹をせず、四代将軍を補佐することを命じられていた。それほどの政治の才能を持ち、かの島原《しまばら》の乱でも総大将を務め、その功績で加増を賜って武蔵川越《むさしかわごえ》藩に移封《いほう》されると、今度は藩政でも数々の功績を残している。とても春海や道策が、碁を行いながら、世相、訓戒、学問について、様々にお話を交わす、といったお相手を務められる人物ではない。

「違います」

だが道策に鞭《むち》でも振るうような鋭さで返され、春海は首だけ前に出し、

「違うって、何が……？」

「わたくしが今、このような態度を、あなたに対して取っている理由です」

みなまで説明させるなと言わんばかりの叱責《しっせき》口調を、正面から浴びせられた。

「違うのかい？」

「はいッ」

「じゃあ、何をそんなに怒っているんだ？」

「これです、これッ」

道策がじれったそうに目の前のものを指さす。盤上に広げられた算盤《さんばん》と算木である。

「これがどうかした？」

「あなたは、神聖な碁盤の上で、いったい何を遊んでいるのですかッ」

道策が躍起になって身を乗り出し、その分だけ春海が引きながら、なおも宥めて、

「遊んでいるわけではないよ、道策。私は、ただ……」

「六番勝負ッ」

屹然《きつぜん》となって道策が遮った。知らぬ者にとっては何のことだかわからない。

道策には、その抜群の頭の回転の速さから、過程をすっ飛ばして結論だけ告げる癖があり、春海も一瞬だけ混乱したが、

「ああ」

なんとなくわかった。

六番勝負とは、春海の義兄である安井算知と、道策の師のさらに師である本因坊算《さん》悦《えつ》が行った、真剣勝負の御城碁《おしろご》のことだ。

碁打ちの頭領たる前代の名人碁所《ごどころ》が死去してのち、座は空白であったことから、安井算知と本因坊算悦が、その座を争い、互先《たがいせん》による六番碁を打つこととなったのである。

碁所を賭《か》けた勝負は初めてのことで、〝争碁《そうご》〟と呼ばれ、城中でもかなり話題になった。
将軍様御前にて鬼気迫る勝負が八年にわたって行われ、結果は、双方、三勝三敗。
碁所は空白のまま、算悦が死去し、道悦が本因坊を継いだ。
現在、安井算知が碁所に最も近い。だが実際にその座に就けば、道悦が〝争碁〟を
申し出て、再び白熱の勝負が行われるであろうことは、衆目の認めるところであった。
しかし、春海は首を傾げて訊《き》いた。
「私やお前が、勝負を行うわけではないだろう……？」
「道悦様、算知様ののちは、わたくしたちの勝負でありましょう、算哲様ッ」
だから、互いに師の戦いを見守り、今から腕を磨いて勝負に備えるべきだ。そうい
う、きわめて強い意志が、声に乗って高波のように迫ってくる。
その波を頭から浴びせられても、春海は、ぷかぷかと海面に浮かぶような平和な顔
でいる。
それ以外、どういう顔をしたらいいかわからない。争碁という一大事と、自分自身
との間に、やけに遠い隔たりを感じて仕方なかった。算哲と、父の名で呼ばれても、
頭では自分のことだとわかってはいるが、どうしても心に届かない気持ちがした。
「どうかなあ。お前の相手なら、知哲《ちてつ》がふさわしいと思うよ」

呑気《のんき》そうに、しかし春海本人はけっこう真剣な気持ちのつもりで言った。

知哲は、安井算知の実の子で、春海の義理の甥《おい》、道策より一つ上、十八歳になる。算知にとっては本来、自分に次いで安井の名を継いでくれる子で、今は春海の〝義弟〟の立場にある。実際、それだけの才覚を持っている。まだ御城碁を務めたことはない。だが今年、算知や春海とともに後水尾《ごみずのお》法王の御前にて対局を上覧に供するという大仕事を立派に務めていた。

さすが安井算知の子だ。春海は感心した。というか自分こそ安井なのだが、春海は素直にそう思った。また知哲の方も、ちゃんと春海を目上として立てるので、安井の名を巡って啀《いが》み合う、といった事態にはなりそうもなかった。むしろ春海は近頃、なんだか知哲が安井家を継いだ方が良いのではないかとすら思えてきていた。

だがたちまち道策のおもてが真っ赤になっていき、怒りの眼光鋭く、春海を見た。もとが清秀たる面立ちである分、怖い迫力がある。

「わたくしでは、あなたの相手にふさわしくないと、そう仰《おつしや》るのですかッ」

春海はぽかんとなって、

「いや、違う。道策、それは違う」

「何が違うのですッ」

「きっと私の方がお前の相手にならないよ」

だが道策の耳には入らない。完全に怒り心頭に発した様子で、

「二代目安井算哲に挑むに値せざるや否や、ただ今この場で、ご覧に入れたい」

盤上の算盤に叩《たた》きつけるように手のひらを置くと、ざざっと、容赦なく真横へ払った。

当然、せっかく並べた算木《さんぎ》が台無しになって算盤ごと床に落とされてしまった。

「ああっ！」

慌てて算木を拾い集める春海に、道策はますます屹然となり、

「何をしているのです。そんな木ぎれなどより石を持ちなさい石をッ」

「知らないのか。これは算木と言って――」

「知っています」

きっぱりと道策に遮られ、春海はなんだか泣きたくなった。

「我が師たる道悦様が、あなたのことを何と仰っているかわかりますか」

「さて……」

算木の数をちゃんと確かめながら肩をすくめた。道悦ともあろう者が、この自分をわざわざ話題にすること自体が不思議だった。

「そろばんだの星だのに費やす労を、碁に注げば良いものを。せっかくの得難い才を無駄にしているのだそうですよッ、あなたは。わかっているのですか」

まるで自身が窘《たしな》められたかのような道策の口ぶりである。春海は笑いそうになって何とか我慢した。碁の天才たる道策がうぬぼれないよう、安井家を引き合いに出してそんなことを道悦が言ったのだとしか春海には思えない。

まさか碁打ち衆が、陰で、次の世代の〝争碁〟を、春海こと安井算哲と本因坊道策の一騎打ちとみなし、今からどちらの家に分があるか噂し合っているなどとは考えもしない。

道策の碁が、一手一手に才気を溢《あふ》れさせ、刹那《せつな》の閃《ひらめ》きを棋譜に刻みつける碁である一方、春海のそれは幾重にも理を積んで巧みに棋譜に織り込む碁であるとされた。矛盾した戦法をあっさり両立させたりすることから、〝二代目算哲に限っては水が油に混じる〟と称された。

しかも長時間の戦いにやたらと強い。碁会など数日がかりの勝負が行われることがしばしばあるが、初日と最後の日とで表情がほとんど変わらないのである。何日続こうと平然と打つ。そのため対戦相手の方が勝手に惑乱して、潰《つぶ》れてくれることが多かった。疲れ知らずというより最初から疲れることをしていない。記憶力が本当に優れている者は、忘れる能力にも長《た》けている。今日打った手のことなど晩に忘れ、翌朝に昨日の棋譜を眺めて新たに続きを考える。

義兄算知や義弟知哲のことはともかく、春海も春海で、ずいぶん〝才覚あり〟とされているのだが、本人はそうしたことに一向に頓着《とんちゃく》しようとしない。また、頓着しないことが、春海にとって己を守るすべでもあった。

算盤の布できちんと算木を包みながら、春海はちょっと言い方を変えた。

「いや、道策。実のところ、碁にも通じるのだよ、算術も星も」

星とは文字通り星や月や太陽のことで、その観測は、算術の次に春海を熱中させた。その邸《やしき》の庭に、わざわざ断って日時計を造り、影の長さを測って日の運行を記録した。そしてそれを古来の暦術に照らし合わせつつ、最新の観測技術や暦術も参照し、独自に暦の誤差修正を行うという、かなりのことまでやった。むろん本来の勤めからはかけ離れた行いで、無駄と言えば本格的に無駄である。だが春海は真面目な顔で主張した。

「月星日の動きにも定石がある。その定石を算術が明らかにするのだ。夏至も冬至もあらかじめわかるし、時の鐘とて、暦の術をもとに鳴らす時をはかって――」

「星はあくまで天の理でしょう。碁は人の理です。星の定石が、碁の役に立ちますか。そんな定石があったとしても、このわたくしが破る。さあ、石を持ちなさい。持ちなさいったら」

道策はすっかり躍起である。碁笥《ごけ》から黒石をすくって春海の手に握らせようとまでする。

それほど感情をあらわにする者は、普通、勝負の場ではきわめて不利なのだが、道策にはその不利を補って余りある才能があった。

「わかった、わかったから睨《にら》まないでくれ」

やたらに澄んで鋭い道策の双眸《そうぼう》は、春海が背後に押しやった刀の刃を想わせた。なんだか命を奪《と》られそうな怖い気持ちになる。どうせお呼びがかかるまでのことと軽く考え、相手を宥《なだ》めるため石を一つ手に取ってみせた。

道策が無言でうなずく。すぐに背を伸ばして白石を取り、春海が初手をどこに打つか、盤上と春海とを等分に視界に置いて、じっと待っている。その姿勢一つ見ても、道悦の教えの良さ、道策自身の溢れる才気がわかる。師も弟子も一つの道に邁進《まいしん》して己を疑わない。

（良いなあ）

春海は素直に羨《うらや》んだ。嫉妬《しっと》ではない。何か美しいものを観たときのような感嘆の念で道策を見た。果たして自分は道策のように、一抹の疑いさえ抱かず、全霊の気魄《きはく》をもって自己を費やすべく碁が打てるだろうか。そう思いながら、半ば無意識に、初手を右辺の星へ打った。

亡父が遺《のこ》した打ち筋の中でも、特に好きな、〝右辺星下〟の初手打ちだった。安井家の秘蔵譜である。それだけのものを見せねば、なんとなく道策に失礼な気がした。

気がしたが、すぐ気が変わった。道策の目の輝きから、未知の打ち筋に、強烈な歓《よろこ》びを感じているのを悟《さと》った。つまりは学び取る気をみなぎらせているということである。

(ああ、まずい。奪《と》られる)

亡き父の、安井家の打ち筋を、紙が水を吸うように、この俊英に吸収されてしまう。これでは義兄たる算知に断りなく、安井家の棋譜を、本因坊家に譲り渡すことになる。

(これは困った)

そう思う一方で、早くも半ば諦《あきら》めていた。道策のきらきら光る瞳《ひとみ》がそうさせた。序盤の打ち筋くらいは譲り渡しても良いのではないか。技芸は、それにふさわしい者が発展させることで将来の新たな道が拓《ひら》ける。きっと道策ならば、自分よりも……、という思いに駆られたとき、

「失礼致します、春海様」

先ほどの茶坊主が部屋に来て、道策の顔が面白いほどに歪《ゆが》んだ。

「井上様がお呼びになっておられますので御案内したく存じます。用は直接会ってお話しすると井上様は仰っています」

春海は、渡りに船という気持ち半分、道策への申し訳なさ半分で、

「うん、そうか。では、道策。すまないね」

「続きを、是非ッ」

「うん、そのうちに」

「算哲様ッ」

「まあまあ。お互い、勤めがあることだし」

「お勤めの後でも良いではありませんかッ」

「御免よ、また今度な」

悔しさ余って石でも投げつけそうな道策から逃げるように、首をすくめて春海は部屋を出た。

四

「ずいぶん、いろいろな方に見込まれておられるのですねえ」

わざとらしく感心する茶坊主に、

「うーん、どうだろう」

曖昧《あいまい》に答えながら、大廊下、すなわち松の廊下を進んでいった。大広間と呼ばれる最も大きな殿舎と、白書院と呼ばれる行事のための殿舎をつなぐ、長い鈎字形の廊下である。

右には池と井戸がある大きな中庭、左には廊下の名の由来である浜辺の松、群れ飛ぶ千鳥が描かれた醇美《じゅんび》たる襖《ふすま》が並び、御三家や前田家の部屋、諸役人の詰所となっている。

春海を呼んだのは、井上〝河内守〟正利《まさとし》、笠間《かさま》藩主であり五万石の譜代《ふだい》大名である。寺社奉行と、儀式を司《つかさど》る奏者番とを兼ね、春海に刀を与えるよう指示した男でもある。

松の廊下に、寺社奉行の詰所はない。寺社奉行は四人ほどの大名が月ごとに交代し、その月の当番である大名の邸が役所となる。

井上本人はもっと先、廊下をずっと進み、白書院の帝鑑《ていかん》の間からさらに奥、奉行や大目付などが詰める芙蓉《ふよう》の間の、すぐ外にある小さな中庭で待っていた。

茶坊主が退《さ》がり、春海が慇懃《いんぎん》に挨拶《あいさつ》をすると、井上は一瞥《いちべつ》して、

「刀には慣れたか」

と、大して期待していないような訊《き》き方をした。

「いえ、大変に重うございます。とても武士のようにはまいりませぬ」

春海は心の中で、もしや二刀の返上を命じられるかもしれないと嬉《うれ》しくなったが、

「いずれ身の一部のようになろう」

その井上のひと言で、引き続き、刀に苦労することがわかってがっくりきた。

「それにしてもわからぬ。どういうことだ？」

いきなり井上が訊いた。春海の方こそ何が何だかわからないが、

「は――」

と相づちを打たねば失礼になるので、とりあえず頭を下げた。

「お主、酒井から何を命じられておる？」

「は……、いえ……？」

反射的にうなずき、それから混乱しつつかぶりを振った。確かに近頃、指導碁の相手として指名されることが多いが、それ以外、特に何かを任されたことなどなかった。

「何も……ご下命を賜っておりませぬが」

「何も？」

じいっと井上が見据えてきて、春海はますます混乱した。井上の顔が険しくなった。

「酒井の小せがれめが、何のつもりか」

春海は無言。事の次第がわからないのに下手に口を利けば面倒になる。それくらいのことは十年の御城勤めで学んでいる。

また、井上と酒井が、いわゆる犬猿の仲であることも知っていた。

とにかく馬が合わない。井上は、五十六歳。対して酒井は弱冠三十八歳の老中であった。

仲違《なかたが》いのきっかけは、井上が何かについて助言をした折、酒井がやたらと達者な口

を利いたため、などと言われている。以来、井上は酒井への批判をしばしば口にし、しかも、この自分がわざわざ小僧っ子を批判してやっているのだという口ぶりをする。

寺社奉行は、町奉行や勘定奉行と違い、老中の支配を受けない。だから井上は老中である酒井に対しても公然と意見を言うのだが、当の酒井は、「さようでありますか」と、反論も肯定もせず、聞かなかったかのような平淡さで返し、ほぼ黙殺する。しかもその上、酒井は、ごく当然のように井上を自邸に招待したりする。

井上が応じるわけがない。あえて、「畏《おそ》れ多くも」などと、くそ丁寧に断って返す。

完全に水と油である。そのくせ春海からすれば面白いことこの上ないのだが、井上と酒井は、江戸では隣人同士だった。振《ふ》り袖《そで》火事によって江戸が炎に包まれるわずか十七日前に出版された、明暦《めいれき》三年の正月版・新添江戸之図でも、大手門至近に、酒井〝雅楽頭〟と、井上〝河内守〟の邸宅が、〝仲良く〟並んでいる。あるいは性格が異なる者同士が隣人となってしまったせいで、かえって仲が険悪になったのだろうか、とさえ思わされる。

そんなわけで井上には、陰で〝下手三味線〟という、あんまりありがたくない渾名《あだな》がつけられていた。酒井の〝雅楽頭〟にかけて、歌はお気に召さない、というわけである。

「つまりはお主、老中酒井様のご愛嬌《あいきょう》とでも申すのか?」

そんな風に棘《とげ》をふくんだ慇懃さで酒井のことを呼ぶ。春海からすれば、ますます訳がわからない。それなのに自分まで井上に嫌われるのは、実に困る。

「は……、私には、まるで見当がつかず、いったい何のことでございましょうか……？」

つい口に出して訊いた。井上が目を剝《む》いた。怒りの顔である。春海は、なんだか今日は色々な人間に怒られるな、と途方に暮れた。しかも今度の相手は大名である。反射的に井上の腰に目がいった。城内でも太刀は脱ぐが脇差しは差したままである。武装した上司に怒られるというのは本当に肝が冷えた。しかも井上は実際に刀を使えるし使ったことがある。〝戦時〟を知る人間であり、怒りの相が発する殺気の桁《けた》が違う。春海は城の屋根の端に立ってぐいぐい背中を押され、今にも踏み外しそうになっている自分を想像した。

「刀のことだ」

吐き捨てるように井上が言い、そして急に怪訝《けげん》な様子を見せた。

混乱と恐怖で蒼白《そうはく》となる春海を、また違う目つきで注視し、かと思うと呆《あき》れ顔になって、

「本当に、酒井は何も言わんのか？」

「は……。何を……でございましょう……」

ただ同じ言葉を繰り返すだけの春海に、手を振ってみせ、

「もう良い。戻れ」

ここまで人を惑乱させておきながら無体も良いところだが、春海はひたすら安堵《あんど》した。

「は……では、これにて失礼仕《つかまつ》ります……」

命を救われた気分で、蹌踉《そうろう》となって松の廊下へ戻った。するとまた別の茶坊主が、春海を待ち構えるようにしており、

「酒井様がお呼びでいらっしゃいます。早めに部屋に来るようにと」

春海はなんだかめまいがした。

五

「では、この手はどうだ」

ぱちんと石を置いて言う。肩肘《かたひじ》を張らず、といって気を抜いたわけでもなく、淡々と打ち、話し、人を見る。感情の起伏というものがほぼ表に出ない。というか感情があるのかと疑いたくなる。それが酒井〝雅楽頭〟忠清のいつもの態度である。

「申し分ありません」

春海が言いつつ石を置くと、

「であろうな」

そんなことは知っているという態度で新たに石をつまんでいる。この老中は、城で好まれる定石を延々と繰り返す。それも序盤の布石を特に学び、勝つための戦いは二の次としている節がある。たとえ負けても、五十手も百手も、先の先までお互い読み合えるような定石を、いかにして外れないかが大事、というようだった。

実に極端である。人を相手に打つ意味がない。碁の指導書を読みながら打てば足りる。

春海はなぜこの老中が、自分に指導碁を行わせるのか、さっぱりわからない。それも近頃、急にそうするようになった。他の老中たちに遠慮して、まだ若い春海を指名しているのだろうか、と最初は思ったが、それにしてはこの老中、春海から何かを学ぼうという気配は、かけらも見せたことがない。

そもそも公務の合間に、わざわざ城で碁を打つ理由は限られている。

一つには、能と同じく、碁が武士の教養とされている側面がある。能は、将軍自ら披露し、また大名たちに披露させる。ゆえに各家にそれぞれ十八番があって練習に励み、自邸に能舞台がある大名邸には、他の大名が練習のため舞台を借りに訪れたりする。

碁も同じで、将軍様の御相手を務める機会はほぼないに等しいが、大名同士で打ったとき、互いの打ち筋について話題の一つや二つ持っていなければ、教養が低いとみなされる。

さらに碁は、政治的な根回しの場でもあった。碁の交友は、武家、神宮、寺院、公家《くげ》と、きわめて広範囲に広げることができ、碁打ちの人脈は、なみの大名を遥《はる》かにしのぐ。特に宗教勢力との接点は非常に多い。春海個人ですら、江戸、京都、会津と、東西にわたって広い交友関係を持つ。つまり老中にとって、指導碁を受けるとは、碁打ちから、様々な情報を得ることであり、人脈作りの一環だったわけである。

だが酒井の目的は、碁でも人脈でもなく、全然違うところにある気がしてならない。しかも、先ほど井上に尋ねられた言葉が、やっと冷静に考えられるようになっていた。

刀のことだ。

およそ考えにくいことだが、春海の中では、しきりに二つのことが結びつけられようとしていた。碁打ちである春海の帯刀と、酒井という若い老中の存在である。いったいなぜ突然、春海に刀が与えられたか。それは実は、この老中酒井が、目付に根回しをし、寺社奉行に話を通させ、春海に刀を渡させたのではないか。

だがなんのために？　よっぽど直接尋ねてみようかとも思ったが、それでは自ら井上と酒井の間に飛び込むことになるのではないか。前門の虎、後門の狼である。恐ろしいことこの上ない。まかり間違って、井上と酒井の間の諍《いさか》いに、安井家が巻き込まれようものなら、亡父と義兄に申し訳が立たない。

結局、ただ定石通りの指導碁に終始するほかない春海に、ふと酒井の方から、

「お主、そろばんが達者であるそうだな」

などと言ってきた。本当はまったく興味を持っていないかのような淡々とした調子である。ただ暇潰《ひまつぶ》しに口にされたようで、これは確かに井上ならずとも、かちんと来るかもしれない、と素直に思った。

「は……いまだ未熟でありますが」

「碁盤の上で算盤《さんばん》を広げるほど、算術に熱心だそうだな」

「は……、それは……」

これが御城の恐ろしいところだ。つい先ほどの詰所での会話など完全に筒抜けである。老中に知られずにいられるものなど城中では皆無なのかと思わされる。なんだか早朝に起きて渋谷まで駕籠《かご》を走らせたことまで知られているような気がしてきた。

それにしても、と早速、混乱に襲われた。いったいなぜ自分などの言動を酒井が知りたがるのか。むろん酒井には、その疑問に答えてやろうとする様子はまるでなく、

「塵劫《じんこう》は読むか？」

と重ねて訊《き》かれた。

「……は、そのつど新たに出たものを嗜《たしな》んでおります」

塵劫とは算術書を指す。と同時に、もともとは一冊の書の名だった。

かなり前に、吉田光由《よしだみつよし》という算術家が、『塵劫記《じんこうき》』という書を著した。これが大変な人気を博し、塵劫と言えば、算術書全般を意味するようにすらなったのである。

吉田は、かの朱印船貿易で財を築いた豪商、角倉了以《すみのくらりょうい》の親族である。『塵劫記』も、商売の上で、避けて通れぬ様々な計算を列挙していた。文も仮名交じりで、しかも解説のためにわかりやすい絵をつけるなど、町人たちが欲するたぐいのものとなっている。

果たして酒井は、そのような〝町人向け〟の書を読んでいる春海を、好ましいと思ったのかどうか、まるで判別がつかぬまま、さらに質問が来た。

「竪亥《じゅがい》は？」

「は……難解でございますが、一応、読んでおります」

答えながら、酒井が何を言わんとしているか、うすうす察せられた。

また別の算術家、今村知商《いまむらともあき》という者が著した書に、『竪亥録《じゅがいろく》』というのがある。全て漢文、高度な数理術式の書であった。今村は多くの弟子を持ち、そのほとんどが武士で、彼らが強く請うたため、今村は、己の術理を一冊の書にまとめたのだという。

ほとんど中国の数学を独自に学んで発展させたもので、詳しい解説などなく、生活に関わるようなものとはほど遠い理論の羅列であるため、内容を理解するのにかなり骨を折らされる。

『竪亥録』を発展させ、また解説したのが、春海が今朝見た絵馬に書かれていた名、あの礒村塾の礒村吉徳が書いた『算法闕疑抄』だった。『竪亥録』でまったく説明されていなかった術理を、図解入りで解き明かしてくれていたのである。

つまり酒井が訊いているのは、町人の生活算術たる〝塵劫〟と、武士の理論算術である〝竪亥〟の両方を、春海が網羅しているかどうかということだった。

しかし、いったいなんのために、という疑問は解けない。

もしかすると酒井様は、実は大の算術好きなのかもしれない、などとも思ってみた。同じ趣味の人間を欲して、春海に算術書について訊いてきているのである。

が、そもそも、そのような感性の働く人であるかどうか疑わしい。何が楽しいとか、面白いとか、そうした話題を口にするところが、なんとも想像しにくい人物であった。

「よく学んでいるな」

どうでも良いことのように酒井は言う。だがなおも質問はやめない。

「お主、割算の起源は知っておるか？」

「は……毛利《もうり》殿の学書に、その由縁が記されております」

と春海は即答した。

先の、吉田光由、今村知商、二人の算術家の師を、毛利〝勘兵衛《かんべえ》〟重能《しげよし》と言った。

池田輝政《てるまさ》に仕え、浪人して京都二条京極で塾を開いた。その名も『天下一割算指南塾』。名に違《たが》わず、各地から大勢が学びに来て、世に算術そろばんを広く普及させた塾となった。

その毛利が、塾で教科書として用いた『算用記』に、自ら記した序文がある。

そしてその中で、割算の起源を、このように説明していた。

『〝寿天屋辺連《じゆてやべれん》〟という所に、知恵と徳とをもたらす木があって、その木には含霊なる果実がなっている。その果実の一つを、人類の始祖である夫婦が、二つに分けて食べたことが、割算というものの始まりとなった』

とのことである。〝寿天屋辺連〟とはユダヤのベツレヘムを意味する。明らかに旧約聖書のアダムとイヴの楽園追放のくだりと、新約聖書のベツレヘムのくだりを、ごっちゃにしている。

「お主、切支丹《きりしたん》の教えに詳しいか？」

「は……いえ……。恐れながら、不勉強にて、まったくわかりませぬ……」

春海は恐縮しているが、もし頑張って勉強していたら大変なことになる。昨今では、海外貿易の統制とともに禁教令が厳しく適用され、切支丹と疑われれば投獄は免れない。

先の毛利にも切支丹ではないかという疑いがあったことを春海は知らない。そもそも寿天屋辺連というのは、きっと天竺《てんじく》のどこかにある麗しい桃源郷に違いないと勝手に想像しているくらいである。また毛利自身もそんな風に思っていたらしい。

そんな春海に、酒井は、観察者のような視線を注いでいる。

さすがの春海だって、ここまで来れば、酒井がはっきりと何かの意図をふくんで質問をしていることくらいわかる。なんだか知らないが、春海の趣味嗜好《しこう》のみならず、その思想や信仰の詳細にいたるまで、事細かに把握しようとしているらしかった。

そんなことをする理由は、一つしかない。

酒井が、春海に〝何か〟の務めをさせたがっているのだ。

そして酒井はその〝何か〟のために手を回して、碁打ちの春海に二刀を与えるなどという、不可解なことを行ったのだと、このときはっきり春海は確信した。

寺社奉行の井上すら理解がつかず、直接、春海に訊かざるを得なかった〝何か〟

――

それが、刻々と近づいてきていることを感じた。酒井の立て続けの質問は、むしろ酒井の方から、春海に、これは何かあると察知させるためのものに違いなかった。

この江戸城で、かなりの権限を有する酒井が、それでも真意を隠さねば果たせず、しかも春海に薄々それを察知させ、行わせねばならないような〝何か〟がある。

いつの間にか、春海も酒井も、手を止めていた。盤上には互いに進んだ布石がある。

酒井は、つとその石の形に目を向けた。と思うと、そう言えば忘れていた、とでも言うようなぞんざいさで石を置いた。素振りはぞんざいでも、盤上の意味合いは違った。序盤の布石が形をまっとうする前に、春海に対し、切り結んでいた。布石を延々と敷くばかりであった酒井が、いきなり戦いを仕掛けてきたのである。春海が絶句するほどの、立場、態度、構えの、急変であった。

「お主、お勤めで打つ御城碁《おしろご》は、好みか？」

酒井の口調は相変わらず淡泊である。だがいったい何がどうなっているのか、その言葉が鋭く春海の内部へ迫った。咄嗟《とっさ》に自分がどう答えようとするのか、まったくわからない。

まるで、春海の性格志向をあらかた理解したので、今度はさらに深く、本性とでも言うべきものに迫ろうとしているようだった。いや、まさにそうなのだという漠然とした思いがあった。

盤面を見た。逃げても取られる。定石で来るとばかり思っていたこちらの隙を突いて切りに来た。取った石をアゲハマというが、それが最低三つ、酒井の碁笥《ごけ》の蓋《ふた》に置かれるさまが克明に想像できた。

「嫌いではありません」

春海は言った。直後にぴしりと石を置いている。たかが石三つ、くれてやる。だがそれで勝てるなどと思うな。日頃の春海からは、かなりかけ離れた、挑戦的な思考が湧いた。あるいは酒井の態度急変によって、いともたやすく湧かせられ、

「しかし、退屈です」

秘めていたはずの想いが、よりにもよって老中の前で口をついて出た。若輩の春海に、将軍様の前で自由に打てる碁などない。

上覧碁と言って、過去の棋譜を暗記したものを対局者と合意の上で打ち進める。将軍様が感嘆し、疑問を口にすれば、的確に応答する。これこれこの手はこれゆえに優れ、ここにあの定石が生きている。そういう解説ができる碁を打たねばならない。

真剣勝負で、そんな真似がいちいちできるわけがない。上覧碁は、若手の修練であり、儀礼であり、職分である。御城碁などという非常な緊張に満ちたお勤めで、自由に打とうとすれば誰でも惑乱して悪手の連発となる。それを防ぎ、経験を積むための碁だった。

将軍様だって実を言うと、その方がわかりやすいし楽しめる。

空白の碁所《ごどころ》の座を巡る白熱の勝負などは、結果こそ見物だが、その過程たる複雑な応手は理解できない。そのような勝負が許されるのは算知や道悦といった立場の者だ

けである。その彼らですら滅多なことでは真剣勝負の御城碁など打たない。どれほど腕を磨こうと将軍様が理解できない勝負など家禄《かろく》の足しにならない。寺社などの碁会でも同じである。

だから結局、上覧碁こそ、城における碁打ちの安泰たる勤めであった。

だが、それが五年続いたらどうか。十年続いたら。あるいは一生、続いたら。

道策はあの歳で飢えた。本当の、真剣の勝負を欲してたまらなくなっている。自身の発揮の場、それがいつか与えられると信じることで、やっと己を支えている。

春海はどうか。

安井算哲としての自分は、もちろん〝真剣勝負〟を思うと胸が高鳴る。亡父に恥じぬ戦いをまっとうした上で、父を超えて、その名を真に己のものとしたいという、若者であれば自然と抱くであろう感情を、きわめて強くかき立てられる。

では渋川春海としてはどうか。

まだ誰にも告げたことはないが、実は、その名の由来は、とある歌によった。

雁《かり》鳴きて　菊の花咲く　秋はあれど

春の海べに　すみよしの浜

という、『伊勢《いせ》物語』の歌から、春海という名が生まれた。他にも、助左衛門などとも称したことがあるが、春海の名は別格だった。真実、己が顕《あらわ》れていた。

雁が鳴き、菊の花が咲き誇る優雅な秋はあれども、自分だけの春の海辺に、〝住み吉〟たる浜が欲しい。それは単に居場所というだけではない。己にしかなせない行いがあって初めて成り立つ、人生の浜辺である。

父から受け継ぎ、義兄に援《たす》けてもらっている全ては、秋だった。豊穣《ほうじょう》たる秋である。全て生まれる前から決まっていた、安泰と、さらなる地位向上のための居場所であった。

そしてこの場合、〝秋〟は明らかに、もう一つの意味を示している。

「憚《はばか》りながら、退屈な勝負には、いささか飽き申しました」

その本音こそ、〝春海〟の名の本性だった。

勝負と口にしたが、実のところ、碁を打つ己への飽きだった。

碁をもって出仕となった安井家を継ぐ、己への飽きだった。

自己への幻滅だった。碁以外に発揮を求める、強烈な自己獲得への意志だった。

かろうじて碁そのものを否定しなかったのは、それに人生を賭《か》ける義兄や道策のような者たちがいるからだった。だが上覧碁を否定したことはごまかせない。うっかり本音を喋《しゃべ》ったせいで激しい動揺を覚えた。いや、喋らされた。いつの間にか酒井に誘導されたのだ。それくらいはわかる。こうなると、なぜそんなことを酒井がしたかよりも、どう判断されたかがよっぽど気になった。城にふさわしくない碁打ちと見なされれば、今の生活を失う。空恐ろしい思いに押し潰《つぶ》される前に、心がふわりと逃げた。どう判断されようと構うものか。もしかすると一生、口にすることがなかったかもしれない言葉を、老中様を相手に、こんなにも堂々と発せたことを喜ぶべきではないか。

そんな、若者らしい、奇妙に虚脱した満足感があった。

酒井は、感銘を受けた様子も、不埒《ふらち》な言葉と受けとった様子も、まったく見せない。

「退屈ではない勝負が望みか」

と、最後まで、どうでもいいことのような口調で訊《き》いてきた。

「はい」

淀《よど》みなく答えた。毒を食らわば皿までといった心境である。

老中酒井は、今度こそ本当に、なんにも言わなかった。

どこかその辺の宙を見ながら、無言で小さくうなずいた。

その沈黙に、まさしく〝渋川春海〟の全生涯を賭けた勝負が秘められていたとは、まだ到底このときの春海に、想い及ぶところではなかった。

第二章　算法勝負

一

七つどきのちょっと前に、春海は、どっと疲れて城を出た。

お勤めののち、碁打ち衆同士で、上覧碁について軽く打合せをしたのだが、その間ずっと、道策に睨《にら》まれ続けた。

それが終わるとまたもや茶坊主に呼ばれ、そして井上正利が待っていた。

恐ろしいことに退出時の出で立《い》ちだった。ということは太刀を身につけている。それだけで頭から真っ二つにされるような衝撃を精神に及ぼした。

老中酒井が何を春海に言ったか、何を考えていそうか、微に入り細を穿《うが》って井上から質問された。酒井から何か命じられるかもしれない、とは口が裂けても言えない。そんなことをすれば酒井の信用を失い、井上から目をつけられ、なんにも良いことはなかった。

というより酒井はそんなことはひと言も口にしていないのである。全て春海の想像に過ぎず、酒井の思惑など答えようがなかった。

だから、算術の話題がひんぱんに出た、ということしか答えられず、

「酒井様は、実は、算術にご興味がおありなのではないでしょうか」

などと、井上とその刀への恐怖もだんだん麻痺《まひ》してきて、さらっと告げたりした。

「そろばんか」

井上もちょっと納得したようだった。最近は、剣術や馬術といった武士らしい技芸より、算術に長《た》けた武士が、ときおり抜擢《ばってき》されることがあった。水道開発や、門や橋の建設を主導させるためで、中には金山銀山の測量法の開発といった極秘の任務もあるという。

「武士がそろばんなど、真面目に習うものではない」

露骨に馬鹿にするような言い方だった。

「酒井の小せがれは、そのうちお主に碁石ではなく、そろばん珠《だま》の打ち方を習う気か」

どうやら井上の中では、酒井が春海を何かで抜擢する、というのではなく、酒井自身が算術を学びたがっている、という方向へ解釈されたようだった。それも当然のこ

とで、いったい碁打ちをどんな仕事に抜擢するというのか。春海の方が不思議になる。

「算術を学ぶのでしたら、私などより優れた方は大勢いらっしゃいますが……」

「おおかた、そろばんを話の種にして、お主の知遇の者を紹介せよと言い出すのであろう。お主以外になかろうよ。他の碁打ちに頼めば、古参の老中の面目に障るからな」

井上は、すっかり訳がわかったようにうなずいている。家光の代から仕えている碁打ちは、既に他の三人の老中がその人脈を大いに利用していた。そこに若年の酒井が割って入ることはできないという、酒井の苦労を想像してか、井上は満足げだった。

「それにしても刀か。酒井の小せがれめは存外に性格が細やかだ」

帯刀せぬ者に、直接、自分が頼むことを酒井が嫌がっているというのである。だから春海に帯刀させ、体裁を繕ってから、自身の政治人脈に使おうとしている。それはどうやら井上の信念に珍しく合致したらしく、

「まあ誉めてやらんでもない。どんな相手を紹介して欲しがっているか知らんがな」

それほど大した人脈を持っているわけではない春海も一緒に馬鹿にする言い方だった。

「よもや保科公ではあるまい」

わざわざそんなことまで言う。保科正之に近しい碁打ちなら安井算知であり、算知

の人脈は、老中の稲葉正則《いなばまさのり》が活用していた。春海もその人脈に与《あずか》ってはいるが、何かを頼むとしたら算知を通してで、稲葉の体面を考えてのこととなる。酒井が最も入っていけない人脈と言えた。

「まさか、そのような……」

井上は上機嫌に笑って手を振った。

「もう良い。せいぜい酒井に気に入られるよう勤めておれ」

すっかり春海を酒井の息のかかった者とみなして馬鹿にした言い方である。そうまで酒井が嫌いなのかと呆気にとられつつも、腹は立たなかった。完全な誤解の中に井上がいるのを察したからである。もしかすると酒井は、そういう計算の上で、自分に刀を与えるなどという目立って井上の勘繰りを促すようなことをしたのかもしれない。

しかし、そこまで入念に井上の目をそらさせるようなことを、なぜ酒井がするのか。それとも井上だけでなく、他の寺社奉行や奏者番の面々の目もそらすためかもしれない。井上が勘繰ってあちこちで話を出せば、自然と、酒井の本心は、誤解によって覆い隠される。

だがそんな風に考えれば考えるほど、酒井の本心がわからない。

それより酒井にうっかり自分の本心を告げてしまったことの方を気に病みそうになった。やはり上覧碁を否定するべきではなかった気がする。もし義兄に迷惑をかける

ようなことになったらどうしよう、などと不安に思いながら中雀門へ差し掛かったとき、

「算哲様ッ」

道策の声が背後から追っかけてきた。

「あの碁の続きを、是非ッ。右辺星下の初手を、算哲様ッ」

頭の中では酒井に告げた己の言葉がこだましている。足早に近づいてくる道策の姿に、なんだか申し訳ないような後ろめたいような気持ちになって、

「すまないね、道策。大事な用があるのだ。また今度な」

嘘をついて御門を進んだ。道策は、師のもとへ戻らねばならないと見えて追っては来ず、

「そろばんなどお捨てになってしまいなさい、あなたは石を持つべき人なのですッ。二代目安井算哲、それがあなたの名なのですよッ」

声だけが、春海を素通りし、安井算哲としての自分に向かって空しく響いた。

下城にしては遅い時刻であるため混雑はない。春海は、内桜田門へ進みながら、ふと立ち止まり、城を振り返った。

己の目が、無意識にあるものを探していることに、遅れて気づいた。

春海が生まれて初めて〝それ〟を見たのは十一歳のときである。

顔を上げれば、真っ白な雪に飾られ、透き通るような青空を背景に、巨山のごとくそびえ立つ天守閣があった。

その神気みなぎる威容に度肝を抜かれ、深く畏敬《いけい》の念に打たれたのを今も覚えている。

そしてそれが十九歳のとき忽然《こつぜん》と消えた。

あれほどの存在感を発していた天守閣が、跡形もなく失われ、それまで天を貫いていたところに、ただ青空だけが広がっていた。

明暦三年の大火、すなわち振《ふ》り袖《そで》火事による焼亡であった。

その年、天守閣とともに江戸の六割が灰燼《かいじん》に帰した。その災禍から、半年余りしか経っていないそのとき、公務で江戸に来た春海は、また違った念に打たれた。

大名邸《やしき》も町も寺社も、凄《すさ》まじい火勢がなめつくし、以来、互いに豪勢さを競っていた大名邸のほとんどが、再建に際して、門構えをずいぶん簡略なものに変えていた。

そこかしこに火よけの堤防が造られ、空き地が設けられ、また延焼類焼を防ぐため、親藩大名の邸が移動された。火によって消えた町が、一挙に生まれ変わろうとしていた。

その〝復興〟の光景が、春海の中で何かを揺るがし、また芽生えさせた。

春海は合戦を知らない。

戦国の世はおろか、未曾有《みぞう》の籠城《ろうじょう》事件たる島原の乱すら、春海が生まれる前年に終結している。戦前も戦中も、さらには泰平の始まりという偉大な試行錯誤の時代も知らなかった。知っているのは完成された幕府であり、その統制である。江戸という日本史上最大の、また既に当時、世界最大となりつつあった城と町も春海が生まれたときからそのようにして在った。

そしてだからこそ、明暦の大火とその後の復興は、衝撃とともに、ある種の感動すら、年若い春海にもたらしたのである。

春海がそのとき打たれたのは、生まれて初めて、大きな〝変化〟と呼ぶべきものが、明確な形を伴って世に出現したのをはっきり見たことによる昂揚《こうよう》の念であった。畏怖するような、胸が高鳴るような、なんとも言えない、ただ大声で、その変化に今まさしく自分が立ち会っているのだということを天地に叫びたくなる気分だ。

むろん都市火災は極大の災禍である。無惨に焼かれた人々の死骸を運ぶため、そこら中で長い行列ができたという。あまりの死者の多さに、将軍家綱は火災の際に民衆が正しく退避できるよう、江戸の正確な地図の製作と普及を命じた。それほどの屍《しかばね》の山だった。そんな事態を、間違っても嬉《うれ》しく思うわけがない。

だがそれでも春海が、ひしひしと〝新しい何か〟の到来を予感したのも事実である。その最大の理由が、天守閣消滅だった。

城や町が再建されればされるほど、かえって城の古参の者たちは、江戸のかつての姿が消え去るのを嘆いた。春海は直接耳にしたことはないが、しばしば古参たちの間で、

「日本橋に立ったとき、富士と天守閣とを一望する〝光景〟こそ、人々が江戸に尊崇の念を抱く核心であり、ゆえに天守閣は何にも先んじて再建されるべきであった」

という、悲嘆めいた意見が持ち上がっては、争論の種となるらしい。

それでも天守閣が再建されることはなかった。というのも幕府の枢要を担う者たちの間で、

「時代は変わった。今の御城に、軍事のための天守閣は必要ない。ただ展望の間となるだけである。その分の財力を、江戸再建と、泰平の世づくりのために費やすべきである」

との判断が共有されたからであると、春海は聞いている。つまり大火が焼き去ったのは、江戸の民と家ばかりではない。天守閣とは、徳川家による江戸開府が覇権の証《あかし》であった時代の最後の名残だった。〝戦時〟の最後の象徴であり、それもそうして、灰となった。

一方で、玉川の開削計画が始められたのは、承応《じょうおう》元年、振り袖火事のほぼ四年前である。

玉川沿いにある羽村《はむら》から四谷《よつや》まで、起伏の少ない関東平野で水路を開削するという、とてつもない難事業だった。さらには四谷から江戸城内のみならず、山の手や京橋にまでいたる給水網を、縦横に設置するという大工事が行われた。

それが、わずか一年余で通水成功となった。水不足に悩んでいた江戸の者たちは、武士も町人も感極まり、身分を問わず幾日にもわたって盛大な乱痴気騒ぎを繰り広げたという。

そして寛文《かんぶん》元年の今、その水路は赤坂や麻布《あざぶ》、さらには三田にまで広がろうとしていた。

春海が城内へ進もうとしている今このときにも、劫火《ごうか》の痕跡《こんせき》と、縦横に巡る水路の狭間《はざま》から、まさに〝江戸八百八町〟の原形とも言うべきものが現れようとしていたのである。

ちなみにこのときフランスでは〝太陽王〟ルイ十四世が、ヴェルサイユ宮殿の建設を開始させ、清《しん》国では〝史上第一の名君〟たる康熙《こうき》帝が、紫禁城《しきんじょう》を豪壮華麗に増改築させている。

それらの王朝の権威が絶頂期を迎えんとしているとき、徳川家開府より四代目に至り、巨大な城砦《じょうさい》都市たる江戸もまた、炎と水とによって精錬され、新たな時代の到来を告げていた。

もはやそこに天守閣があったという記憶すらおぼろになるような、高く澄み渡った冬空のどこからか、

〝退屈ではない勝負が望みか〟

老中酒井の、呟《つぶや》くような問いが聞こえた。

とても、碁打ち衆〝四家〟の一員たる己に、そんな我が儘《まま》が可能とは思えない。だが安井家を継いだ己への〝飽き〟は日増しに強くなり、心は己個人の勝負を欲して焦がれるほどになっている。この新しい時代のどこかにそれがあると信じたかった。だがそれがなんであるかもわからぬまま、切ないような悄然《しょうぜん》としたような、なんだか妙に重い足を引きずりながら、くそ重たい刀を抱えて、春海は帰路を辿《たど》った。

いろんな疲労感に打ちのめされて邸に帰った。こういうとき御門の前に住居があるのは実に贅沢《ぜいたく》なことで、しかも下乗所の一つがある内桜田門の門前なのだから恵まれている。

そしてその分、ますます謹直たるべし、という考え方が徹底しているのが会津藩邸だった。

門兵なども長時間であろうと平気で直立し、怠けることがない。縁側に枯れ葉が落ちていたら、まず端から掃除し、その過程で枯れ葉を取るという、びっくりするよう

な清潔感が漂っている。藩邸というより、どこかの神宮に身を置いた気分にさせられる。と言って窮屈な感じがしないのがこの藩邸の面白いところだった。疲れた気分が、邸内の清浄さの中で洗われる気がした。清浄さが、閉塞《へいそく》ではなく開放に向かっているのである。

いつもの癖で、庭を回った。一隅に、春海が設《しつら》えた日時計があった。

暦術の道具の一つで、影を作り出すための三尺棒を中心に、影の長短を測るための小石が、ぐるりと円陣を描いて並んでいる。見ようによっては奇妙な偶像を奉っているようでもある。

実際、暦術もこの頃では多くの者にとって趣味となる一方で、学問よりも宗教の領域に、より深く入り込む性質があった。日の吉凶がそうだ。太陽の周囲に見える暈《かさ》や白虹《はっこう》などは神意のあらわれであり、地上で起こることがらが、あらかじめ告げられているのだと信じられている。

春海もそうした信心を持つには持っているが、算術趣味の観点から、星の運行を測定する気持ちの方が強い。が、日時計を庭に置くことが許されたのは、ひとえに神意を畏《かしこ》まって伺うため、という目的によった。そのため、たまに算術や暦術などさっぱりわからない下級藩士たちが、ありがたがって春海の日時計に向かって拍手《かしわで》を打ち、礼拝する場面に出くわしたりした。

明らかに神への礼である。会津藩のもう一つの特色がそれで、藩主たる保科公がもっぱら仏を崇《あが》めず、神道を信仰していることから、藩士たちにも神霊を祀《まつ》る気風があった。

春海が行くと、まさに一人の藩士が日時計の前に立っていた。

ただし手は合わせていない。紙の束を持って、柱ではなく影の方を見ている。つまり信仰ではなく、記録のための道具として日時計を見ていた。

「安藤《あんどう》殿」

春海が呼んだ。がっしりとした体軀《たいく》の、年上の藩士である。くるりと振り向き、

「これは渋川殿」

安井ではない姓で呼んだ。と同時に、両手を下げ、目礼している。武士の三礼の一つ、同輩に対する草の礼である。上司に対しては手を膝《ひざ》につける行の礼、さらに上の相手に対しては、平伏する真の礼となる。さらに主君に対しては、畏怖の礼と言うしかないような、一度や二度、顔を上げろと言われても決して上げず、おいそれと近づかぬような礼となる。

会津藩士は、同朋《どうぼう》に対しても、とにかくこうした礼を、しつこいくらいしっかり行う。

春海も目礼し、にっこり笑って、

「私の代わりに、影を測っていて下さったのですか？」

近づこうとした春海を、安藤が、いきなり手を上げて制止した。

「そのまま」

思わず呪文《じゅもん》でも食らったようにぴたりと動きを止める春海に、安藤の方から歩み寄った。

かと思うと、さっと手をのばし、てきぱきと春海の刀の差し違いを整え、帯を直し、ついでに着物のしわを伸ばしてやった。それからまた元の位置に戻り、春海に向きなおって、

「ん」

と、うなずいてみせた。

「あ……ありがとうございます、安藤殿」

再び動き始めた春海が、呆気《あっけ》にとられながら頭を下げた。その動作で、刀が軽くなったのがわかった。安藤に整えられ、しっかり固定されたせいである。刀を差すというより締めるという感じで、なるほどと思うような、まさに〝帯刀〟の感じがした。

「これは良いですね。大変参考になりました」

だが安藤の方は、

「自分は何の事やらわかりません」

無理に会津弁を江戸弁に直したような口調で、自分はなんにもしていない、という返事をする。これも会津藩士の律儀さだった。刀の差し方が乱れているというのは恥ずかしいことである。だがそれを帯刀の経験がない春海に言うのは可哀想だ。しかし見て見ぬふりはできない。誰かが教えてやらねばならない。だが春海の歳で、わざわざ教えられるのも恥となる。だから手助けしつつも、最初から何も見なかったことにする。

二重三重の律儀さである。見方によっては面倒くさいことこの上ないが、春海は素直に感謝した。相手に合わせて、

「日時計の影を測って下さっていたことです」

微笑んで言い換えた。

「御登城の日だけ記録に穴が空いていては、せっかくの渋川殿の仕事が勿体《もったい》ないですからな」

安藤は真面目くさって、数値を記した紙を春海に渡した。ただの趣味ではなく、仕事とみなしてくれていることが春海には嬉《うれ》しく、そしてちょっとだけ後ろめたかった。

安藤は春海より十五も年上なのだが、藩邸の客分として、きちんと敬称をつけて呼んでくれる。しかも、春海が頼んでもいないのに〝渋川〟の姓で呼んでくれるのだ。

というのも、誰からか春海が〝渋川〟を名乗ることがあると聞いたそうで、ある日

突然、

「男子が自ら用いるとは、けっこうな事由があっての名に違いない」

とのことで、

「これからは〝渋川殿〟と呼ばせていただきます」

などと真面目に告げられたのだった。

そういう律儀と筋とを、義理で固く締め、謹厳で覆ったような男だが、決して愚鈍ではない。

名を、安藤有益《ゆうえき》。武芸鍛錬を怠らず、気配りと記憶力に長《た》け、優れた算術の腕を持ち、三十八歳という若さで既に勘定方《かんじょうかた》として経験豊富であった。藩の財政に関わり、江戸詰における出費把握を任されている。のみならず会津藩屈指の算術家として、その〝学習鍛錬〟のためなら自由に外出が許されるという特権を得ていたほどの士である。

そして春海に、あの、宮益坂の金王八幡の絵馬のことを教えてくれたのも、他ならぬこの安藤有益なのだった。

「ときに安藤殿。見ましたよ、絵馬」

「やはりそうでしたか」

安藤も、親しく算術について語れることを嬉しく感じているらしく微笑んでいる。

「今朝早くに渋川殿が邸《やしき》を出たと聞き、もしかしてと思いましたが。見ましたか」

「はい。江戸はすごいですね」

「まったく。江戸もなかなかやりますな」

安藤はちょっと不敵な感じでうなずいている。会津周辺は知る人ぞ知る算術の盛んな地で、江戸に負けず劣らず、算額絵馬が多く奉納されていた。そんな自負を持つ安藤に、

「ところで安藤殿。私、それよりもすごいものを見ました」

と、春海は、今朝の驚嘆すべき経験を安藤に話した。

ほんの僅《わず》かな時間で、七つの設問にことごとく答えが書き記されており、しかもおそらく全て正解であろう、ということを、自分が書き写した問題を見せながら説明した。と言っても刀を置き忘れたくだりは、ちゃっかり省略して伝えている。

「これら全ての問いを、一瞥《いちべつ》のみで即解した士がいると……？」

さすがの安藤も信じがたい面持ちになり、

「この問いと解答、書き写させていただいてよろしいか？」

「ええ、どうぞどうぞ」

「もし全問正解ならば、まさに達人。私も是非、お目にかかってみたいが……」

いかに学習のための外出が許されていても、勘定方の安藤が勝手に他藩の士と交流すれば上司に咎《とが》められる。幕府は、無断での異なる藩同士の情報の交換を原則として

禁じていた。藩同士の交際には必ず、お目付役となる旗本が同席する決まりだった。その士がどのような職分の者かわからないまま、会いに行くことなど安藤には出来ない。

安藤の無言の願いを、春海は察して告げた。

「私がその士と親しくなり、碁会に招きましょう。私は誰とも交流を禁じられておりません。むろん安藤殿とも」

安藤も微笑んだ。誠実さを絵に描いたような骨のある笑みだった。

「かたじけない」

と年下の春海に向かって慇懃《いんぎん》に頭を下げた。そしてその場で問題を書き写しながら、

「それにしても、それほどの算術の達者にお目にかかるのであれば、全問に術を立ててから伺うのが筋でしょうな」

「教えを請うのではなく、ですか？」

「教えを請うためにです。自分なりに術を立てて持参すれば、教える側も、どこが間違っているか指摘しやすくなります。誤りを指摘されることを恐れて、何もかも拝聴するだけという態度は、かえって相手に労をかけます」

実に律儀に言った。

安藤の言葉で、なんだか疲れた気分だった春海の心に、急に火がついた。酒井と井上のことも忘れた。申し訳ないが道策の碁に対する想いも遠くへ行ってしまった。

その日、自室に戻ると、春海はまず、安藤が締め直してくれた刀と帯の締め方をしっかり練習した。それが何より、親切な安藤に対する暗黙の礼となるからである。

それから後は、金王八幡の境内で書きとめた問題と解答にひたすら没頭した。食事どきも問題のことばかり考えた。会津藩邸の藩士の部屋には竈《かまど》がなく、藩士たち全員が一緒に食事を摂《と》る。竈が増えればそれだけ火事の危険が増えるからである。春海は邸で食事をするのを遠慮し、よく藩士たちと一緒に食事をした。安藤もそうである。背筋を伸ばして飯をかっ食らう藩士たちの間で、魚の小骨を並べて勾股《こうこ》弦《げん》を作ったりした。見ると安藤も箸《はし》を三角や円の形に動かしたりしていて、ちょっと嬉しくなった。

風呂《ふろ》は邸のものを使わせてもらう。大名邸の中には、火事の危険と江戸の水不足から、邸内に風呂を置かないところもあった。だが会津藩邸では逆に、身を浄《きよ》める場として風呂はしっかり造ってあり、藩士たちのものもちゃんとある。春海がそちらを使わなかったのは、藩士たちから一人分の湯を奪ってしまうのを遠慮してのことだ。

そしてその夜、四つの鐘が鳴る頃、春海は解答に至った。神社で地べたに座り、解こうとして解けなかった問題のみならず、残り六つの問題全てに、術を立てることに成功したのである。その春海の算術の腕も相当のものだったし、春海が記した術式の数々を見れば、さすがの安藤も唸《うな》ったろう。だが春海の心は有頂天とはほど遠かった。

ただ痺《しび》れるような賛嘆の念があった。

七問、全問正解。

一瞥即解の士が書き記した全ての答えが、そうだった。

春海の想像通り、どれも〝明察〟だったのである。

会いたい。

心の中で、その士の姿をいろいろと思い描いた。そうすればするほど曖昧《あいまい》にぼやけてゆく。だが存在感だけは、どんどん大きくなっていった。

明日にもまたあの神社に行き、江戸中の算術家を訪ね歩いてでも、この士の名を教えてもらい、何としてでも訪ねよう。

だがそう簡単にはいかなかった。

二

四日後。春海はへとへとになって麻布にいた。

せっかく頑張って術を組み立てたは良いが、馬鹿みたいに空振りの連続だった。

自由に時間が使えるのは未明に起きて邸を出てから、四つどき前に登城するまでである。

城を退出してから外出し、門限までに戻れないなどというのは、他藩ではともかく、会津藩邸では絶対に許されない。寒風凍《い》てつく路地でひと晩放置される。とても怖くて御門を出て遠くまで行くことはできない。

城へ登る必要がないときに限って碁会がある。上覧碁のための他家との打合せもある。安井家の者として大名邸や寺社に赴いて指導碁も打たねばならない。

そんなこんなで、限られた時間の中で、一瞥即解の士を求めて奔走した。

初日はまず金王八幡を再訪したが、あの箒《ほうき》を持った娘はおらず、宮司に訊《き》くと知遇の武家の娘であるとのことであった。夏と秋に行儀見習いで三日に一度ほど神社に通っていたが、冬になって日が短くなったのでしばらくは来ないのだという。神社で行儀見習いというのは何とも珍しい。だが興味は士であって娘ではない。このとき娘のことを尋ねていれば翌日には再会できたのだが、何しろ〝関〟という士のことばかり頭にあって他のことは考えられなかった。

宮司は何も知らなかった。ただ、千駄《せんだ》ヶ谷《がや》の八幡宮や、目黒不動にも、算術家たちが霊験を求めて祈願したり算額を奉納したりすることを教えてくれた。

翌朝、眠たい頭をふらふらさせて、まずは目黒に行った。とにかく田畑ばかりのどかな田舎である。こんな所で手掛かりが得られるのかと疑ったが、やはり得られなかった。

ただ、寺で礒村塾の者たちが献《ささ》げた算額を特別に見せてもらえたのが嬉《うれ》しかった。

三日目、千駄ヶ谷の八幡宮に行った。

富士山に行けない者たちのために造られた、富士塚と呼ばれる小山が綺麗《きれい》だった。

だが算額絵馬はそれほどなく、何ら手掛かりも得られず、悄然《しょうぜん》となって戻った。

お陰で駕籠《かご》代はかかり、仕事も立て込んだ。毎夜遅くまで棋譜と格闘し、上覧碁の打合せを何とか間に合わせたは良いが、何度も道策にとっつかまった。山のように言い訳をして対局を逃げ続けたものの、代わりに京での碁会に出席することを約束させられてしまった。

本因坊家の碁会に、安井家の者が顔を出すことになればそれ相応の礼やら土産やらが必要になる。亡父の右辺星下の初手を見せてしまったことに続き、義兄の算知に申し開きをしなければならないことがまた一つ増えてがっくりきた。

四日目は、夕方に碁会に出れば良いだけで久々に間が空いた。この機を逃す手はない。寝不足の体に鞭打《むちう》って早朝から邸を出た。

そして駄目もとで麻布に向かった。

礒村が開いた塾の一つが、そこにあると金王八幡の宮司から聞いていたのである。

ただ礒村は江戸にはおらず、正確には、礒村の弟子の一人であり、例の算額の出題者である村瀬義益《よします》が任されている塾らしい。なんであれ目黒に比べればとにかく近くて助かった。善福寺《ぜんぷくじ》の辺りで駕籠を降りて、徒歩で塾を探した。だが四年前の大火ののち急激に復興した町並みは、住人ですらちゃんと把握し切れていなかった。あちこちで塾の正確な場所を訊いて回ったのだが、目印として教えてもらった大名邸《やしき》がごっそり移転していたものだから、たちどころに迷った。

あっちの坂を下り、こっちの川堀を渡りと、刀の重さと寝不足でぐらぐらになりながら探し回った。そしてついに、のち間部《まなべ》橋と呼ばれるようになるがこのときはなんとも名のついていない橋で干魚の籠《かご》を担いだ女たちから、その所在地を教えてもらった。その代わりに、なんだかあんまり美味《おい》しくなさそうな干魚を八尾も買わされた。女たちは笑ってハゼだのなんだのと主張していたが、はっきり言って何の魚だかわからない。その包みを右手にぶら下げ、左手で腰の刀を支え、ふらつきながら歩くのだから、傍目《はため》には朝から酔っ払っているようにも見えた。

腹が減ったのでよっぽど屋台を探して蕎麦《そば》でも食いたかったが、とにかく時間が勿《もっ》体《たい》ない。真っ直ぐその塾に向かった。そして、やっと辿《たど》り着いたそこで、完全に空腹を忘れた。

六本木に近く、門構えからして質素な武家宅だが、どんなに貧乏な武家でもそうであるように敷地はかなり広い。主人は荒木孫十朗《まごじゅうろう》という者だそうで、どうも女たちから聞いた話では、老齢の小普請《こぶしん》だという。つまりは御城の修繕事務という名の閑職である。それが若くしてか老いてのことかは知らない。ただ大の算術好きで、わざわざ自分から礒村に邸の一角を使わせ、私塾の一つとさせたとのことである。

門が開けっ放しなので入ってみた。かねてから、算術にしろ剣術にしろ、塾や道場といったところは自由に出入りでき、しかも断れば寝泊まりもできると聞いていたからだ。

庭に入ると長屋を改築したような道場風の建物があり、その入り口に、礒村門下塾徒以下立入うんぬんと看板がある。思った通り自由に入れるらしく、戸は開きっ放しだが、

「ごめん下さい。あのう、ごめん下さい」

一応、呼びかけてみた。誰も出てこない。一歩、中に入ってみた。右手の壁にびっしり何かが貼りつけられている。ひと目見て鼓動が高鳴った。

壁一面、難問の応酬だった。

紙に問題を書いて壁に貼り、それをあの算額絵馬の問題と同じく、別の誰かが解答を書きつける。さらに別の誰かが紙切れに答えを記して上から貼りつけたりと、絵馬とは違って行儀は悪かったが、熱気はこちらが上だった。『明察』『誤謬《ごびゅう》』『合問』『惜シクモ誤』などの文字がばんばん書きつけられており、中でも、村瀬義益の名で出された一問に、七つも八つも答えが貼りつけられ、いずれも『誤』の連続というものがあった。

そしてその八つ目だか九つ目だかわからぬ答えに、それを見つけた。

『関』

の名と、他の誤答の群れに比して、あまりに軽々と書かれた端的な解答。そして、

『明察』

その二文字。

心臓が口から転がり出すかと思うほど動悸《どうき》がした。なんにも考えずに、魚と刀を玄関先に置き、その場に正座して問題と解答を書き写した。それから床に算盤《さんばん》を広げ、関という士がさらりと書きつけた答えが、いかにして導き出されたかを読み解き始めた。

腹がぐうぐう鳴るのも気にならない。目の端を影がよぎったようなのも気にならない。ぱたぱた足音がした気がしたがそんなに気にならず、

「もしもしッ」

いきなり聞きおぼえのある叱り声が降って湧き、これにはさすがにびっくりして顔を上げた。

娘がいた。とても綺麗な娘で、ちょっと見とれた。

見とれながら、なんとあの、金王八幡宮にいた娘であることがわかった。

ご丁寧に、前と同じく箒を持っている。ただし今回は掃いてはおらず、逆さにして

両手で握っている。なんだかまるで泥棒でも追い払うような恰好《かっこう》だなと思いながら、

「なぜ、ここに？　私を追ってきたのか？」

驚いてそんなことを訊いた。あの神社からわざわざ追ってきたと言うのであれば、娘の方も、そう思ったらしい。というかこの場合、娘の方がそう思って然《しか》るべきである。

娘が意表を突かれたような顔をし、すぐに警戒と怒りをあらわにして言った。

「それは私の言葉ですッ。こんな所で何の真似ですか。ここまで関さんを追ってきたんですか」

またもや地べたに座ったまま叱られたが、今度ばかりは咄嗟《とっさ》に片膝《かたひざ》を立てた。

「関さん？」

娘の口調から、

「もしかして、その士を知っているのか？」

ということを、ようやく察した春海である。

「存じませんッ」

娘がきっとなって答えるのと、

「たまに来るだけだな。門下生じゃない」

新たに男の声が、簾の向こうで起こったのとが同時であった。

「村瀬さん！」

「まあまあ、えん。良《い》いじゃないか」

娘が振り上げた箒《ほうき》を、ひょいと手でよけ、やたら長身の男が顔を現した。もう一方の手は袖《そで》に通さず懐に入れ、だらりと袖が垂れている。城ではまず見ない、というかそんな姿を見つかればその場で処分の対象になる恰好である。髷《まげ》やら帯やら、金をかけているというのではないが、しっかり流行をつかんで工夫しているらしく、だらけた印象はない。むしろ工夫したものをあえていかにも着崩すことになお工夫を傾けるのが洒落者《しゃれもの》だった。

「村瀬さん……もしや村瀬義益殿ですか？」

もっと学僧然とした風貌《ふうぼう》を想像していた春海は面食らった。

「いかにもそうだ。で、あんたが絵馬の前に座り込んで、えんに叱られたという士かね？」

「いや……」

士ではない、と言いたかったのだが、

「まさにそうでしょうッ」

娘に遮られた。

「私は……」

「この通り、行い不審の、怪しい人ですッ」

「まあまあ。で、ここでも地べたでお勉強というのは、何かの趣味かね？」

「立っていては算盤が広げられませんので」

春海は改めてきちんと正座し直し、畳んだ紙を取り出した。ここ数日、懐に入れっぱなしだったため、だいぶしわくちゃになっていたが、誠心誠意を込めて、相手に差し出した。

「なんだいこれは？」

村瀬がしゃがみ込み、目の高さを春海が差し出す紙に合わせて、ひょいと受け取った。

「……へえ」

紙を開いて面白そうに笑みを浮かべる村瀬に、春海がしっかり背筋を伸ばして告げた。

「術、曰《いわ》く。まず勾股《こうこ》を相乗し、これを二段（二倍）。さらに勾股弦の総和にて除（割る）。これに弦を乗（掛ける）し、また勾股の和にて除なり」

「……え？」

娘は呆気《あっけ》に取られている。村瀬が、にっこり笑って後を続けた。

「これにて合問……だな。答え曰く、七分の三十寸。明察ってやつだ」

しわくちゃの紙の束を元通りに畳み、

「俺が献じた絵馬だけじゃなく、他にもずいぶん解いたじゃないか。もらっていいか？」

「どうぞお受け取り下さい。全問解くのに、一朝夕かかり申しました」

「俺はあの一問を作るのに六日かけたよ。で……あんたの名は？」

「父から安井算哲の名を継ぎましたが、お勤め以外では、渋川春海と名乗っております」

正直に両方を告げた。すると村瀬は記憶を探るように首を傾げ、

「安井……うん。聞いたことがあるな」

「碁をもって御城に仕えております」

「碁？」

と目を丸くしたのは娘の方で、村瀬はしゃがんだまま、ぽんと膝《ひざ》を叩《たた》き、

「それだ。御城の六番勝負」

「いえ、それは義兄の算知の方で……」

「うん。その安井家だ。あんた若いね。碁打ちってのは算術もやるのかい、安井さん」

「いえ、主に私だけですが……。あの、どうぞ渋川とお呼び下さい」

「うん。じゃあ、渋川さん、あっちの刀の横にあるのはなんだい？」

　と玄関先に春海が置いた、包みを指さす。

「あれは……干魚です。ここへ来る途中、買いました。ハゼだとか……」

「ふうん、ハゼ」

　村瀬が、娘を見上げた。

「じゃあ、えん。飯にしよう」

三

「自前で術を立てて、土産まで持参するやつは滅多にいないよ。あんた偉いね、渋川さん」

　えんにお代わりの飯を盛ってもらいながら村瀬が笑った。気持ちよく笑い、気持ちよく食う男だった。春海が一杯目を食い終わると、

「若い男がそれじゃぁ足らんだろう。そら、えん。どっさり盛ってやってくれ」

　自分は三杯目に箸《はし》をつけながら言った。

「お碗《わん》を下さい」

　釈然としない様子で、笑顔一つ見せぬままのえんが手を差し出し、

「どうも……恐れ入ります」

春海は恐縮しながらも素直に茶碗を渡している。塾の中での食事だった。飯の他にも、味噌汁《みそしる》と漬け物を振る舞われた。正直、倒れそうなほど空腹だったので心底ありがたくいただいた。

それに、女性が同席する食事というのは、御城でも藩邸でも、春海の立場では、まずありえない。櫃《ひつ》からしゃもじで飯をすくう姿にも、馬鹿みたいに見とれた。

「はい、どうぞ」

「あ……いただきます」

茶碗を女性から手渡されるなどというのは実に新鮮で、ちょっと緊張した。

えんは憮然《ぶぜん》としつつ、けっこうしっかり盛ってくれた。それだけで何となく嬉《うれ》しくなる春海だった。綺麗《きれい》に研いだ白米である。江戸は〝米ぶくれ〟の都市で、農民と武家が売る米が同時に集積し、町人と武家がそろって白米を食う。しかもこの頃は、日に三食摂《と》る習慣が一般化しつつあった。そんな都市は、他に大坂ぐらいしかない。

「これは本当にハゼなのですか？」

えんが、炙《あぶ》った干魚を箸でつつく。

炙ったのは村瀬である。塾の縁側に魚を焼く七輪があって、嬉しそうにうちわで扇ぎながら、扇ぎ方の蘊蓄《うんちく》を傾けたりした。春海は真面目に聞いたが、えんはてんで相手にせず、そんなので魚が美味《うま》くなれば世話はないとかいうことを言っていた。

「まあ……多分」

自信がなさそうな春海をよそに、

「なかなか美味いぞ」

村瀬は、どんな魚だろうと同じように食いそうな様子でいる。

「ハゼというのは佃煮《つくだに》にするのではないのですか？　なぜ干すのです？」

「それは、私も……」

「最近では出汁《だし》にも使うらしいからな」

あんまり答えになっていないような結論を村瀬が出した。えんがやっと口に運び、

「……ハゼではない気がします」

それでも続けて食べてくれるので、春海は妙にほっとした。

「なんにしても日が悪かったな、渋川さん」

村瀬が言った。十は歳が離れていそうなのに敬称付けで呼んでくれた。安藤のように礼節重視というより、本人の気さくさからだった。

「いや、俺にとっちゃ魚の分け前が増えて良かったが。今日はみんな手職の日だ。傘貼ったり、庭で畑作ったり、鈴虫飼って売るのまでいる。武家もこの頃は手に職がなきゃぁやってけない。かくいう俺も、これから近所の子に、そろばんを教えに行かな

きゃならん」

だから塾には村瀬以外いなかったのだという。門下の者には、町人や農家の者もいたが、みなこの時間は仕事があり、顔を出すのは夕方か授業の日だけである。

荒木家の者はどうしたのかと問うと、主《あるじ》である孫十朗は御城にいるらしい。月に三度、上司に会いに行き仕事があるかどうか訊《き》く。大抵仕事はない。まさに閑職である。

「若い時分は槍《やり》が達者で、御上覧も務めたそうだ。以前、塾のみんなで御自慢の槍を拝見させてもらったが、いやはや、あんな重くって長いものを、よくまあご老体が振り回せるもんだと、みんなたまげたよ」

だが泰平の世が盤石《ばんじゃく》になればなるほど、そういう者に仕事はなくなる。今ではおよそ千人もの旗本や御家人《ごけにん》が、小普請《こぶしん》と呼ばれる有名無実の閑職にあった。それでも邸宅はでかい。この荒木邸も三百坪以上はある。維持費もかかるが実入りは少なくなる一方である。

といって幕府から与えられた邸《やしき》や土地を、勝手に売り買いするのは御法度《ごはっと》だった。しかし賃貸しすることはできる。塾として土地建物を貸し、賃料をもらう。そのせいか、それなりに余裕はあるらしい。主が城に登る間、奥方は使用人をつれて息抜きの芝居を見に行く習慣だそうで、これまた不在である。

ただ、荒木の算術道楽はすごいらしく、

「術理の稿本《こうほん》一冊で、ひと月分は賃料をまけてくれる」

まったく悪びれずに村瀬は言った。

「村瀬さんは、ここにお住まいなのですか？」

相手に合わせた呼び方で春海が訊いた。

「転がり込んで二年だ。もとは佐渡《さど》の出さ。百川治兵衛《ももかわじへえ》という師に算術を学んだ」

「佐渡の百川……？」

呆然《ぼうぜん》となった。佐渡金山の開発のため、幕府がわざわざ呼び出し、派遣したという算術の達人である。百川に礒村と二人の高名な師に学べるというのは春海の羨望《せんぼう》をかきたてた。とともに、村瀬自身がどれほど算術の達者であるかがわかるというものだった。

「うん。で、百川さんに勧められて、礒村さんに会いに江戸に来たんだが、あの人ときたら塾を俺に任せて、さっさと二本松に行っちまった。年にふた月くらいしか教えてくれん」

「それは、村瀬さんが、あんまり上手に塾をまとめてしまうからです。かえって自分がいない方が弟子が増えると、礒村様が仰《おっしゃ》っておりましたもの」

えんがそう言いながら、くすくす笑った。

初めて春海の前で見せた笑顔である。自分に向かってではないが、春海はふいに胸を衝《つ》かれるような、奇妙に虚脱したような感じを受け、危うく茶碗を落としかけた。

「だから父にも、荒木を継いでくれなどと言われるのです」

春海は一瞬、二人が夫婦《めおと》になることを想像したが、

「いつか、ぼろが出て言われなくなるさ。お前も、道楽者の兄など嫌だと言い始める」

村瀬は涼しげにかわしている。つまり荒木家の養子になれということである。

えんからすれば既に義兄のような存在らしく、笑い方に屈託がない。春海を振り返り、

「この人が嫌がっているのは、自由に女の人たちと遊べなくなることなんですよ、どうせ」

「はあ……」

野暮天の見本のような春海の返答である。

「そう言うこいつは、縁談を蹴《け》り飛ばしたせいで、神社などに行かせられている。三人の姉はみな良縁に恵まれたというのにな」

「村瀬さん！」

たちまちえんが沸騰した。

春海はぽかんとなって、

「神社……？」

あの金王八幡宮だとわかったが、行かせられているというのがわからなかった。

気に入らない縁談の相手を、えんが箒《ほうき》で追っ払うさまも想像できた。とはいえ武家の子に、縁談を断ったりできるわけがない。親と親が家格で判断するものであるのだが、

「私ではありません。先方の都合が悪く……」

「えんは、武家が大嫌いでな。すごいぞ。さんざんに罵《ののし》ったそうだ」

「違います！」

春海は意味がわからず、

「武家が嫌いなのですか？」

「嫌いというのではありません。ただ、多くの武家は、むやみとそろばんを馬鹿にし、不勉強で、だから貧乏で、とても将来がないと思うだけです」

とんでもない大批判である。現実を言い当てている分、容赦がない。これはとても、よそに行儀見習いになど通わせられない。だから神社か。なんだか納得した。しかし神社で学べることなどたかが知れている。親でもないのに、この娘の将来は大丈夫だろうかと思った。

「じゃあ……どんな武家なら良《い》いんだい？」

思わず訊いた。えんは淀《よど》みなく答えている。

「札差しを見習うべきです」

春海は啞然《あぜん》となった。札差しとは、いわば給与計算の代理人である。旗本や御家人たちは給料として米をもらい、さらに米を換金する。米は隅田川《すみだがわ》沿いの蔵前《くらまえ》という、幕府の米蔵の集積地に赴いて受け取る。その際に支払手形を蔵役所に提出する。札差しは、支払手形を預かり、米の受け取りや売却、換金の雑務を全て引き受けることで手数料をもらう。

と同時に、将来の支払手形を担保に、金を貸す。武士には金勘定が嫌いな者が大勢いた。賤《いや》しい行いだと思っているのである。給与のときも偉そうに札差しに任せっぱなしで、お前たちに仕事をくれてやっているのだという横柄な態度を取る。そしてそういう者ほど、いつしか札差しからの前借りがかさみ、利子を返済するだけで精一杯、とんでもない借金まみれとなって身を持ち崩すのだった。

そのため、ますます札差しを賤しい者とみなす武士も出てくる。札差しのせいで武家が貶《おとし》められると嘆く者もいる。そんな札差しを評価する武家の娘というのは初めて聞いた。算術の塾が家の庭にあるという、特殊な環境のせいだろうかと思った。

「では……えんさんは、札差しに嫁入りしたいのですか？」

「いいえ。あの人たちは、逆に、お金の勘定以外に向学心がありませんから」

即座に断定した。けっこう注文が厳しいのだなと春海は変に感心した。

「まあ、関さんは札差しには向いてないな。あの人は、ちょっと特別だ」

食い終わった村瀬が、やたらと洒落《しゃれ》た動作で楊枝《ようじ》をくわえながら言った。

「関さんは関係ありませんッ」

えんが赤くなったのと、いきなりその名が出たことの両方に、春海は驚いた。

「関さんが……札差し？」

「関係ないと言ってるでしょうッ」

「えんの趣味もちょっと変わってる」

村瀬が意味深長な笑みを向けて来る。だが春海はただ、やっと当初の目的に立ち戻れたとしか思わない。慌てて残りの飯をかき込んでから、改めて姿勢正しくお願いした。

「その、関殿について、お教えいただけないでしょうか」

「塾で学ぶ方ではありません。勝手に教えて、あの人のご迷惑となると困ります」

えんが素っ気なく拒む一方、

「もしそれで、関さんが塾に寄りつかなくなると、淋《さび》しいからな」

にやりと村瀬が笑った。

「そういうことではありませんッ」

春海はひたすら真面目に頭を下げている。

「決して、塾にもその方にもご迷惑はおかけしません。なにとぞ、なにとぞお願いします」

「まあ、俺もえんも、知っているというほど知ってはいないよ」

村瀬は出涸《でが》らしに近い茶を三人の碗《わん》に注ぐと、箸《はし》を自分の碗につけ、筆代わりに、

『関孝和《たかかず》』

と、膳《ぜん》に名を書いた。

「孝行の孝に、和合の和。それが名だ」

目を見開いた。ようやく知ることが出来た名だった。神妙になって頭の中でその名を繰り返した。想像した通りの聡明《そうめい》で誠実そうな名だ、などと本人の顔も知らないいま思った。

「ただ、塾じゃ、〝解答さん〟なんて呼ばれてる」

「〝解答さん〟……?」

「どんな難問も、たちどころに解いてしまわれるからです」

えんが怒ったように注釈した。春海はますます感銘を受けた。

「それほど頭脳明晰《めいせき》たるお方であると……」

「いやあ、そんなんじゃない」

村瀬が手を振る。そして、なんだか怖い笑みを浮かべて、こう言った。

「化け物だよ」

初めてその男が塾を訪れたのは去年のことだ。最初は壁に貼り出された問題を眺めたり、塾の者たちの問答の応酬を横で聞いたりしているだけだったという。門下に入りたいのかというと、そうではなく、ただ距離を置いたところから、塾の様子を眺めているという感じだった。だがそのうち、誰かが、あなたも解答に挑んでみたらどうかと勧めた。ここでは自由にそれが許されている。誤謬《ごびゅう》を恐れるなかれ、うんぬん。

その男は、それでは、と筆を持った。いきなり全ての問題に、ただ答えだけを書いた。その場に居合わせた者たちが一人残らず言葉を失うほどの速さだった。あらかじめ答えを知っていて書いているとしか思えない。だが塾の師である礒村が、手本として出題した、誰一人解けぬ難問にすら答えをつけた。

その日の内に、全て正解であることがわかった。塾生全員が言葉を失った。

礒村は不在だったが、代わりに村瀬が、その問題の答えに、

『明察』

の二字を記した。

塾に、どよめきが起こった。

それから十日ほどしてまた男が来た。みんなが固唾《かたず》を呑《の》んだ。村瀬もそれを見た。えんも、男の姿を見ていた。男は、自分がまだ答えていない問題の全てに、さらさらと答えを記していった。設問を読んで、僅《わず》かに考え、書く。まるで宙に答えがあって、それを書き写しているかのようだった。それが終わると、すぐに去った。答えが合っているかどうか確かめようともしない。

というより、答えが間違っているとは、まったく思っていない風だった、とえんは言った。

そして事実、全問正解であった。

三度目に男が訪れ、同じように答えを記そうとするのへ、塾の者の一人が、答えばかりではなく問題を出す気はないのかと、半ば挑むように訊《き》いた。すると、男は、

「我、遺題を好まず。ただ術の研鑽《けんさん》を求む」

と断ったという。

これに塾の者たちが怒った。〝解答さん〟という渾名《あだな》には、〝解盗さん〟という別の意味があって、このときその渾名がつけられた。問題を解くのではなく、答えを盗んでいくといった否定的な見方である。問題を出さない者には、解答を許すべきではない、塾が培った算術をただ盗まれるのはけしからん、という意見が続出した。

おおやけに発表しているのに、解答されて怒るというのも妙だが、それだけ男の行為がみなの理解を超え、また衝撃的だった。村瀬からすれば、そんな諍《いさか》いを放置しては塾の運営がいびつになる。何より男の算術の才能は塾にとって惜しい。門下に入る気がなく、問題を出す気がないとしても、何か、代わりに出せるものはないか、と男に訊いてみた。

男は、稿本ならあると言った。

稿本とは、自己の研鑽の記録をまとめたものである。本の体裁をなしてはいるが、出版物ではない。備忘録の塊のようなものだ。

それで十分だろうと村瀬が言うと、数日後、男は己の稿本の写しを持ってやって来た。

村瀬はそれを一読して愕然《がくぜん》とした。すぐに塾の者に写させ、師の礒村のもとへ手紙をつけて送った。仕事で忙しいはずの礒村からも、すぐさま返事が来た。

『解答御免』

と師は言っていた。稿本の内容があまりに素晴らしかったため、その男に、塾の問題を自由に解かせろという師の指示だった。

以来、男は塾において〝解答し放題〟ということになった。時折、ふらりとやって来ては、歌でも詠むかのようにさらさらと答えを記し、すぐに立ち去る。

その姿に感嘆する者は〝解答さん〟、歯軋《はぎし》りして悔しがる者は〝解盗さん〟、それぞれの意味を込めて呼び、いずれも男を特別な存在とみなして遠巻きに眺めるばかりだった。

「で……ここにいる、えんが、ご親切なことに問題つきの絵馬があることを〝解答さん〟に教えてやったわけだ」

「べ……別に、良いではありませんか。あの方は、いつでも解くべき問題を求めている方なのですから」

途端に後ろめたそうな顔になるえんに、村瀬が笑って、

「俺たちの絵馬で男を釣ろうというのもな」

「村瀬さんッ」

「餌だけあっという間に食われて、針しか残らんぞ」

「そういう言い方はやめて下さいッ」

「あの……その方は、どのようなご身分なのでしょうか？」

春海が遠慮がちに割り込んだ。

えんは教えるものかというような顔をしたが、村瀬があっさり口にした。

「関家に養子にもらわれたと言っていたな。甲府《こうふ》に出仕の口を頂いたらしい。どんな

お役目を頂戴《ちょうだい》しているかまでは知らんが、何しろまだ若いからな」

甲斐《かい》国、甲府徳川家である。ついつい、高度な算術が必要とされる難事業を任せられているのかもしれないと想像した。

「それほどの算術を、どなたから学んだのでしょう？」

「いや、師はいないらしい。独りで学んだそうだ」

「は……？　独り……？」

「八算《はっさん》も知らんまま『塵劫記』を読んだとさ」

春海の目がまん丸に見開かれた。八算とは、九九のような基礎の割算のことである。意味がわからなかった。文字を学ばずに本を読んだと言っているのに近い。

「しかも、ただ読んだんじゃない。面白くて何度も読んだそうだ。で、すっかり算術が好きになったとさ」

「そんな……」

あまりに途方もなさ過ぎて言葉が出なかった。村瀬は、共感するように笑みを浮かべた。

「な、化け物だろ、おい。しかもまだ若い。先が恐ろしいよ」

「その……その方の稿本を、お見せ下さい。是非にも。どうかお願い申し上げます」

声を絞り出すようにして頼んだ。頼みながら頭を下げようとして膳《ぜん》に顔をぶつけそうになり、慌てて後ろに下がって改めて頭を下げかけたところで、村瀬が立ち上がった。

「やれやれ、俺の稿本もあるんだがね」

「あの……」

「飯も食ったし、俺はそろそろ仕事だ。持って帰りな。写したら返してくれ」

春海が目を輝かせる横で、えんが激昂《げっこう》した。

「関さんの本をこの人に貸す気ですか⁉」

「お前にだって貸したろう。しかも写した方を、俺に返そうとしやがって」

「そ……それとこれとは違います！」

「わかったわかった。さて、どこへしまったかな」

手を振りながら村瀬は奥へ行ってしまい、残された春海に、えんが燃えるような怒りの目を向けてくる。どうにも沈黙に耐えられず、先ほど村瀬が膳に書いた名の名残を見て、

「ときに……えんさんというのは、どういう字を書くんだい？」

などと余計なことを訊いた。

女性に漢字の名がつけられる方が少ない。日頃、男同士の会話しかほとんどしない春海の生活がもろに出た。

「どのような字だと思いますか？」

えんは果敢に訊き返してくる。さすがに、炎だとは言えなかった。

「ん、さて……円理の円だろうか」

「延べるの延の意だと父から教わりました。お家を延べるということで」

けっこう律儀に答えてくれたが、

「ですが私は、お塩の塩が良いと思っています。お金になりますから」

どうも、かなり武家の経済状況に悲観的らしいことを言った。

「塩……ですか」

あっという間に話題が尽きて、ただ言われたことを繰り返す春海に、逆にえんが訊いた。

「なぜ、あなたは、関さんにそうまで興味を持たれるのです？」

春海は、何を不思議なことを言っているのだろうという気持ちだった。

「あなたも興味を持ったのでは？」

「私は、別に……」

これだけとてつもない話を聞けば、誰だってそうだろう、という意味だったが、

なぜか、えんはそっぽを向いてしまった。しかもその顔が赤い。春海はますます不思議な気持ちになっている。そこへ村瀬が戻ってきて、

「これだ。読んで腰を抜かすなよ」

春海の脇に、紙の束を綴《と》じたものを置いた。

「これが、あの方の稿本……」

思わず声が震えた。

そっと紙の束を持ち上げたとき、

「あれだけの若さで、こんなものを書くんだからな。たまらんよ」

しみじみと村瀬が言う。ふと疑問が起こった。というより勝手に作り上げた想像のせいで、

「……それほど若いのですか？」

ということが改めて意外に思えた。どこかで壮年の士だと思い込んでいたのである。

「あんたと同じくらいじゃないかな」

村瀬が言った。一瞬、何を言われたのかわからなかった。

「今年で二十三だと言っていたよ、〝解答さん〟は」

その瞬間、春海の手の中で、稿本がとてつもない重みを生じた気がした。

「二十三……？」

同じくらいどころではなかった。まさしく同年齢だった。それこそ真に春海の想像を超えた。まさか。信じがたかった。驚きというより混乱に襲われた。

ここへ辿《たど》り着くまでの苦労を、そのとき春海は完全に忘れた。

稿本を持って帰ることが、なぜか、急に恐ろしくなった。

四

だが結局、稿本は大事に持ち帰った。

夕方からの勤めが終わった後、自室の机に置き、薄暗い灯《あか》りの下で、じっと見つめた。

『規矩要明算法《きくようめいさんぽう》』

と題された稿本で、

『関孝和』

その名が、本人による筆で、書かれている。

かなり分厚い。幾つか異なる主題の稿本を、ひとまとめにしたのだろうと知れた。

最初の一枚をめくるのが怖いような、はやく読みたくてたまらないような、強い感情の矛盾が生じて、微動だにできなかった。

今年で二十三。

その言葉のせいであることはわかっている。春海にとって、かつてない感情だった。

本来のお勤めである碁においてすら抱いたことのない感情である。年下の道策の天才ぶりを目の当たりにしたときも、このような感情は起こらなかった。あるいはどんな感情にも逃げ場があった。ぼんやりとした空白の中に、感情を霧散させてしまえた。だがこのときは、それが出来なかった。なぜ出来ないのか。考えるともなく考えた。あるいは考えるまでもなくわかっていた。

碁は、春海にとって己の生命ではなかった。過去の棋譜、名勝負をどれだけ見ても悔しさとはほど遠い思いしか抱けない。今の碁打ちたちの勝負にも熱狂が湧かない。

算術だけだった。これほどの感情をもたらすのはそれしかなかった。飽きないということは、そういうことなのだ。だから怖かった。あるのは歓《よろこ》びや感動だけではない。きっとその反対の感情にも襲われる。悲痛や憤怒《ふんぬ》さえ抱く。己の足りなさ至らなさを嘆き呪う。達したい境地に届かないことを激しく怨《うら》む。名人たちはそうした思いすら乗り越えて勝つ。それが勝利だった。

自分にそれが出来るだろうか。そう思うことほど怖いことはない。〝退屈な勝負〟に身を委《ゆだ》ねる方がよっぽど気楽でいられた。と言うより逃げ場はもはやそこにしかなかった。稿本を読まずに返せば良いとすら思った。そうすればこんな怖い思いとは一生、縁がなく生きていける。

だがそうなればきっと、本当の歓びを知らずに死んでゆく。一生が終わる前に、今生きているこの心が死に絶える。そうも思った。

ぱーん、と鋭い音が鳴った。無意識に、稿本に向かって、拍手《かしわで》を打っていた。何の必然もない、奇妙ともいえる行為だったが、それが幼時から春海の心身に染みついた信仰であり作法だった。心の異変において仏徒の一派が南無阿弥陀仏《なむあみだぶつ》を唱えるように、切支丹《きりしたん》が思わず手で十字を切るように、この咄嗟《とっさ》のときに、それが出た。

神道はその作法の古伝が失われて久しい宗教である。何のための拍手か、何のための拝礼か、それらの行為によって何が得られるのか、そうした教義がない。だが昨今は、優れた神道家たちにより、神道独特の宇宙観から新たに意味が解釈され、急速に体系化されようとしていた。

左手は火足《ひたり》すなわち陽にして霊。

右手は水極《みぎ》すなわち陰にして身。

拍手とは、陰陽の調和、太陽と月の交錯、霊と肉体の一体化を意味し、火と水が交わり火水《かみ》となる。拍手は身たる右手を下げ、霊たる左手へと打つ。己の根本原理を霊主に定め、身従う。このとき火水は神に通じ、神性開顕《しんしょうかいけん》となって神意が降りる。

手を鋭く打ち鳴らす音は天地開闢《かいびゃく》の音霊《おとだま》、無に宇宙が生まれる音である。それは天照大御神《あまてらすおおみかみ》の再臨たる天磐戸《あまのいわと》開きの音に通じる。

拍手をもって祈念するとき、そこに天地が開く。そして磐戸が開き、光明が溢《あふ》れ出る。

光明とは、いわば種々に矛盾した心が、一つとなって発する輝きである。その輝きは身分の貴賤《きせん》を問わず、老若男女を問わない。

恐れや迷いを祓《はら》い、真に求めるものを己自身に知らしめ、精神潔白となる。春海は、二度、三度と拍手を打った。伊勢神宮では八度の拍手たる八開手《やひらで》、出雲《いずも》大社では四拍手の作法。だがこのときの春海には三度で足りた。

自分は今、神事の中にあるという昂揚《こうよう》が湧いた。それを勇気にして稿本を開いた。読んだ。たちまち拍手の光明とは異なる輝きが来た。さながら草原に稲妻の群れを見るような、知性の閃《ひらめ》きの連続だった。強烈な驚きに打たれたが、怖さは感じなかった。薄明かりのせいで咄嗟に字の判別がつかないところがあって、それが怖さを麻痺《まひ》させてくれた。

とても一夜で読み解けるものではない。それでも、とてつもない素晴らしさが秘められていることだけはわかった。難解な数理算術は多くの場合、特殊な才能を持った者が超人業で解答するものとされていた。大多数の者はそれを理解できない。できないから〝無用の無用〟などと称されたりもする。だがこの稿本は、違うと告げていた。理は啓蒙《けいもう》が可能なゆえに理である。

その啓蒙の鍵《かぎ》こそ術式だった。術式が本当に完備され、精査されてゆくことで、より多くの者たちが数理を解するようになる。そういう、強い態度表明とも言える言葉が、稿本の一隅に、さらりと書きつけてあった。

『理を説くこと高尚なりといえども、術を解することうかつなる者は、すなわち算学の異端なり』

算術を〝学〟と呼ぶ。それ自体が、この非凡の士の本質のような気がした。

たとえば朱子学において、学は、小学と大学に大きく分けられる。

大学は理念、小学は基礎教育。この稿本は、いわば大学と小学とを結ぶ、堅固たる階梯《かいてい》になろうとしていた。どんな者も小学から大学へと至れるのだと告げていた。特殊な存在でなければ、その道すら辿れないなどとは言っていなかった。

「……私でも、良いのですか」

稿本に向かって、ささやくように口にした。

問いながら同時に答えているような、おずおずとした表明の言葉だった。

「……私でも」

込み上げる思いで、かえって声が詰まった。代わりにぽたぽた涙が零《こぼ》れて膝《ひざ》に落ちた。

〝退屈ではない勝負が望みか〟

老中酒井の言葉がふいによみがえり、我知らず、強く拳《こぶし》を握りしめた。

今このときほど、それを望んだことはなかった。これほどまでに自分がそれを望んでいたことにやっと気づいた。

そしてそれが、〝算学〟という言葉によって、今、己の目の前にあることに気づいた。

洗われてゆくような心の中で、そのとき春海は、はっきりと決心した。

この稿本を読んでのち、問題を作ろう。

そして村瀬に断り、あの礒村塾の一隅に貼り出すことを許してもらう。

ただ一人の士に献《ささ》げ、また挑むためだけに。

渾身《こんしん》の思いをもって独自の術を立ち上げ、それによって、あの関孝和に出題するのだ。

だがそれもまた簡単にはいかなかった。

村瀬から稿本を貸してもらってから数日後、春海は御城にいた。

お勤めのため、碁を打っている。

相手は老中酒井、相変わらずの意図不明、淡々とした碁であり態度だった。前回、布石を投げ出して切り結んできたことなど忘れたように、ただ定石で盤上を埋め続けてゆく。

春海はこの老中の意図を知ることをとっくに諦《あきら》めている。酒井は定石と定石の間に、独自の発想を持つということを全然しない。より高度な定石を積み上げることに徹底して主眼を置く。つまり最適な状態に達し、時機が来るまで、何一つせず、何一つ明らかにしない。

一局がすいすいと異様な速さで進み、石が片づけられ、再び初手から始められたとき、

「お主、いろいろと芸を持っているな」

酒井はふいにそう言った。

「は……」

芸とは、この場合、城で勤務するための特殊技能を意味する。出仕する者ごとに書類化され、履歴書として管理される。〝芸者〟とは、上司の求めに応じて、その技能を発揮する者のことで、春海の場合、

一に碁。二に神道。三に朱子学。

四に算術。五に測地。六に暦術。

と書類にある。本来、安井家二代目としては碁だけでいい。これだけずらずら並べ立てるというのも、次男、三男のような態度である。次男や三男は、仕事が、名が、地位が欲しく、さもなくば一生の冷や飯食らいか浪人か、という切迫感に裏打ちされ、

ひたすら取り立てられることへの欲求から芸を並べる。

だが春海の場合、ほとんど碁への〝飽き〟による悲鳴だった。それが芸種の多さとなってあらわれているのだが、今では、碁以外には算術だけで良いと思っていた。村瀬から渡された関孝和の稿本がそうさせた。だが、

「神道は誰から学んだ?」

酒井は、まずその点から訊《き》いてきた。

「主に、山崎闇斎《あんさい》様でございます」

「風雲児だな」

「は……」

春海は曖昧《あいまい》に返した。

山崎闇斎というのは、かつて僧であり、朱子学を学ぶ儒者であり、そして神道家であるという、かなり変わった履歴の持ち主だった。

最初、比叡山《ひえいざん》に入って僧となったが、その性格を「激烈」と称されたという。一つ疑問を抱くとそれを十にも百にも増やして問いまくる。そしてこれはと思うと、猛烈な勢いで跳躍する。僧として修行中、朱子学に感動して還俗《げんぞく》したというのが跳躍の一つだった。

また儒者としても、他の儒者たちが、基礎教育である小学をないがしろにする傾向

があることについて、「くそマヌケのド阿呆《あほう》の半端学者ども」という感じで批判していた。

風雲児というと聞こえは良いが、どこでも波風を立て、さらに火を放って立ち去るような人物である。その闇斎が神道に傾倒し、京で秘伝の修得に努めている頃、春海は、父の勧めでその教えを受けた。

とにかく剛毅《ごうき》な人で、父が死んだときも、「お前の父は神になった。会いたければいつでも会える」などと言って、異様な形をした墓標を勝手に作り、春海に拝ませたりした。

むろん父は別の墓に葬られている。闇斎なりに、幼い春海の悲しみを気遣ってのことらしい。春海もそれを迷惑と感じたことはなく、気の良い祖父のような相手だと思っていた。

「激しい性分のお方ですが、常に勤勉で、理路整然とした方でもあります」

何しろ疑問が解消されるまでひたすら猛勉強を繰り返すのである。闇斎の一生は、三人分とさえ言われた。仏教、朱子学、神道、三人分である。

「でなくては、会津公のお相手はできんな」

独り言のような酒井の言葉だった。

「会津肥後守様の……ですか？」

「招くらしいな」

春海も知らないことであったので素直に驚いた。しかし保科正之は、会津藩邸を見ればわかる通り、熱心な神道の信仰者である。と同時に朱子学を偉大な学問とし、その普及に努めていた。まさに闇斎は、保科正之が学者として召し抱えるのにうってつけの人物だった。

「それは、存じませんでした」

だが酒井はその話題はもう忘れたように、

「測地も得意か」

と訊いてきた。測量実地のことである。

特に田畑の面積算出は、年貢の根拠ともなり、これを徹底して行うことが、領地を与えられた者の役目でもある。

「はい」

安井家も、一応は、領地として郡や郷を与えられている家だ。また測地は、最も高度な算術が要求されるものの一つだ、というようなことを答えようとしたが、

「暦術も得意か」

さらに次の話題に移られた。

「はい」

「藩邸の庭に日時計を造ったとか」

そんなことまで知っているのかと今さらながら驚き、また呆《あき》れた。いったいこの自分の何が、この老中の興味を惹《ひ》いているのか。考えたところで、さっぱりわからない。

「そろばんで蝕《しょく》がいつ起こるかわかるか?」

「は……」

日蝕あるいは月蝕の正確な算出は、どんな算術家も一度は試みることでもある。だがそれは測地よりもさらに高度な算術が要求され、そうそう的中させられる者はいない。

「地を測るよりも、天を測ることの方がより困難ですが、おおよそは」

「今、我らが知るものより、もっと正確には測れぬのか?」

「は……。古今東西の暦術を検討し、今の算術によって照らせば、より正確に測れます」

だがそれは大事業だった。一年や二年ではとても済まない。それが酒井にもわかったらしい。あるいはわかっていて質問したのかもしれない。だが、

「そもそも……なぜ日や月が欠ける?」

酒井が、ふと本心から不思議がっているような訊き方をした。演技ではなさそうだった。だいたいが演技をする人物ではない。演技は感情の吐露である。ぽっかり感情

が欠けたような態度の酒井に、そういうものはない。

「日の運行と、月の運行が、天の一点において重なるゆえでございます」

と春海は答えた。その現象は多くの暦術家、算術家などが解明に努めている。また同じこのとき、ヨーロッパではコペルニクスが没して百年余が経ち、ガリレオが地動説を実証し、教会から禁じられながらもその正しさが認識されていた。さらにはニュートンらによって万有引力の法則が解明されんとしており、新たな宇宙観の萌芽《ほうが》となっている。中国（清国）でも日本でも天文観測に特に長《た》けた一部の者たちには地球が一個の球体であることが認知されつつあった。それより遥《はる》かに巨大な太陽や月なども規則正しく動く球体であり、互いの動きが天文現象をもたらすという認識が生まれようとしていたのである。

春海も、だいぶ後になってのことだが、日蝕について、

『日蝕なるものは月、日光を掩《おお》うなり。朔日《さくじつ》に、日と月、遭遇し、南北緯を同じくし、東西経を同じくすれば、月、黄道《こうどう》に至るとき、日の下にありて日光を遮掩《しゃえん》し、人、日輪を見る能《あた》わず。日蝕と謂《い》うなり』

と記しているが、このときも似たような説明を、酒井に対してしている。

酒井は、ますます不思議そうだった。天文のはたらきについては、昨今の一般常識に加えて、暦術を学んだ仏僧などから聞いて知っているのだろう。だが地上に生きる

者の感覚としては、

「日の甚大な灼熱《しゃくねつ》で、なぜ月が燃えない？　日と月はそれほど離れているのか？」

そうした天体の規模が、なかなか想像できないのだ。

地、日、月の距離算出は、暦術家より算術家たちが繰り返し挑む問題だった。明快な答えはまだなく、人や書によって食い違うが、

「は……おおよそ、日と地の距離、三十万里。月と地の距離、七万里。その差、二十三万里ほどとなり、ゆえに、日の炎熱は、月には届かぬかと存じます」

春海は、幾つかの書から学び、日頃、自分なりにこうではないかと想像する、だいたいの距離を告げた。

僅《わず》かに酒井の目が見開かれた。この人でも驚くことがあるのか、と春海の方が驚いた。

「遠い……。人が触れようとするだけで、生涯かかるか。人が宙《そら》を進めるならばだが……」

だが酒井なりに脳裏で計算したらしく、すぐにかぶりを振って、

「いや……生涯ですら、足りそうもない」

そう呟《つぶや》いて、宙を見つめて沈黙した。

「は……」

春海も相づちを打ったまま黙った。碁はほったらかしである。だが春海は落ち着いている。酒井が何の目的で質問してきたのかはどうでも良くなっていた。ただ、

〃生涯かかるか〃

という言葉が、奇妙に快く胸に響いた。関孝和に出題すべき問題の漠然とした思案が湧いた。ふと天文暦術をもとに問題を作るのも良いかもしれないと思った。

「お主、北極出地は知っているな」

ふいに酒井が言った。質問というより断定に近い。これまでの態度とは明らかに違った。少しずつ進んできた何かが、ようやくどこかに到達したような響きがあった。

「測地の術の一つと存じます。南北の経糸《たていと》、東西の緯糸《よこいと》をもって地理を定めるとき、おのおのの土地の緯度は、その土地にて見える北極星の高さに等しいのです。ゆえに緯度とその計測を北極出地と称します。距離算出、方角確定の術となります」

ただ知っている、というのではなく、あえて細説してみせた。

「星は好みか？」

「日、月と同じく好んでおります」

「北極星を見て参れ」

にわかに来た。まさに下命だった。緯度を計測し、地図の根拠となる数値を出してこいというのである。

春海は碁盤から退き、謹んで伏して訊《き》いた。

「は……どちらの北極星でございましょう？」

「山陰、山陽、北、南、東、西、いずれの土地も通行に支障なく致す」

何でもないことのように酒井は言う。だが春海は伏したまま愕然《がくぜん》とした。下手をすれば日本中である。明らかに一人の仕事ではない。おそらく既に北極出地のための人選は完了し、そこに春海が組み込まれたのである。

いったいどれだけの長旅になるのか。

いや、その前に、いつから始まるのか。

「御城碁を終えたら行け。南と西から始めよ。雪が消え次第、北へ行け」

もう少しで呻《うめ》きそうになった。必死に堪《こら》えた。畳につけた手のひらが僅かに震えた。

「で……では、半月余ののちには発《た》てと仰せでございましょうか……」

「何か差し障りがあるのか？」

「いえ……」

その一瞬で強烈な決心が湧いた。手の震えがぴたりと収まった。脳裏に、稿本を前にして自ら打った拍手《かしわで》の音が高らかに響いた。

「不肖ながら鋭意尽力し、お役目を全うする所存にございます」

言いながら、その心はもはや完全に、酒井にもその命令にも向けられていない。

あと十日。いや、解答をこの目で見てから発ちたい。ならば七日。それだけで構築する。

あの関孝和に対する設問を。己の力量の限りを尽くして挑んでみせるのだ。

誰に約束したのでもない。誰から誉め称《たた》えられるというわけでもない。

だが、退屈とはほど遠い。

〝渋川春海〟が見出《みいだ》した、己だけの、そして全身全霊をかけての勝負が、この瞬間に始まっていた。

五

下城して会津藩藩邸に戻り、春海はただちに準備にかかった。

設問の準備ではなく、まずそのための時間を捻出《ねんしゅつ》せねばならない。碁打ちとしての公務と、酒井から任ぜられたものと、いきなり仕事が二つに増え、しかも両方とも期限が差し迫っている。そこで最もたやすく一方の仕事を片づける方法を選んだ。

自室に入るなり着替えもせず、大急ぎで、会津にいる義兄の算知に宛てて手紙を書いた。

内容は、老中より公務を与えられたこと、そのため安井家の棋譜を上覧碁で用いることを許して欲しいというものである。その棋譜が亡き父の算哲が遺《のこ》した、初手〝右辺星下〟の棋譜であること、相手は本因坊家であることなどを、ほぼ事後承諾であることを詫《わ》びつつ書き綴《つづ》った。

算哲の遺した棋譜であれば本因坊家も文句は言わない。道策への詫びにもなる。約束してしまった碁会への出席が、酒井に与えられた公務のため叶《かな》わなくなったとしても、右辺星下の棋譜の提出が帳消しにしてくれる。何より、上覧碁の打合せで奪われる時間が大幅になくなる。

旅立ちの準備自体は、大した仕事ではない。毎年、京と江戸を往復している春海にとって旅支度は慣れたものである。それ以上に時間を取られるのは、既に編制されている北極出地の観測隊の面々に、挨拶《あいさつ》をして回らねばならないことだった。これもまずは手紙を書くことから始めた。観測隊の中心人物たちの名は酒井から聞いていたし、彼らの住居も知っていた。七通ほど書き、そのうち最も重要な二人にだけ会って挨拶をすることにした。それ以外は、参加が急であるため十分に挨拶ができないことを文中で丁寧に詫びた。

書き終わるとすぐ藩邸の者に頼み、連絡役に全ての手紙を託した。

それから安藤への取り次ぎを願った。藩邸の勘定方《かんじょうかた》として忙しく働く安藤である。待たされることを覚悟し、じっと控えの部屋の壁を見据え、組み立てるべき算術に没

頭した。安藤は、春海が予想したよりもずっと早く来てくれて、

「どうかしましたか、渋川殿」

真剣な顔で壁とにらめっこをする春海の様子に、同じように真剣な顔つきになった。

「実は……」

と事の次第を話すと、安藤は目をみはった。

「……老中様から直々のご下命ですか」

そう呟いて安藤は考え込むように腕組みし、

「おそらく……星を見る以上の、もっと大きな務めがあるのでしょう」

「はい」

春海も、口もとを引き締めうなずいている。

北極出地も大がかりな公務ではあるが、それ自体が重要な意味を持つとは思えない。幕府にとって日本全土の地図の作製は、まだまだ軍事や年貢の取り立てのためである。ということは諸藩の裁可に任せるべきものだった。幕府が自ら行うものではないのである。

おそらくより大きな〝何か〟のため、各地の緯度の測定が必要となったのだろう、とは春海も予想していたことである。北極出地による測定をもとに、酒井は、あるいは幕閣は〝何か〟をしようとしている。数年がかりで、その〝何か〟にふさわしい人

材を選出しようとしているのではないか。となると北極出地は公務であると同時に、人材の吟味の場ともなる。

吟味を行おうとしている上司に、何のための吟味か尋ねたところで教えてくれるわけがない。

特にあの酒井が内心を少しでも明らかにしてくれるとは思えなかった。唯々諾々、粛々と公務を全うすることだけが、その回答への道だった。

「大役おめでとうございます。無事、完遂されることを祈願したいと思います」

安藤は力強い笑みで律儀に祝い、また激励してくれた。

「はい」

春海は頭を下げ、

「実は、安藤殿には申し訳ないのですが、お役目の前に、ぜひにも果たしたいことがあります」

詫びの気持ちを込めて言った。

「果たしたいこと……？　私に申し訳ないとは？」

首を傾げる安藤に、春海は、思いのたけをぶちまけるようにして関孝和への出題の意志を告げた。春海にしてみれば老中からの命令よりもそちらの方がよっぽど重大だった。また北極出地の観測隊の面々に挨拶に回ることよりも、約束が守れなくなったことを安藤に詫びる方が大切だった。関孝和を碁会に招き、安藤とも交流を持ってもらうという約束のことである。

ひとしきり春海の算術への思い、関孝和の稿本を読んだときの感動を聞いていた安藤は、大きくうなずいた。

「なるほど、そういうことですか」

「はい。出発まで日がなく……」

半ば言い訳であるという後ろめたさが声ににじんだ。これから全力で挑もうとする相手を、今このとき、碁という己にとっての〝飽き〟の場に招くことはしたくないのが本音だった。

「気にしてはいけません」

果たして安藤は、春海の内心をきちんと察したように、

「男子が全霊をもって挑むのですから。下手に相手と親しくなってしまっては、勝負の緊迫が薄れるでしょう。私のことは考えないようにして下さい」

相変わらず会津訛《なま》りを無理やり江戸口調に直したような調子で、誠意の塊のようなことを言ってくれた。

何より、安藤が〝勝負〟として認めてくれたことが嬉《うれ》しかった。

「かたじけなく思います、安藤殿」

しっかりと礼をし、またせめてもの詫びに、関孝和の稿本の写本を一揃い作って渡すことを約束し、退室した。

自室に戻る途中、庭に出て、日時計に向かった。既に日が暮れて影を測ることは不可能だったが構わなかった。その柱を立てて以来、初めて、春海は神の加護を願い、拍手《かしわで》を打って礼拝した。脳裏をぐるぐる巡る算術の思案のうち、どれかに己だけの設問を立てる契機が秘められているのだと固く信じて疑わなかった。


翌日、碁会に出席するため、春海は日吉山王大権現社《ひえさんのう》を訪れている。

日吉山王は、桜田御門を出て大名邸《やしき》が密集する地域を通り、虎之御門と赤坂御門の間の溜池《ためいけ》沿いにある。周囲には常明院や宝蔵院など十を超す院が並んでいる。江戸城鎮護のため勧進《かんじん》された神社であり、将軍家の産土神《うぶすながみ》である。毎年六月の祭礼行列は壮麗をきわめ、神田《かんだ》明神の祭礼と隔年で、御城に入り将軍様へ上覧に供することが許されていたほどだった。

その大社で行われた碁会のための控え部屋で、

「つい先日、各地の星を見よ、とのお役目を老中様より頂戴《ちょうだい》いたしました」

春海は、そう報告をした。

当然ながら碁打ち衆の誰も意味がわからない。道策など、ぽかんと口を開けたまま固まるという、滅多に見せぬ顔になっている。

「各地というのは……土地によって異なる星が見えるということですか？」

と不審そうに訊《き》いたのは、道策の師である本因坊道悦だった。小柄な体軀《たいく》に僧形という、近所の寺院の主《あるじ》のような姿で、その衣の一部に星図が刺繡《ししゅう》されている。衣服に星辰《せいしん》の紋様をまとっていても、星の知識はないというのが春海には妙におかしかった。

「いえ……天に不動たる北極星を、各地で観測し、その土地の緯度を判明させます」

そう説明しても道悦を始め、林家、井上家の碁打ち衆もみな不思議そうな表情のままだ。

「天の星をもって、地を測るとおっしゃる……」

道悦が感心したように呟《つぶや》くが、具体的に何がどうなってそのようなことが可能であるのか、皆目わからないという調子である。

星座についての知識は一般的な常識になりつつあっても、ではその知識が、地上の生活においてどんな役に立つのか、という点では、多くの者がまるで不明だった。

農民であれば播種《はしゅ》収穫の時期、漁師であれば海上での船の位置、猟師であれば天候を星の見え方から読む。だがそれらはいずれも学問として成り立っておらず、もっぱら宗教の領分でしか体系化されていない。人に世の広大さや無常さを実感させるための説法である。さもなくば神道家や陰陽師《おんみょうじ》が行う占いの吉凶の根拠であり、多くは門外不出の秘事とされた。

よって、暦術家や算術家はいても、天文家はまだいない。職業以前に、究めるべき術自体が、まだまだ曖昧模糊《あいまいもこ》として、世に普及されていないのである。そのため天地の測定の方法などをこの場で説明しても意味がなく、春海はさっさと要点を切り出した。

「はい。それゆえ来年の御城碁への出席が叶《かな》わなくなるでしょう」

「来年？」

道悦がびっくりした。みなぎょっとなっている。まさかそれほどの長旅とは誰も思わなかったのである。なんだかわからないが大変な務めらしい。だが、いったいなぜ碁打ちがそんな仕事を任されるのか。急に帯刀を命じられたことといい、安井家の二代目にはおかしなことばかり起こる。みな口には出さないが、顔がそう言っていた。

「さ……算哲様ッ」

ようやく事態を理解した道策が、きっとなって喚《わめ》いた。京の碁会に出席するという約束はどうなるのか。碁打ちが星とはどういうことか。色んな怒りが声にこもっていたが、

「道策、静かに」

道悦に窘《たしな》められ、道策は顔をしかめて黙りつつ、きつく春海を睨《にら》んでいる。

春海はちょっと首をすくめ、

「御城碁ののち出立いたしますゆえ、上覧碁の準備に時間がなく、代わりに安井家の棋譜を持参いたしました。なにとぞご容赦いただきたく……」

棋譜を記した紙を道悦へ差し出した。

その一手目を見た道悦、道策が、同じく目をみはった。

「この棋譜を上覧碁に用いるのですか？」

道悦が測るように訊いた。道悦も亡き師である算悦を通して、初手〝右辺星下〟について聞いていたらしい。棋譜は、勝負を行った者のどちらかが秘蔵とする権利を持つ。その秘蔵たる安井家の棋譜を、平然と公衆の前に晒《さら》す春海に対し、道悦は感心するというよりも呆《あき》れたような様子でいる。

だが春海はきっぱりとうなずき、

「はい。大切なお勤めに欠席せざるを得ず、代わりに私が出せるものの中で最良と思われるものを選ばせていただきました」

春海の目は道悦へ向けられているが、言葉の大半は、そばにいる道策へ向けられていた。それが道策にもわかったらしく、急に脱力したように下を向いてしまった。

「わかりました。謹んでお受けしましょう」

道悦が言った。春海は大いに安堵《あんど》した。明らかに碁打ち衆の職分を逸脱する春海の務めについて、他の碁打ちたちから疑問や反対意見が出る前に、本因坊家が率先して了承してくれたのである。またそうさせるため、秘蔵の棋譜まで持ち出したのだ。これで、北極出地に関しての、碁打ち衆への報告はほぼ終わった。

間近に迫った御城碁についての簡単な話し合いが行われた後、

「ところで、若い打ち手の中には、御城碁における真剣勝負を欲する者もおりますが」

ふいに道悦がそんなことを言った。一瞬、春海は自分が酒井に告げた、

〝退屈です〟

という言葉が、道悦に伝わったのかと内心ひやりとした。

「しかし上覧碁こそ御城碁の本髄と心得ます。将軍様御前で勝負を行うことの是非については、我々碁打ち衆の間でも、たびたび話し合われたこと。将軍様が今より碁に精《くわ》しくおなりになり、直接の勝負がご覧になりたいと仰せになるのでない限り、我々から御前で勝負を行いたいと申し上げるのは、特別な理由がない限りは慎むべきことでしょう」

うんぬん、と道悦が言葉を続けるほどに、そばの道策がうつむけた顔を悔しげに右へ左へ振る様子に、

（道策か）

どうやら師に、〝真剣勝負〟を訴えたのだということが知れた。

なんだか急に道策が哀れに思えた。なのにその上、道悦は、

「その点、安井家は、自ら秘蔵の棋譜を上覧碁に献ずるなど、御城碁の何たるかを、よくご理解しておられる」

わざわざ春海を誉めたりする。それでむしろ、道策が、春海を名指しで挑戦しようとしたのを道悦が厳しく戒めたらしい、という道悦の言葉の裏側まで察することができた。

御城碁の何たるかをよく理解しているからこそ〝飽き〟が骨髄にまで染みた春海としては、いやに後ろめたさを刺激された。道策の気持ちがよくわかる分、やるせない思いが、ひしひしと胃の腑《ふ》に降り積もるようだった。

道悦の、〝上覧碁こそ碁打ちの栄えの礎〟という、要するに現状を維持し続けるべし、という訓戒めいた言葉ののち、おのおの勤めのため席を離れた。道悦は日吉山王の宮司らとの碁会へ向かい、春海は道策とともに上覧碁の打合せのため別室へ移った。

道策自身が上覧碁を打つのではなく、師の道悦の代わりに、手順を確認するためである。それはそれで重要な仕事であり、いかに道悦が道策を信頼しているかがわかるというものだ。しかし道策本人には、いまだ上覧碁すら打つ資格がなかった。活躍の

場は皆無だった。

道策はひと言も口を利かず、部屋に移っても、春海とともに、神社の者が用意してくれた火鉢で黙って手を温《ぬく》めていたが、ふいに、

「安井家秘蔵の棋譜とはつゆ知らず、算哲様には、大変失礼を申し上げました」

むっつりと低い声で道策が言った。日頃、灼然《しゃくぜん》と輝くばかりの才気の持ち主であるだけに、その様子がいっそう哀れを誘った。

「いいんだよ。義兄も、相手がお前なら許すに決まってる」

うっかり励ますことも慰めることもできず、春海は、

「お前は、碁の申し子だ」

ただ優しくそう言った。

道策は、それには答えず、哀しそうに目を細めて火鉢の炭を見つめている。と思うと、

「……北極星というのは、それほど重要な星なのですか」

硬い声で訊いてきた。

「うん」

春海は部屋の碁盤に手を伸ばし、碁盤における九つの星のうち、中央の〝天元《てんげん》〟を指さして言った。

「北極星は、いわば天元だ。天でただ一つの不動の星で、人が星を読む上で、最も大きな手掛かりになる。別名を北辰《ほくしん》大帝。天帝化現《けげん》たる星で、〝天皇陛下〟とは、本来、この星に仕え、天意を賜り、地の民に告げることを意味する言葉だ」

「不動の、天元の星……」

道策がぼんやりと繰り返す。春海は、後ろめたさが自分を饒舌《じょうぜつ》にしていることを自覚したが、続けて言った。

「算盤《さんばん》による数理の中でも、未知の値を求める最も重要な術を、天元術というんだ。元《げん》の世の算術らしい。つい何年か前に知られるようになったばかりでね。もしかすると碁の天元と何か関わりがあるかもしれないね。天の〝元《はじめ》〟を知って解明しようというのは、なかなか含蓄のある言葉だと思わないか……」

「数理は数理。碁の打ち筋とは無縁でございましょう」

怒ったように道策が遮り、

「つまり、この星のせいで、算哲様はますます碁から離れるということですか」

「うん、まあ……」

あまりにその通りなので、なんとも返しようがない。

道策は、やたらと本気の顔で、

「この星が、憎うございます」

じっと〝天元〟に目を据えたまま、そんなことまで言った。刀の切っ先のような怖い思いをさせられる目だ。碁の勤めから逃げ出す春海を怨《うら》む言葉にも聞こえ、春海はちょっと途方に暮れた。目の前に、溢《あふ》れる才気を持ちながら自由に羽ばたくことを禁じられた十七歳の若者がいて、苦しみにもがいている。哀れで仕方なかったが、春海にはどうすることもできない。

「道策は、上覧碁が嫌いかい？」

せめて苦しみを和らげてやりたくて、そう訊いた。果たして道策は両肩を震わせて、

「大嫌いです」

今にも泣きだしそうな声で言い放った。

「研鑽《けんさん》をひたすらに積んで、将来なすべきことがあれかと思うと、情けのうございます」

師に聞かれれば烈火の如く叱責《しっせき》される物言いである。だが、自分もそうだ、と春海が共感してやろうとする前に、

「算哲様は、碁がお嫌いですか？」

いきなり真っ直ぐな目を向けられた。

「好きさ」

思わず微笑んだ。我ながら、けろっとした態度だった。実際、碁自体を嫌う気持ち

は抱いたことがない。数理算術が碁にも通じているのだという思いも嘘ではなかった。碁の世界は広い。ただ城の中は、それよりも遥《はる》かに狭かった。

「でしたら、なぜ……」

星などにうつつを抜かすのか、と言いたかったのだろうが、言いかけて道策はまたうつむいた。他ならぬ四老中の一人からの直々の下命などが降って湧いたからには、おいそれと否定もできない。かえって余計に道策を苦しめてしまったような気持ちになった。

「勝負がしとうございます」

振り絞るような声が、ぐすっと洟《はな》をすする音とともに部屋に響いた。

「できるさ」

間髪を容《い》れずにそう言ってやった。

「道悦様、私の義兄の算知の次は、お前と私だ。六番勝負だろうと六十番勝負だろうと、存分に将軍様にご覧になっていただこう」

「六十……？」

あまりに途方もない数に、道策が顔を上げ、にわかに噴き出した。

「何がおかしい？」

春海はあえて真面目くさった調子でいる。道策の笑いがどんどん大きくなっていった。泣いたカラスがもう笑う、と頭のどこかで思いながら、春海はほっとなった。ほっとなりながら、こんな単純な言葉にすら、たちまち感情が噴き出す道策の日頃の苦しみを察して、ますます可哀想になった。

「六番勝負でさえ、八年かかったのですよ、いったい何年かかれば六十番など……」

腹を抱えながら道策が言う。

「お互い、何十番目の勝負か忘れぬようにしないとな」

「将軍様も、いちいち覚えておいでにならないでしょう」

それでまた道策が大笑いした。将軍家ゆかりの大社で哄笑《こうしょう》など御法度《ごはっと》も良いところで、いつ誰が叱りに来るかわからなかったが、いつしか春海も一緒になって笑ってしまった。

ひとしきり笑いの発作が収まったところで、

「では、その日のために研鑽を積もう」

改めて棋譜と石を手に取った。道策もくすくす笑いながら倣った。

「安井家の棋譜に対し、憚《はばか》りながら申し上げますが……」

と道策は、棋譜にはない打ち筋を加えてはどうか、その方が将軍様にもわかりやすいのではないか、と積極的に石を打ちながら主張し、元気を取り戻した。春海は一つ一つの応手を確認しながら、おおむね道策の意見を採り入れて上覧碁の棋譜を完成させた。

棋譜自体はどうでも良かった。これでまた一つ仕事が済んだことが大事だった。春海の脳裏にはさっそく算術のあれこれが勝手に浮かび上がるのも知らず、

「星を見るお役目から、一日も早く戻られますよう、お待ち申し上げます」

道策は、幻の〝六十番勝負〟を、現実に待ち望むような笑顔でそう言った。

「うん」

うなずきながら、今や星にも碁にも心を傾注していないとは、さすがに口にできなかった。

ただ、石を片づけた後の碁盤の〝天元〟を見ながら、やはり設問は、暦術や星辰にかけたものにしようと心に決めた。

碁と出立、二つの公務の準備を整えながら、時間を作るための工夫に必死になった。一日も早く設問に取りかかりたいのを強いて我慢しながら、あちこち挨拶《あいさつ》回りを済ませ、諸事の段取りを済ませた。二日、三日、と日が過ぎていった。村瀬から借りた稿本を、安藤の分も書き写すという作業もあった。これほど忙しい目に遭うのは初めてだったが、ちょっとした雑務にも快い緊張を感じた。自分の人生が輝いているようにすら思えた。

まさにこれこそ己が欲した〝春の海辺〟であるのだ。そういう実感が日ごとに湧い

た。

設問を心に誓ってから七日目の晩、春海は自ら定めた期限通り、その問題の構想を固めた。

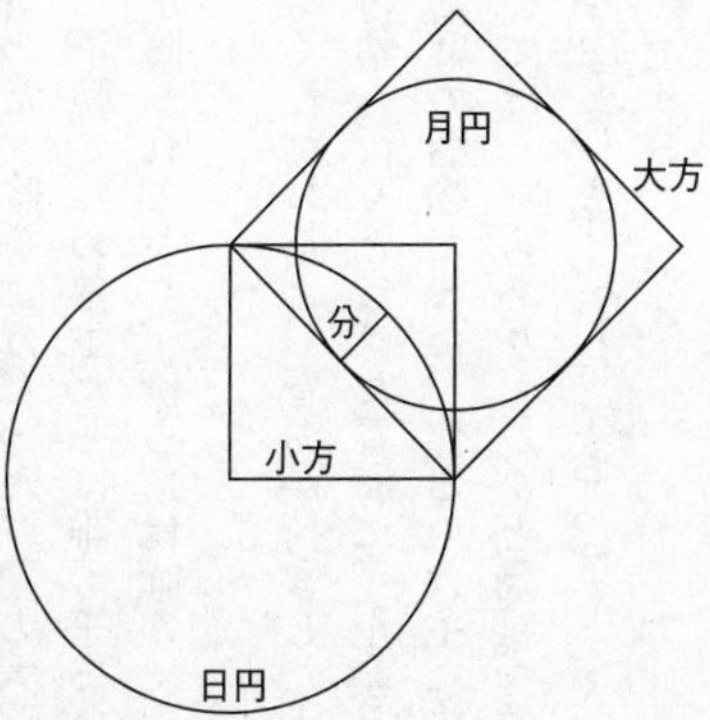

この図をもとに設問する。まさに全身全霊を尽くした問題となる。春海自身、そう信じ切っていた。

だがそうではなかった。

六

「怪問だな」

村瀬がまじろぎもせず言った。唸《うな》るようだった。塾の大部屋の長机を挟んで春海と向かい合って座っている。早朝のため塾生たちは誰も来ていない。長机には春海が作った問題が記された紙片が置かれており、傍らには謹んで返却された関孝和の稿本があった。

その他に、えんが淹《い》れてくれたお茶と、春海が持参した干し柿が並んでいる。

干し柿は、早朝から礒村塾へ行くと告げた春海に、土産として安藤がわざわざ持たせてくれたもので、会津藩邸の名物だった。作るのは主に中間《ちゅうげん》たちだが、藩士なら誰でも干し柿の作り方については一家言あり、長々と講釈をぶってみせる。

その干し柿に、まだ村瀬も春海も手を付けておらず、えんだけが、やけに神妙な顔で、

「美味《おい》しいですね、これ」

さっそく二つほど食べてしまった。

藩士なら、ぷっと勢いよく柿の種を手のひらに吐きだしてみせるところだが、えんは、そっと口もとを手で覆いながら種を出し、行儀良く皿に置く。その仕草に春海は

見とれた。

「俺の分も残しておけよ、えん」

言いつつ、村瀬は、じっと問題を見つめたままでいる。

「なら召し上がったらどうです」

呆《あき》れたような様子で三つ目を手に取りながら、えんも、春海の問題を覗《のぞ》き込んだ。

『今有如図　日月円及方蝕交《しよつこう》　方面七分ノ三十寸　方内容月円　問日月蝕ノ分』

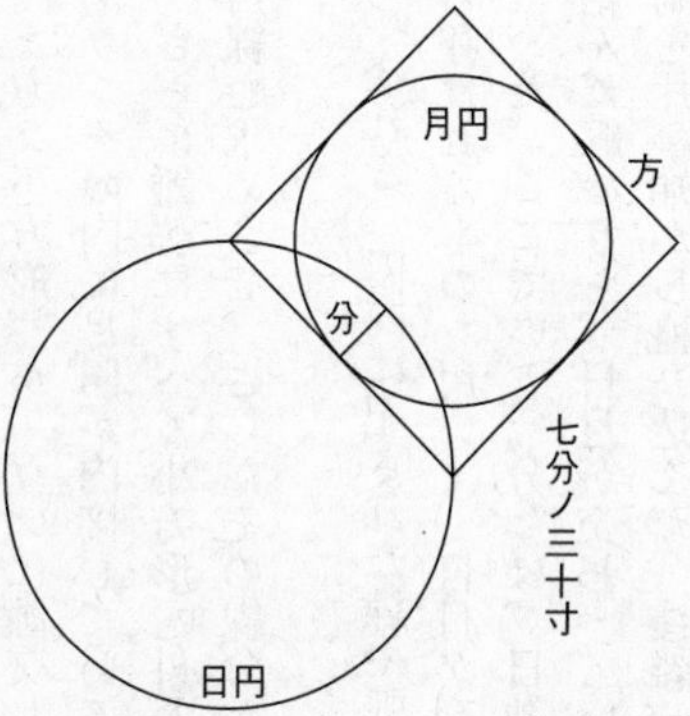

『今、図の如く、日月の円と方（正方形）が、互いに蝕交している。方の面（一辺）の長さは七分の三十寸であり、その内に月円が内接している。分の長さを問う』

最初に構想した図から、さらに難解にすべく小方形を外していた。

正方形の辺の比から対角線を求めさせ、さらにその線分から日円の直径を求めさせる。

そして、〝円弦の術〟と呼ばれる、円内に記された線や弧の長さを求める手法のうち、主に〝径矢弦の法〟と呼ばれるものを用いて、日月が交わっている箇所の〝分〟を求めさせるというものだった。ここでいう〝分〟は、日蝕や月蝕の程度を表す言葉で、日月の円の中心点を結んだ線のうち、日月が交わっている部分の幅を示している。

とにかく春海の知る算術を片っ端から盛り込んだ、複雑一辺倒の、まさに〝怪問〟だった。

その分、全てを出し切ったと春海自身が己に対し断言できた。何より、〝七分の三十寸〟という数字に、あの金王八幡での感動が強く込められている。

さらには〝蝕〟という、天文において、最も衆目を集める現象を主題としていた。

「良《い》いだろう」

やがて村瀬が顔を上げ、

「こいつをこの塾で貼り出すことを許可しよう。ただし、他の者も解答に挑む。構わないかい、渋川さん？」

村瀬自身も解答に挑まんとする気を大いに込めて訊《き》いてきた。

「はい。かたじけのうございます」

真剣な目つきでそう返し、深々と頭を下げた。

本音を言えば関孝和のみに対する設問だったが、こうして塾の一隅を借りる以上、仕方なかった。何より、そう簡単に解ける問題ではないという自信がある。もし関孝和以前に、村瀬や他の者に解かれてしまうようなら、そのときはそれまでである。というより、そんなことはもはや考えに入っていない。もしもの場合を想定していられるようなゆとりはなかった。であれば関孝和の住居を訪ねて出題すればいい、という考えはない。あくまで互いに面識のない状態に意味があった。勝負の後でなら幾らでも親しくなって構わない。いや、むしろ相手が許すのなら、すぐにも親交を持ちたい。だが今はまだそうすべきではなかった。

「名を記しても構いませんか？」

春海は律儀に訊いた。

「もちろんだ」

村瀬から筆記具を渡され、春海は、まず設問の前に、『関孝和殿』と黒々と書いた。

「そっちの名か」

村瀬が苦笑した。えんも目を丸くしている。二人とも春海が自分の名を記すと思っていたらしい。

「名指しですか」

えんが心配顔になる。村瀬は肩をすくめ、

「まあ関さんも嫌がりはせんだろうよ。問題がそこにあればいいという人だからな。で……自分の名は？」

「では、お言葉に甘えて」

などと言いながら『渋川春海』の名を末尾にしっかりと記した。

「さて、こいつは玄関に貼っておくが、関さん以外の者にも解答を許すということは俺が書かせてもらう。出題はこいつだけかい？」

「同じ問題を、金王八幡に奉納させて頂くつもりです」

そう言って、既に問題を記した絵馬を出してみせた。碁会の帰りに日吉山王で買っておいた絵馬板である。江戸の神社であれば、奉納料さえ払えば絵馬板自体はどこで買っても、そうそう文句は言われない。

「絵馬まで用意したのですか」

えんが感心するというより、呆れるような、叱るような調子で言う。

「よっぽど本気なんだなあ、渋川さん」

村瀬が面白がるように微笑み、

「金王へは、えんと一緒に行くといい」

春海とえんが、同時にびっくりして顔を見合わせた。

「えんさんと？」

「なぜ私が？」

「一緒に行けば奉納料をまけてくれる。ところで渋川さん、あんた独り身だったね？」

恬然《てんぜん》とそんなことを言う村瀬に、春海はただきょとんとなった。

「はい……まあ」

「村瀬さん？」

えんも不審そうに眉《まゆ》をひそめている。だが村瀬は勝手に話を進めて、

「えんも金王の宮司にはだいぶお世話になっているんだ、何か包んで行くといい」

立ち上がり、荒木家の本邸へ行ってしまった。

「なぜ私が？」

えんが同じ質問を繰り返して春海を睨《にら》んだ。

「私が頼んだわけでは……」

春海はなぜか小さくなりながら抗弁している。

「塾生でもないのに、そこまで親切にしなくても良いでしょうに」

ずけずけとえんが言う。まったくもってその通りで、春海は何も言えずにいる。

「だいたい、なぜなのです？」

「……なぜ？」

「なぜ、あなたはここまでするのですか？」

そのとき春海の目に、一瞬、えんの顔に道策の顔が重なって見えた。道策だけではない。碁打ち衆の誰もが首を傾げて春海を見ていた。義兄の算知も、城の茶坊主衆も、老中酒井も、誰も彼も春海の行動を疑問視している気がした。

「私は、算術に救われたんだ」

素直に言った。それ以外の答えが見つからなかった。

「だから、恩返しがしたい。算術と、素晴らしいものを見せて下さった方の、両方に」

そうしようと思えばいつでも、金王八幡で見た絵馬が、『七分ノ三十寸』という答えが、脳裏に鮮やかに甦《よみがえ》った。その記憶が、いつか色あせるなどとはとても信じられない。

「出題が、恩返し……ですか」

どうもしっくりこない、というように、えんが宙を見て呟《つぶや》く。

すぐに村瀬が、本邸から菓子の包みを持って来て、えんに渡した。

えんは、ぶつぶつ文句を言いながらも、春海の奉納に付き合ってくれた。

神社まで徒歩で行った。春海は駕籠《かご》で行こうとしたが、

「贅沢《ぜいたく》です」

えんに断固却下された。刀の重さでふらふらしながら辿《たど》り着くと、神社の宮司に、

「こんな季節に絵馬ですか?」

ひと月後には灰になるのに、と不思議そうな顔をされた。しかも二刀を腰に帯びた者が、女連れで神社に来るということ自体が珍奇だった。絵馬を奉納するとき、えんが並んで拝んでくれた。お陰で、境内に居合わせた近所の者たちから、侍が女連れで神様に祈っている、と珍妙なものを見るような目を向けられた。だが春海は素直に嬉《うれ》しかった。

自分の絵馬が、他の算額絵馬とともに並ぶのを見て、かつてないほど心晴れやかな思いを味わった。やるだけのことをやった後の日本晴れたる心持ちである。

だが、それも長くはもたなかった。やがて暗雲がたれ込め、ついには霹靂《へきれき》となって春海を打ちのめすことになった。

塾に設問を託してのちは、打って変わって日が経つことが待ち望まれた。いや、待

ち焦がれたと言っていい。村瀬からは、関は大抵月の半ばと末に、塾を訪れると聞いていた。四日か五日は待った方が良かった。あるいは誰かが、麻布の塾に、名指しの設問があると噂すれば、関も興味を持って足を運んでくれるのではないか。そんなことを、やきもき考えるのが一日ごとに辛《つら》くなってきて、多忙さで気を紛らわすことを求めた。

碁会に出席し、道悦と上覧碁の最後の打合せを念入りに行った。

ところで本因坊道悦は大の甘党で、打合せのときは必ず菓子がそばにある。一時期、金平糖《こんぺいとう》ばかり食べるので、金平の読みを変えて〝きんぴら師匠〟などと渾《あだ》名《な》されたこともあった。打合せに干し柿を持参したところ、大いに喜ばれた。

出立の日が決まった。

御城碁の勤めを終えて二日後の十二月朔日《ついたち》である。積雪が心配される十二月中旬より前に江戸を出るとのことだった。観測隊の中心人物たちへの挨拶《あいさつ》回りもつつがなく終わった。

出題してから四日後の昼、春海は麻布の塾へ向かった。御城碁は翌日から始まる。その日、解答がなければ、設問は春海が帰還するまで最低丸一年、貼り出されっ放しになる。

荒木邸の手前で駕籠を降り、念入りに二刀を差し直した。いざ向かおうとして足がすくみそうになる自分をごまかすための身繕いだった。しっかり帯を締め直し、相変わらず刀の重さでやや左へ傾きながらも、意気軒昂《けんこう》を装って大股《おおまた》で進んだ。春海も、荒木邸に入ると、塾へ出入りする門下の者たちから挨拶された。

「ごきげんよう」

鼻息荒く返し、ずんずんと塾へ向かっている。自分の足音が異様に大きく耳に響いた。心臓が早鐘を打って今にも肺腑《はいふ》を押し分け喉《のど》から体外へ転がり出そうな気分だった。開きっ放しの玄関戸をくぐると、大勢の者の履き物が並んでいる。塾内は静かで、どうやら村瀬による講義が行われているらしい。門下の者たちがいそいそと玄関を上がって奥へ向かうのをよそに、春海はじっとその場に仁王立ちになったまま動かない。というか動けない。すぐ右手の壁に、自分の設問が貼り出されている。それがわかっている。果たして解答はあるのか。さっさと確かめればいいのに、振り向くのが怖くて振り向けない。

「もしもしッ」

いきなり背後から声をかけられ、びくっとなった。反射的に振り返りかけ、咄嗟《とっさ》に視界にそれが入った。互いに重なり合った、二つの円。己が献《ささ》げた〝怪問〟と、その余白が、はっきり目に映った。設問の隣には、『門下一同解答ス可《べ》シ』うんぬんの文字が村瀬の名とともに付箋《ふせん》に書かれて貼られている。関孝和より前に、誰か答えてしまえ、と言わんばかりである。

だが、解答は無かった。

余白に誰も何も書き残していない。一つの答えとてなかった。たちまち息もつけないほどの苦しみに襲われ、顔中が歪《ゆが》んだ。脱力してその場にひざまずいてしまいそうだった。やはり期限が切迫しすぎていたのだろうか。関孝和は来なかったのだ。そう信じた。御城碁の翌日にもまた来られるが、それで解答がなければ、次は丸一年後のことになる。

哀しい気持ちを通り越して、恨みがましい思いでいっぱいになって余白を見つめた。

よくよく見ると、余白の一隅に、〝,〟と〝一〟という墨の跡があった。

誰かが答えを記そうとして躊躇《ためら》った跡だろう。塾生の誰かが中途半端に挑もうとしたに違いない。そう思うと、なんだか怒りが込み上げてきたが、かえってその自分勝手な怒りを自覚したせいで余計に落ちこんだ。

がっくり肩を落としながら、先ほど声をかけてきた相手を振り返った。

えんが箒《ほうき》を持って立っていた。今度は逆さまにではなく、ちゃんと普通に持っている。どこか申し訳なさそうな、なんと言葉を継げばいいか惑う顔で、こう言った。

「あの……関さん、来ました」

春海は力なく笑って、

「……うん、そうか」

うなだれかけ、遅れて何を言われたのかに気づいた。はたと真顔になり、

「来た⁉」

「はい」

「来た……？　では、なぜ解答が……」

「書こうとされていました」

えんは困ったような顔で、右手を箒から離すと、そっと春海の設問を指さした。

「そこに、何かを……。ですが、すぐに書くのをやめてしまわれました」

春海は再び設問の余白へ目を向けた。先ほどの半端な墨の跡を食い入るように見つめた。ここに何かを書こうとした。この変な記号だかなんだかわからない何かを。あの関孝和が。だがしかし途中で書くのをやめた。

「な、なぜ？」

すがるように訊《き》いた。

「さあ……」

えんはますます困り顔になっている。

「そ……そんな馬鹿な。途中で解答をやめるなんて。いったい何があったんだ？」

「あの……これは村瀬さんがおっしゃっていたのですが……」

「な、なんだ。なんと言っていた？」

「解けなかったのではないでしょうか」

ぽかんとなった。解けなかった？　関孝和が？　あの稿本を記した〝解答さん〟が？　一瞥《いちべつ》即解の士が？　脳裏でぐるぐる言葉が巡るが口から出てこない。

関孝和が解けない。そんなことは考えてもみなかった。そのことに快哉《かいさい》の声を上げるべきか、愕然《がくぜん》となるべきかまったく判断がつかずにいた。本来なら出題した自分としては、何者も解けずにいることを勝ち誇るべきであろう。事実、遺題の中には何年も解答されないものだってあるではないか。そう思おうともしたが、しかし、どうしても納得がいかない。ならばなぜ、中途半端に何かを記そうとしたのか。途中で答えが間違っていることに気づいたからか。一瞥で難問を解く男に、そんなことがありうるのか。

「あえて解かなかったのか……？　私が門下の者ではないから……」

「そのようなことは、ないと思います」

妙にきっぱりとえんが言った。だが春海には他に理由が思いつかない。

「関さんは……」

さらに何かを言おうとするえんを、首を振って遮った。

「いや、いい。いいんだ。きっと私には資格がなかった。そういうことだろう」

それ以上、他の可能性を考えるのが辛くて咄嗟に言った。危うく涙声になりかけた。

「お願いがある。私が江戸に帰ってくるまで、これをこのままにしておいてもらえないだろうか？　誰かが解いてくれるかもしれないから……」

あるいは関の気が変わって解答してくれるかもしれない。そういう思いが声ににじみ出ているのが自分でもわかった。なんだか未練がましいし、みっともなかったが、そう頼みでもしないとやりきれなかった。

「帰ってくるまでというのは……」

「来年か……その次の年まで」

えんが目を丸くした。

「どこか遠くへ行かれるのですか？」

そう言えば出立については何も教えていなかった。というか、そもそも老中から仰せつけられた公務をそうそう誰かに話すわけにもいかず、

「そうなんだ。頼むよ。頼む」

ただ伏し拝まんばかりに頼み込んだ。

「……村瀬さんにそうお伝えしておきます。お約束はしかねます。それで良《い》いですか」

というのが、えんなりの返答だった。こうして突っぱねられた方が気が軽くなるこ

ともあるのだな、と春海は他人事《ひとごと》のように思った。

「うん、ありがとう。よろしく頼みます」

頭を下げると、逃げるように塾を去った。虚脱した気分なのに足が勝手に速くなってゆくのを止められなかった。

七

茫然《ぼうぜん》となりながらも公務を無事に勤められたのは、一つに義兄の算知からの手紙に助けられてのことだった。安井家の棋譜を上覧碁に用いることについて、算知は、二代目安井算哲の意志を尊重してくれた。また、春海が、算術や暦術に没頭しながらも、碁の勤めをおろそかにしていないことを、〃まさに勤勉〃という感じで誉めていた。

老中から命じられた新たな務めについても喜んでいた。その全てが身に染みた。

情けない思いでいっぱいになりながらも、自分に鞭打《むちう》つようにお勤めを全うした。

家綱様も珍しく、老中たちに、あの手がどう、この打ち筋がどうと精《くわ》しく評されたりしていた。古参の家臣たちは揃って若い将軍様が自ら意見を述べられるのを嬉《うれ》しく思っているようだった。そんな風に、始終、和やかな調子でお勤めが済んだ。

その後で、碁打ち衆がささやかながら春海の公務出立を激励する場を設けてくれた。

まさか市井の私塾に心残りがあるなどとは言えず、春海はただにこにこと笑顔を作ってみなに感謝した。頑張って微笑みすぎたため目尻《めじり》が引きつって痛かった。

消耗し尽くして会津藩藩邸に戻り、日が落ちた暗い庭で、日時計の柱を見つめながら、なぜなんだろうと、ぼんやり考えた。なぜ関孝和は最後まで答えを書いてくれなかったのだろう。いっそ関孝和を訪ねて真意を質《ただ》したかった。だがそれをしては何かが失われてしまう気がした。怖くてとてもそんなことはできなかった。疲れ切っていたせいもあって頭がしっかりと働かず、ただ無性にやるせなさで心が沈んでいると、

「ここにいましたか、渋川殿」

安藤がやって来て、いかにも結果を知りたくて待ち構えていたというように、

「いかがでしたか、例の問題の方は」

と訊いてきた。

途端に春海の中で、どっと音を立てて何かが崩れた。息を継ぐのももどかしいくらい早口で結果を述べ、自分の思いを述べ、こんな気持ちのまま旅に出るのかと思うと情けなくて仕方がないことを切々と述べた。涙こそ見せなかったが、ほとんど泣きつくように喋《しゃべ》った。

安藤はくそ寒い夜の庭先で、じっと腕組みして立ったまま、事の次第を律儀に聞いている。そうしながら、目だけが何やら思慮深げに宙を見つめ、日時計を見つめ、そ

して春海を見つめた。かと思うと、

「私も、渋川殿の考案された問題を解こうとしてみました」

何かの前置きのように、ゆっくりと重々しく告げた。

「は、はい……いかがでしたか」

「解けません」

まるで断定だった。

「そうですか……」

春海はただうなだれている。安藤はさらに、

「一つお訊きしても良いでしょうか、渋川殿」

「はあ……なんなりと」

「あの設問、術から組み立てましたか？　それとも図から組み立て答えとしましたか？」

「両方からですが……」

ふーむ、と安藤は唸《うな》った。どうも、ただ難問ゆえに解けない、という態度ではない。

ふいに春海は不安が棘《とげ》となって内側から刺すような感覚に襲われた。

最初は小さな棘だったが、むつかしげに唸る安藤を見るうちに、絶え間ない棘波《きょくは》とでもいうべきものになっていった。急に周囲の寒さが迫って体が震えた。いや、愕然

となるあまり、心が恐怖で凍りつきそうになった。

「ま……まさか……安藤殿……。わ、私の設問は……」

安藤はうなずいた。春海を慌てさせるのではなく、落ち着かせるための仕草だった。

「しかと断ずることはできませんが、もしかすると……」

最後まで聞くことができず、春海の足から力が抜けてその場にひざまずいてしまった。

「まずはひと晩の熟考が肝要かと思います。それから明日、もう一度、塾をお訪ねになるのがよろしいでしょう。出立前に多忙とはいえ、心残りは取り除くべきかと思われます」

安藤はそう繰り返して、夜の闇の中、麻布へ走り出してしまいかねない春海を宥《なだ》めた。

春海は悪寒でもするように、わなわな震えながら自室に戻っている。そろばんと算《さん》盤《ばん》をそれぞれ並べ、自分が組み立てた設問の写しを広げたが、薄暗い灯《あか》りの下で見ようとして、猛烈な吐き気に襲われて呻《うめ》いた。もう少しで本当に吐いてしまいそうだった。

とても直視できず、耐えかねて眠ることにした。本当にそうすることしかできなかった。

翌朝、春海は跳ね起きた。明け六つの鐘の音がどこからか聞こえてくる。慌てて身支度を整えながら、これから断罪を迎えるような思いが込み上げてきた。観念する気持ちが七とすると、自分の今の考えが正しいのであれば、是が非でもあの設問を塾の玄関から引き剝《は》がしてしまわねばならない、という思いが三十。そんな考えがよぎり、めまいと吐き気に襲われた。

提灯《ちょうちん》を持って庭に出て、ぎょっとなった。晴れ渡った空とは裏腹に、地上は一面、雪景色だった。いつの間に降ったのか。何もこんな日に降らなくても。邸《やしき》を出ながら、くるぶしまで積もった雪上を、刀を抱えて歩くという困難に、泣きそうになった。今ほど、馬鹿みたいに重たいだけの刀を怨《うら》んだことはなかった。駕籠《かご》を求めて急ぎながら、二刀とも堀に放り込んでしまおうか、という考えがしきりに起こる。うっかりそうしてしまいかねない自分に、我ながら怖くなったところで駕籠にありついた。

とにかく気が気ではなかった。麻布に着くなり駕籠を待たせず荒木邸へ走った。駕籠を待たせなかったのは、戻ってきたとき自分がどんな顔をしているかわからなかったからだ。

辺りは明るく、荒木邸の門は既に開いていた。刀を引きずるようにして門をくぐり、塾へ向かった。塾の戸は閉まっていたが、手をかけたらすんなり開いた。

朝の明かりが玄関の壁を照らし、その一角に貼られた己の設問が目に飛び込んできた。

よろよろ歩み寄った。設問の余白に、ぽつんと記された意味不明の記号があった。

いや、今やその意味は明白となって春海の意気をさんざんに打ち据え、挫《くじ》いていた。

無だ。〝ノ〟と〝一〟は、〝無〟という字を書こうとして止めた跡なのだ。

『無術』

関孝和はそう書こうとしたのだ。

術が存在しない。すなわち〝解答不能〟の意だった。

春海の構想では、正方形に蝕交する別の小さな正方形が日月円内部にあると想定することが解法の要《かなめ》となる。最初に思いついた図案である。すると、小さな正方形の辺は、大きな正方形の辺と比をなしつつ日円の半径となるはずだった。だがこの図案を想定したとしても、小さな正方形の辺が日円の半径となるには条件が足らないのだ。必ず自分の想定通りになるはずだという勝手な思い込みが、致命的な欠陥を生んだ。

〝術から組み立てましたか？　それとも図から組み立て答えとしましたか？〟

安藤の言葉が雷鳴のように脳裏に響いた。思いついた図案に固執し、ただ難解にしたくていじり回したせいだった。それがはっきりわかった。関にもそれがわかったのだ。春海と違って、一瞥《いちべつ》して見抜いた。それで『無術』と記そうとしたが、そこで出題者である春海のことを慮《おもんぱか》った。算術遺題の中には、あえて解けない問題を出し、術が無いことを見抜かせるものもある。もし春海の設問がそのたぐいのものであるなら『無術』こそ『明察』となる。だがもし、春海が設問を間違えて、答えがあると信じて出題していたとしたら、塾の真《ま》っ只中《ただなか》で春海を嘲笑《ちょうしょう》することになる。だからあえて、〝無〟の最初の二画だけで書くのをやめた。それなら春海が意図して設問をしていた場合でも、誤っていた場合でも、春海に〝無術〟であることを、それとなく伝えられる。憎らしい心遣いだった。いっそ余白全部を使って、誤問であることを罵《ののし》って欲しいくらいだった。とともに、

〝術を解することうかつなる者は、すなわち算学の異端なり〟

あの稿本に記された関の言葉が、何もない余白に浮かび上がるように感じ取れた。術を解することなく設問してしまった。出題してしまった。衆目に晒《さら》し、あまつさえ神に献《ささ》げた。自分は算術を汚し、泥を塗った。〝七分の三十寸〟のもともとの設問を作った村瀬にも。見事に解答してみせた関にも。横から割り込んだ愚か者が泥を塗って何もかも台無しにしてしまった。何が勝負か。何が術理か。うかつなる者。まさに異端だった。望まれもせずにしゃしゃり出た愚者だった。

「ううおお、あああ……」

背骨がひしゃげるような呻き声が湧いた。

設問を記した紙を引っぺがし、くしゃくしゃに丸めて己の胸に両手で押しつけた。そうしながらも、次にどうすればいいかわからない。一刻も早くこの場を立ち去り、こんな愚かな設問など存在しなかったことにしたかった。なのに氷のように冷たい玄関先に膝《ひざ》をつき、剝がした分だけ空白となった壁の一点を見つめたまま、動けなくなってしまった。

腹を切ろう。いきなりそう思った。今ならやれる。〝一文字〟だろうが〝十文字〟だろうが〝米の字〟だろうが、ばっさばさに己《おの》が腹を切りまくって死ねる。

丸めた紙を左手に握りながら、右手だけで脇差しを鞘《さや》から引っこ抜こうとした。むろん普通は鯉口《こいぐち》を切ってから抜く。鞘を引っ張っただけで刀が抜けたら危なくて仕方ない。

だが咄嗟《とっさ》に思いつかなかった。刀まで自分を嘲笑《あざわら》っていると思った。格闘の末に、やっともぎ取るようにして刀を抜き、勢い余って横倒しになった。片方の耳に、冷たい地べたに横っ面を打ちつける音が、もう片方の耳に、押し殺したような声が響いた。

「な……何をしているのですか、あなたは」

えんがいた。最後に見た箒《ほうき》が、またもや逆さに握られている。ちょっと怯《おび》えたような顔で、刀を抜いたまま地べたを這《は》う春海を見下ろしている。

「は……腹を切りたくて……」

とことん素直に春海は言った。たちまち、えんが血相を変え、

「誰が掃除をすると思っているのですッ」

無体に叱られて、ただでさえ泣き顔の春海の顔がさらに歪《ゆが》んだ。

「ほ、他に思いつかないんだ……」

握った刀の先をふらふらさせながらその場に正座し、啜《すす》り泣くような声で訴えた。

「やめて下さい。あなたの手では、きっと無理です。刺したまま動けなくなります」

いかにも武家の娘らしい言い分だった。実際、春海の腕力では、刃《やいば》を己の腹に突き入れることはできたとしても、肉を裂けるかどうかは非常に怪しい。

「今どき武士でも見事に切腹できる者は少ないと、父が言っておりました。ほら、早くしまって下さい。こんなところを父に見つかったら喜んで介錯《かいしゃく》すると言い出しかねませんから。腹を切る前に、首を落とされますよっ」

いつの間にか箒を本来の持ち方に戻しながら、えんが言う。すっかり脅されて悄然《しょうぜん》となった春海は、唇を嚙《か》みながら、刃を見つめた。確かに無理だと思った。もたもた鞘に納めようとしたが切っ先がずれて、鞘を握る左手の親指と人差し指の間を突き刺した。

「あ、痛《い》ったあ」

刺したと言っても血も出ていない。なのに腹を切りたがった者とは思えぬ狼狽《うろた》え方

で左手を振り、握りしめていた紙を放り出してしまった。

「なんです、これは？」

「い、いや、それは……」

「危ないッ。早く刀を納めてッ」

「う、うん……」

刀をやっと納める間に、落ちた紙を拾われ、目の前で広げられてしまった。

「あなたが作った設問ではありませんか。ご自身で剝《は》がしたのですか？」

「うん……」

「いったいどうしたのです」

「間違いだった」

「え？」

「何もかも間違いだった。設問しようなどと考えたことが間違いだった」

地べたに座ったまま、なぜ関が解答しなかったのか一気に説明した。えんも〝病題〟という言葉は知っていたようだが、具体的に術の何が矛盾しているのかは理解できないようだった。

「間違っていたのでしたら、修業し直し、その上でまた設問されたら良いではないですか」

けろりと返された。全身全霊をかけての勝負だったのだと主張したところで同じことを言われそうだった。

「わ……私にその資格があるだろうか」

「もとからありません。門下にも入っていないのですから」

ずけずけと容赦のないことを言われた。

「なのに村瀬さんが出題を許したのは、あなたに見込みがあると思ってのことでしょう。お陰で私まで付き合わされたのですよ」

「そ……そうだ。あの絵馬も処分しなければ……」

「いったん献げた品を、処分とはなんですか。焼き浄《きよ》められるまで衆目に晒し、臥薪《がしん》嘗胆《しょうたん》してはどうなのですッ」

「う……、しかし……」

すっかり悄《しょ》げる一方の春海に、ふと、えんが調子を落とし、なぜか溜《た》め息をついて、

「特別に打ち明けます。私も、いつか、設問できたら、などと思っていました」

春海はぽかんとなった。

「設問？　それは……関殿に？」

「はい」

何が悪いというように睨《にら》まれた。

「ですが、あなたの問題を前にしたときの関さんのお顔を見て、その気がなくなりました」

「顔……？」

「関さん、笑っていました。あなたのこの設問を見て、嬉《うれ》しそうでした」

そう言って、なんとえんが微笑んだ。あの金王八幡で出くわして以来、春海に向かってえんが浮かべた初めての微笑みだった。その微笑みと言葉の両方に、春海は呆然《ぼうぜん》となった。

「笑っていた……？」

咄嗟に、関が誤問を嘲笑したのかと思われた。だが嬉しそうとはどういうことか。

「私、尋ねました。何を笑っているのですか、と」

えんがしゃがみ込み、目線を春海に合わせ、なんだかちょっと淋《さび》しそうな笑い方で、

「そうしたら関さん、今まで見た問題の中で、一番、好きだな、と仰《おっしゃ》いました」

そう告げた。春海は馬鹿みたいに口を開いたままでいたが、

「好き……？　なぜ？　どこが？」

「御本人にお訊《き》き下さい」

急にむっとなって返された。

「合わせる顔が……」

そう言いかけ、えんに睨まれて黙った。足が凍りつきそうなほど冷たかった。自分が小さく無意味な存在になってゆくような気がした。これ以上何も訊かず、ただ消えていなくなってしまいたかった。ところがその思いに決然と反抗する感情がにわかに込み上げ、我ながらびっくりした。そもそも無為無用の存在としてこの塾を訪れたのである。今さら気に病んで何になるのか。何よりたった今えんから聞かされた言葉の全てが気になって仕方ない。自分が出した誤問の何が関を笑わせたのか。知る方法は一つしかない。そのための旅の一年だと思おう。えんが言うように修業し直すのだ。初心に戻り、術を解することとうかつなる己を見つめ直そう。

心のどこかで、今泣いたカラスがもう笑う、という言葉がよぎるのを覚えながら、

「い……一年だ」

一転して奮然と言った。

「頼む。一年、待ってくれ」

「私がですか？」

「うん。必ずもう一度、設問する。必ずだ。この塾に……あそこの壁に貼らせてもらう」

「別に、私が待つ必要は、ないではないですか」

えんに真顔で否定されたが、春海は構わず、

「頼む、証人になってくれ。お願いだ。頼むよ」

かき口説くように言った。えんは困ったように春海を見ていたが、やがて、

「一年ですよ」

渋々といった様子で、

「ただし、そのときまで、これはお預かりしておきます」

意地悪そうに、春海が引っぺがして丸めた設問の紙を掲げてみせた。

「う……」

呻《うめ》いたが、こちらも渋々と、

「よろしくお願いします」

頭を下げて礼を述べ、勢いよく立ち上がった。すっかり悴《かじか》んでいた膝《ひざ》が変な音を立てた。よろめきながらも真っ直ぐ外へ向かい、ふと振り返って、

「ところで……なぜ君は、設問する気がなくなったんだ？」

「存じません」

きっとなって返された。

「地べたで腹を切るなんて、今度からよそでして下さい」

「うん。すまなかった」

真面目にうなずき、

「色々ありがとう。では御免」

もう一度だけ頭を下げ、早足で門を出て行った。

「一年ですからね。それ以上は待ちませんから」

なおも念を押すえんの背後から、

「楽しみな人だ、渋川さんは」

ぬっと村瀬が現れ、えんを跳び上がらせた。

「起きていたのですか？」

「あれだけ騒がれたら、そりゃ起きもする。きっと邸《やしき》のみんなに聞こえたな」

そう言って、村瀬はしげしげとえんを見つめ、それから春海が残した足跡を見やった。

「お前、あの人のところへ嫁に行くか？」

えんはびっくりした顔で目をしばたたかせ、それから、思いきり噴き出した。

「変な冗談ばかりお上手なんですから、村瀬さんは」

村瀬は何も言わず肩をすくめている。

真っ白な雪の上を、春海は身の置き場がないような、力ない様子で進んでいる。

見上げた青空がひどく遠く、そればかりか、ぼんやりとにじんで見えた。

〝勝負がしとうございます〟

道策の身を切るような声が甦《よみがえ》った。

「私もだ、道策」

白い息を吐き、ぐすっと洟《はな》をすすって、

「私も、そうなんだ」

泣きながら、冷え切って感覚の薄れた足を、意地のように、前へ前へと運んだ。

その先に、遥《はる》かに巨大な勝負が待ち受けているとも知らず、二十三歳の春海は、ただ己自身をもてあましながら、澄み渡った穹天《きゅうてん》の下を、悄然《しょうぜん》とさまようように歩いていった。

第三章　北極出地

一

旅の全てが幸福だった。とにかく楽しくて楽しくて仕方なかった。

寛文元年の十二月朔日《ついたち》。

礒村塾で己のしくじりに打ちのめされた春海は、明け六つの前に旅装をまとい、死《し》出《で》の旅路にでも赴かされるかのような陰気で力のない足取りで会津藩邸を出発している。

実際、このときはまだ亡霊と化してこの世をさまよっているような気分だった。心にまったく支えがなく、張り切るすべとてない。恥と自責の念に苛《さいな》まれ、目の下に黒々とくまを作り、顔は憔悴《しょうすい》で青ざめている。そのせいで邸《やしき》の門番たちから変に心配された。ときたま身を持ち崩した藩士が、このときの春海のような様子で邸を出て行き、そのまま脱藩して行方が知れなくなることがあるからだ。

春海は、自分の口がなんと門番に返事をしているのかもろくに意識がないまま邸を後にし、提灯《ちょうちん》をぶらんぶらん揺らしながら歩いていった。

目的地は永代島《えいたいじま》にある〝深川の八幡《はちまん》様〟こと富岡《とみがおか》八幡宮である。徳川将軍家は源氏の氏神《うじがみ》たる八幡大神を崇拝しており、中でも相模《さがみ》発祥のこの神宮は江戸最大の規模を誇る。公務によって長旅に赴く者たちは大抵ここで加護を祈念した。

春海がふらふら境内にやって来たとき、北極出地のために編制された観測隊の大半が既に到着していた。中でも二人の老人たちが、隊の規範たらんとするように神宮の前で微動だにせず直立し、じっと隊員の集合を見守っている。

一方は名を建部《たけべ》昌明《まさあき》といった。この観測隊の隊長を任じられた老人で、齢《よわい》なんと六十二。

徳川将軍家に筆書をもって仕える右筆《ゆうひつ》の家系にあり、れっきとした旗本である。御書道伝内《でんない》流の祖たる建部伝内を祖父に持ち、その筆蹟《ひっせき》を受け継ぐ一方で、算術および天文暦学に長じているとの評判であった。この観測の全計画を緻密《ちみつ》に組み立て、事業の成否の全責任を負っていた。やや細面の顔は、いかにもしかつめらしく、遅参する者がいれば当たり前のように置き去りにして出発しそうな厳格さを滲《にじ》ませている。

他方は、名を伊藤《いとう》重孝《しげたか》という。隊の副長に任じられ、齢は五十七。

綺麗《きれい》に剃髪《ていはつ》し、なかなか瀟洒《しょうしゃ》な僧形をしている。だが実際のところ僧ではなく御典医だった。毎朝、将軍様が御髪番《おぐしばん》に髪を結わせている間、袖《そで》の中で脈を取って診察をする医師たちの一人である。中でも伊藤は、将軍様が起床してのち歯を磨くための房《ふさ》楊枝《ようじ》と歯磨き粉を用意するというお役目の責任者であるという。将軍様が、毎朝、最初に口に入れるものを用意するのだから、どれほど伊藤が城中で信頼されているかがわかる。医術の他に、算術と占術に優れ、この観測隊に自ら志願したらしい。ふくふくとした血色の良い顔に、この旅を心から楽しみにしているのだという微笑をたたえていた。

二人ともとっくに隠居をしていてもおかしくない年齢である。その二人が、長期にわたり日本の五畿《ごき》七道を巡り歩く観測隊の隊長格として働こうというのだから驚きだった。春海はこの二人の補佐として任命されており、二人が命じる物事はなんであれ記録する役目にあった。

それにしてもおかしな取り合わせだなと、春海は二人に挨拶《あいさつ》を述べながら思う。城に出仕する者の多くが、複数の職務を同時に担当する〝兼任〟が普通である。とはいえ北極星の観測のために、書道家と医師、それに碁打ちである自分がともに赴くのだから、実にちぐはぐだった。つまりそれほど、江戸に限らず日本全国で、天文の術というものが一つの職分としてまったく成り立っていない証拠でもあった。

ほどなくして全隊員が揃った。

春海たちの他に、下役たち、竿取《さおとり》と呼ばれる中間《ちゅうげん》たちに、様々な観測道具を運ぶ従者たちがおり、実に総勢十四名の一隊が、ぞろぞろと社殿に移動し、出発の儀式に参加した。

筆頭である建部が、今回のお役目の成就祈願の書、そして金子《きんす》を恭しく奉納した。宮司が隊に加護あることを祈り、また隊員一人一人が、道中の安全と事業成就を祈念して、御神酒《おみき》を頂戴《ちょうだい》している。春海は、今の亡霊気分の自分が御神酒などを飲んだら祓《はら》われて消えてなくなってしまうのではないかとけっこう本気で思った。いや、いっそのこと消えてなくなって欲しかった。だが実際に飲み干しても、酒で胃の腑《ふ》がほんのり温まっただけだった。

建部が一同に出発を宣言し、十四名が神宮を出て、雪でぬかるむ道を歩き始めた。まず東海道を進み、小田原《おだわら》を目指す。幕府の御用飛脚は、三日で江戸から京都までを走り継ぐが、むろん観測隊一行がそんな速度で進みはしない。だがそれでも消耗した春海にはけっこうな速度に感じられた。正直、こんな速さで進むのかと面食らった。原因は、建部と伊藤の健脚にあった。二人とも普段の移動は駕籠《かご》が基本のはずであるのに、すたすたと年齢をまったく感じさせない足取りで進んでゆく。

駕籠も後ろからついてくるが中は空だった。これは病人怪我人が出た場合、最寄りの宿へ運ぶための用意である。駕籠の後ろには途中途中の道で交代して随伴する医師がいた。

一行は規則正しい歩調で進んだ。日に五里から七里を歩き通すことが前提の旅である。

春海もそれはわかっていたし、自分自身も毎年、京都と江戸を往復する身である。それでも心身に気魄《きはく》の欠けた春海には苦役そのものの行進だった。

腰の二刀のうち、太刀は中間の一人に預け、脇差しだけでいられたのがせめてもの救いである。いつしか日が昇り、雪を融《と》かしていっそう道がぬかるんだ。何度も後ろの駕籠に乗せてくれと懇願したくなったが、そう口にした時点でこのお役目を失ってしまう。何しろ進むためではなく、病人怪我人を戻らせるための駕籠なのだ。しかしだからこそ口にしたい誘惑もあった。

こんなに力の入らない心の状態で、こんなにもしんどいお役目に就かされるとはなんと運がないのか。自暴自棄になって思いきり駄々をこねたい気分で歩き続けた。それでも集団で一糸乱れず進むというのはある種の強制力とともに昂揚《こうよう》をもたらすものである。春海はだんだん何も考えられなくなり、いつしか忘我の心持ちで行進していた。誤問を衆目に晒《さら》し、なおかつ神に献《ささ》げたという痛恨の思いがときおり飛来してはさんざんに胸を突き抉《えぐ》ったが、歩き続けるうちにそれも麻痺《まひ》してくるようだった。昼過ぎに軽食を摂《と》るため、建部からいったんの停止が命じられたときは、このまま延々どこまでも歩いていたい気分になっていた。

建部と伊藤は口数少なで、食事のときもひと言ふた言かわし、あとは下役に指示を出すだけで、会話らしい会話がない。それが春海には救いだった。頭脳の大半が停止しており、目は茫洋《ぼうよう》と泳ぎ、観測隊の面々とそこらの木々すら区別をしていないような状態では、ろくな会話ができるわけがない。建部と伊藤が互いに紙に何かの数値をしたためているのを見たが、なんの意味があるのだろうとは一切疑問に思わなかった。

一行はすぐに出発し、夕暮れどきまで黙々と進み続けた。

暗くなる前に、先行していた下役の者が戻ってきて、宿営地の場所を建部に告げた。それからしばらくして村役人がやって来て、建部と宿営の用意について話し合った。

観測隊が訪れる土地には先触れが出され、幕府の今回の事業を援《たす》けるため、各藩と村々が、昼夜を問わず伝書を書き写して道中の各宿営地へと派遣される。

まがりなりにも幕命を受けての行動であるので、村役人の他、町奉行の者や、藩が派遣した附き廻《まわ》り役もやって来て、ともに宿営地へ随伴した。

そこに到着した春海は、これから戦でも起こるのかと呆気《あっけ》にとられた。宿営地としてふさわしいとみなされるための第一条件は、すぐそばに、天体観測のため見晴らしの良い土地があることである。そして春海が到着したときには既に、その土地の周囲に、藩の幔幕《まんまく》が張り巡らされ、かがり火が焚《た》かれ、藩士が見廻りを行っていた。

これは各藩に公務であることを知らしめるためであり、また基本的に公務は秘するという趣旨によった。その第一の目的は、隊員の安全確保である。夜中の観測が基本であることから、備えを万全にする。確かにこれでは間違っても山賊のたぐいは寄ってこない。

なんだか春海は自分と最も縁遠いはずの軍事の真《ま》っ只中《ただなか》に放り込まれたような心細さに襲われながら、観測の準備を手伝った。

中間たちが距離を測るための間縄《けんなわ》を張り巡らせ、一尺鎖をじゃらじゃら鳴らしながら観測器具の設置場所に見当をつける。また従者たちがそれぞれ特異な道具を携え、準備にあたる。

後世、彎窠《わんか》羅針と呼ばれることになる、羅針盤を杖《つえ》の先につけ、あらゆる傾斜面でも正確に方角を測れるよう工夫した道具を複数用いて、方角誤差を修正する。十間ごとに梵天《ぼんてん》と呼ばれる紙切れを何枚もつけた竹竿を目印に立てる。小象限儀《しょうげんぎ》という、円を四分の一にした、四半円形の測定具で値を出し、割円対数表という勾配《こうばい》を平面に置き換えるための算術表に照らし合わせ、勾配による誤差を修正する。どれもが、呆然《ぼうぜん》と眠っていたような春海の心をうっすらと刺激した。黙々と集団で行進していたときとはまた違う昂揚をかすかに感じた。

その昂揚が急激に盛り上がったのは、二つのきわめて大がかりな木製器具が組み上げられたときだった。村役人たちの手を借りて、まず南北を結ぶ子午線を正確に割り出すための、子午線儀が設置された。二本の木の柱が立てられ、間に正確な角度を保つよう工夫された紐《ひも》が張り渡される。星が南北線にさしかかるときの正中を観測するためだけに、家でも建てるかのような巨大な木材がそびえ立つのである。天測のことなど何も知らず、公務なので手伝っているだけの村役人や藩士たちですら、組み上がったときには、その異様な道具に驚きの声を上げた。

そしてその様子に、春海の中で昂揚が湧いた。出発のときに飲んだ御神酒の何倍も胃の腑が温まり、また熱くなるような感覚だった。

さらに子午線儀によって割り出された線上に、春海の背丈の三倍はあろうかという柱が立った。その柱に、これまた春海が左右に両腕を伸ばしても、とても届かないような、巨大な四半円形をした、大象限儀が設置された。

まさに人が天を測り、星に手を伸ばそうとするための道具としてふさわしい威容だった。

春海が学んできたものよりも遥《はる》かに豊かな算術の結晶である。これに比べれば、春海が会津藩邸でこしらえた日時計など児戯に等しい。星を見ると同時に目盛りを読むため、最小限の灯《あか》りを設置する工夫など、夜中観測のためのあらゆる創意が施されていて、春海の目も心も完全に奪った。傍目《はため》には、巨大で無骨で出来損ないの歯車のようにしか見えないその道具が、いかに美しい算術の積み重ねの上に成り立っているかがわかった。思わず設置を手伝うふりをしながら、あちこち撫《な》でたり覗《のぞ》き込んだりするうち、

「安井さん、安井算哲さん」

ふいに背後から呼ばれて振り返った。伊藤が子午線儀の下で、建部とともに座って、春海に手招きをしていた。地面には緋色《ひいろ》の毛氈《もうせん》が敷かれ、火鉢が置かれ、また二人とも手灯りを持っている。幔幕にかがり火、異様な道具に緋毛氈、その真っ只中に鎮座する二人の老人の姿に、なんだか異世界の、わくわくするような楽しい場所に住まう仙人を見た気分がした。

「は……いかがなさいましたか」

記録をつけるための帳簿を持って早足で近寄ると、厳《いか》めしい顔の建部に紙片を渡された。

「我らの後ろに控えておれ。またこれらの値を、天測値と対照し、記帳せよ」

「は……」

何だろうと思って紙片を見た。

『三十二度十二分二十秒　建部』とあり、また『三十五度十分三十一秒　伊藤』とあ

った。

北極出地の値であろうとすぐに見当がついたが、いったいいつの間に観測したのか。二人の頭上にある子午線儀に、小型の象限儀でもついているのかと考えたが、そんなものはどこにもない。代わりに二人の傍らに、それぞれ、使い込んだそろばんが置いてあることに気づいた。これから星を観測するというのに、なぜそろばんなのか疑問に思ったが、

「早く早く。じきに日が落ちます」

伊藤が、にこにこして急《せ》かすので、二人の後ろに回り、緋毛氈の上に行儀良く正座した。それから今しがた渡された値を記した。

建部と伊藤はあぐらをかいて手灯りを持ち、じっと空を見つめている。

「いよいよですな」

「いよいよですぞ」

建部がしかつめらしい声で、伊藤が実に嬉《うれ》しげに言った。

「まことに長かった」

「長かったですなあ」

どうやらこの二人、この事業を成り立たせるためによほどの努力をしたらしい。それが声の調子から伝わってきた。かと思うと、

「星だ！」

「星だ！」

いきなり二人揃って大声を出し、春海をぎょっとさせた。

確かにうっすら星がまたたいている。そして中天に北極星が見えた。

「天測の開始である！　象限儀を整えて読め！」

建部が、びっくりするような大声で告げた。

中間《ちゅうげん》たちが三人、巨大な四半円形の測定器具を念入りに調整し、代わる代わる星を覗いた。

三人がそれぞれ値を見出《みいだ》し、それらが一致せねば測り直しとなる。決して平らではない地面で、巨大な道具を操作し、精密な測定を行おうとするのだから何かと大変な作業だった。

しかしさすがは観測隊隊長たる建部によって選ばれた者たちである。中でも、平助《へいすけ》という名の、〝無愛想〟を絵に描いたような中間がいて、彼がほとんど中心となって作業を進めた。

この平助、言葉が喋《しゃべ》れないのではないかと春海が勘違いしたほど、何を言っても、

「ん」

としか返事をしない。無礼も良いところだが、その分、与えられた役目は人一倍の

根気を発揮して黙々とやり通すので、長いこと建部家で重宝がられているのだそうだ。

このときも平助が無言のままてきぱきと手振り身振りで指示し、実に巧みに天測を行った。ろくに喋らない平助に従って作業を進める他の者たちの手腕もなかなかのもので、彼らの技量のお陰で、たいていは一回で値が一致し、このときもすぐに値が出た。

一人が紙片に値を記し、それを渡された平助が、足早にやって来て、

「ん」

と建部に渡し、

「むぐ……」

建部が変な唸《うな》り声を発した。

「ほっほほ」

伊藤がほくほく笑った。

春海は二人の後ろから紙片を覗き見た。

『三十五度十八分四十四秒』

と、あった。

「ほらほら安井さん、記して記して。私の値を見て下さい。度はぴったりですよ、ほら」

伊藤がはしゃぎにはしゃいだ様子で言ってくるのへ、春海はただ目を白黒させている。

「ええい！　悔しい悔しい！」

にわかに建部が喚《わめ》いた。なんと手灯りを持たぬ空いた方の手で拳《こぶし》を握り、宙でぐるぐる振り回した。これが出発のときは謹厳そのものの顔でいた男かと、春海は我が目を疑った。

「値を三度もの幅で誤るとは。いっそ己《おの》が身を海に投げ込みたい思いじゃ」

天測における一分の違いは、地上においては半里もの差となる。三度の違いとなればここから遥か南の海の真《ま》っ只中《ただなか》に等しいゆえの建部の言葉だった。それが春海にもわかった。だが次の言葉は、春海の思案の枠すら遥かに超えた。

「なんとしたものか……どこかで歩測を大幅に誤ったに違いない」

「歩測？」

思わず春海は口にした。すなわち歩数を数えることである。いったいどこからか。

咄嗟《とっさ》に混乱したが、答えは一つしかない。

「まさか……江戸からでございますか？」

「うむ」

「はい」

当然だろうと言うように建部と伊藤にうなずかれ、春海は愕然《がくぜん》となった。建部だけでなく伊藤までもが、江戸からここまで己の歩数を延々と数え歩いてきたというのである。

いったいなんのためか。二人の傍らに置かれたそろばんの意味がやっとわかった。

「お……お二人様は、歩測と算術で、北極出地を予測しておられたのですか？」

「うん」

「うん」

当然というより無邪気きわまりない返答が来た。

しわくちゃの顔をしただけで実はまったく歳を取っていない二人の少年が目の前にいるかのように錯覚され、春海は、なぜかぶるっと身が震えた。体内の嫌な陰の気がどっと体外に放出されて、新たな気が入ってくるようだった。まさに息吹だった。心から祓《はら》われ浄《きよ》められるということを生まれて初めて実感した。この二人にわけもわからぬままそうさせられた。

「さて、出来る限り星を測らねば」

悔しさを紛らすように膝《ひざ》を叩《たた》きつつ、建部は、中間たちに恒星の天測を命じた。不動の北極星を測るだけでなく、種々の惑星や星座を測ることで、天測の値をより正確にする。なんとも入念な測定だった。

「星座ですが、二十七宿、二十八宿、いずれを用いますか……」

伊藤が思案げに呟《つぶや》き、春海を見て、

「どう思われますか、安井さん」

「は……二十八宿の方が、暦日算出において誤謬《ごびゅう》が少ないように思われます」

すると建部もうなずき、

「二十七は三と九でしか割れぬが、二十八は二でも四でも七でも割れるゆえ天測に良い」

と言うので、春海はそのように記帳した。そこへ伊藤が平然と驚くべきことを言った。

「そうそう、次は安井さんもおやりなさいな」

「は……？　やるとは……」

「算術で、次なる北極出地を予測せよ」

建部が無造作に命じた。春海は文字通り仰天しかけた。

「し……しかし……私の術はきわめて未熟で……」

今の今まで薄らいでいた恥の苦痛が甦《よみがえ》った。あの愚かな誤問を衆目に晒《さら》した自分が
……という否定的な思いで胸がいっぱいになり泣きたくなったが、

「何を申すか。こんなもの、まぐれがなくては、そうそう当たるものか」

建部があっさり言った。

「そうそう。途方もなく難しゅうございますからな。とても的中させる自信は私にもありません。度数をぴったり当てられたのは実に嬉しいことで」

伊藤が、ほほほ、と笑って建部を見やる。建部は、ふん、と勢いよく鼻を鳴らし、

「この地、かの一点の緯度は明白。明日からは道中の測量も行うゆえ精度も増そう。遠慮は無用だ安井算哲。お主の術式で、この医師殿を打ち負かして良いぞ」

「さてさて簡単にゆきますかな。私はこの右筆《ゆうひつ》様より三度も精確でございましたゆえ」

「むむ……次を見ておれよ伊藤殿。度数は自明。分の的中こそ勝負の要《かなめ》であろう」

「ええ、ええ、楽しみですとも。ねえ、安井さん？」

春海は慌ててかぶりを振った。

「し、しかし、私では、術式でも答えでも誤りを犯すだけで……」

「それは良い。全霊を尽くして誤答を出すがいい」

「そうですそうです。遠慮なく外して下さい」

建部と伊藤が次々に言った。どちらも稚気と言っていいような陽気さを発散しており、春海はそれにあっさり呑《の》み込まれた。寒い冬の日に火鉢を抱いたような温かさを感じた。

と同時に困り果てた。いったいいつ術式を組み立てればいいのか。歩きながら考案しろというのか。そう思いながらも、次々に報告される天測の結果を記帳するうち、頭の一部は、こうすれば良いとか、あの術式を応用してはどうかとか、しきりにささやき始めていた。

次々に移動する星を精確に測るという難儀な仕事を、建部も伊藤も根気よく、またいかにも活気づかせるようにみなに命じていたが、

「やれやれ……明日またできると思えなくなるのが老いというものか」

そう呟き、建部は、最初の天測の終了を告げた。寝食を惜しんで仕事をするというより、子供が遊び足らずに夜更かしをしている自分を反省するような言い方だった。

春海は用意された宿へ行き、夢も見ずにばったり眠った。とにかく疲れ切っていた。

はっと気づけば翌日の五つどきだった。

起きてすぐに旅装をまとい、荷を整え、みなと食事を摂《と》り、次の目的地まで延々と歩く。

これがあと何百日も続くのだ。そう思っても、それを苦痛と感じない自分がいた。

ただ単に歩き続けることで恥の苦悩を忘れられるという以上の、何かがあった。

建部が言った通り、中間《ちゅうげん》たちが率いる別の隊によって道中の距離を測定しながら移動が行われた。それでも建部も伊藤も、ほとんど喋《しゃべ》らず、黙々と歩いている。地道に

歩数を数えているのは明らかだった。その歩みを二人の背後で見つめながら、突然、昨夜のようにぶるっと身が震えた。震えが膚《はだ》にいつまでも残るようだった。しばらく歩き続けてやっと、それが単純でいて底深い感動のさざなみであることを悟った。

その翌日、二度目の天測が行われた。

前回と同じように藩の幔幕《まんまく》が張り巡らされ、土地の役人の手助けを得つつ観測器具の組み立てが行われた。そして建部と伊藤が緋《ひ》毛氈《もうせん》の上に火鉢を抱いて座り、

「これ、安井算哲」

「こちらへいらっしゃいな安井さん」

二人して手招くのだから逃げようがない。しかも自分たちが数値を記した紙は見せず、まず春海のものから見ようとしている。春海はなぜその手の中に己が出した解答があるのか不思議でならなかった。頭が勝手に術式を組み立てたとしか思えない。だが紛れもなく己の考察による解答であった。観測の準備中、どうせ建部に命じられるのがわかっているので、恥の苦しみを我慢してそろばんを弾《はじ》き、数値を紙片に記していた。それでも完全な自信喪失の中にある春海にとって解答を他者に見せることは苦痛以外の何ものでもない。

建部も伊藤もそんな春海の思いは知らぬ顔で、

『三十五度八分四十五秒』

という、春海が差し出した紙片と自分の答えを見比べ、うむ、ふむ、とうなずき、

『三十五度四分七秒』

という建部の答えと、

『三十五度十分十二秒』

という伊藤の答えを、春海の答えと一緒に緋毛氈の上に並べ、後は子供が菓子をねだるような目で空を見上げ、星が現れるのをひたすら待っている。春海はその二人の後ろに座って、火鉢の中でぱちぱち小さな音を立てている熾火《おきび》を暗い顔で見ていた。

「星だ！」

「星だ！」

二人がほとんど同時に叫び、春海はびくっとなった。

「天測を開始せよ！」

建部が意気軒昂《けんこう》そのものの様子で命じた。いったいどうしてこんなに元気なんだろう。春海はちょっと疎ましく思った。手順通り、平助を筆頭に三人の中間たちが数値を確かめ合った。地面が傾斜しているせいで何度か入念な修正と確認が必要だった。それから数値が記された紙片が建部の手に渡された。はっと建部が息を呑む気配が伝わってきた。伊藤が横から建部の手元を覗《のぞ》き込み、すーっと大きく息を吸い込んだ。妙な間があってから、今まで水面下に沈んでいたとでもいうかのように、ぶはーっと

勢いよく変な音を立てて息を吐いた。

そうしていきなり建部と伊藤が、春海を振り返った。双方の目は怖いくらいに見開かれ、驚異的なほどの輝きを発して春海を見つめた。春海はその激しい眼差《まなざ》しに射竦《いすく》められて言葉もない。この二人が犬か何かのように嚙《か》みついてくるのではないかと本気で心配した。

「い……いかがなさいましたか」

気圧《けお》されながら訊《き》いた。建部と伊藤は無言。かと思うと建部が手にしたものをすっと掲げ、伊藤がご丁寧に手灯《てあか》りでそれを照らした。

『三十五度八分四十五秒』

今しがた中間が報告した天測の結果である。これがどうかしたのかと疑問に思いながら見た。

完全に一拍遅れて、

「――へっ？」

春海の口から素《す》っ頓狂《とんきよう》な驚嘆の声が湧いた。

「なんたる〝明察〟!!」

建部が、値が記された紙片をぴしゃりと毛氈に叩《たた》きつけて喚《わめ》いた。

「的中でございますぞ！　的中でございますぞ！」

伊藤が興奮もあらわに叫んだ。

「あの……」

春海が何か言い返す間もなく、建部と伊藤が立ち上がり、やんややんやの大喝采《かっさい》を上げていた。みなびっくりして二人の様子を遠巻きに眺めている。声を聞きつけた見《み》廻《まわ》りの藩士たちがすっ飛んできたが、小躍りしている建部と伊藤の姿に呆《あき》れ顔になった。

春海はただ呆然《ぼうぜん》とその場に座り込んでいる。とても二人のように立ち上がって喜ぼうという気力が湧かない。それどころか体の力が抜けてそのまま横倒しになりそうだった。

目の前に、完全に一致した数字が二つ並んでいる。

『三十五度八分四十五秒』――己の解答と、天の解答と。その二つが。信じられなかった。いったい何が起こったのか。いや、なぜ起こったのかと問いたかった。突き詰めれば、これはただの偶然に過ぎない。距離の測定と、春海の術式と計算が、そこまで完璧《かんぺき》であるはずはない。必ず多少の誤差は出るし、だからこそ誤差修正の法が何重にも用意されている。だいたい後で観測するものを事前に算出したからといって何が得られるわけでもない。だが、ただの偶然という以上の意味があるのだと思えてならなかった。今何かとてつもなく素晴らしいものを天から受け取ったのだという巨大な思いが、己の身の外から、頭上から降ってくるようだった。

それは建部も伊藤も同じらしく、むしろ春海よりもこの〝明察〟に喜びを見出《みいだ》した様子で、建部など手灯りを握ったまま、北極星に向かって万歳を繰り返し唱えている。かと思うと、二人しておそろしく歓喜に満ちた興奮の声を春海に降り注がせた。

「そなた、星の申し子か⁉」

「いかなる神のご加護でございますか⁉」

「いえ……私は……」

「そなたこそこの事業の守護者ぞ！」

「あの、まさか私が……」

「よくぞよくぞこの旅にご同行下さった！」

「な、なぜ、私などの答えが……」

「なんとも嬉《うれ》しいな、安井算哲！」

「あの……」

「なんて嬉しいんでしょう安井さん！」

「は……」

息が詰まった。鼻の奥でかっと熱が生じた。御神酒《おみき》よりも天測器具を見たときよりも遥《はる》かに激しいその熱が身中に伝わり、たちまち目頭が熱くなって視界が曇った。

「はい……」

弱々しい声で言った。そのくせ己が喜色満面たる笑みを浮かべているのがわかった。

「途方もなく嬉しゅうございます……」

建部と伊藤が、やたらと甲高い、喝采なのだか呵々《かか》大笑なのだかわからぬ、とにかく大きな声を天に向かって放った。

天に響動《とよ》もすその声を心地好《よ》く聞きながら春海はごしごし涙を拭《ぬぐ》って星空を見た。

前回の天測でも見たはずのもの、この世に生まれてから何度見たか知れないものだ。なのにそのときの夜空の広大さ、星々の美しさに思わず息を呑《の》んでいた。これほどのものを、毎夜、目にすることが出来ながら、なぜ苦悩というものがこの世にあるのだろう。そう思ってとことん不思議な気持ちになると同時に、脳裏に、からん、ころんと小さな板きれ同士がぶつかって立てる音が響いた。板きれは絵馬だった。金王八幡で触れた算額絵馬の群れだ。初めて〝関〟の名を知ったときの感動が、これまでになく鮮やかに甦《よみがえ》った。

〝私でも、良いのですか〟

関への設問を誓ったあの晩、稿本に向かって問うた思いが、再び熱く胸に湧いた。

一心に北極星を見つめた。まさに天元《てんげん》たるその星の加護があるのだと信じたかった。いつでもあるのだと。誰にでも。ただ空に目を向けさえすれば。

「この私でも……」

そろそろと息を吐きながら小声でささやいた。

星は答えない。決して拒みもしない。それは天地の始まりから宙《そら》にあって、ただ何者かによって解かれるのを待ち続ける、天意という名の設問であった。

二

完全な北極出地の的中は二度と起こらなかった。

ただその日から江戸に戻るまでの数百日間、春海は真実、旅によって生かされた。行く先々で息吹を得たし、細々とした出来事や何でもない風景にも人を生かす神気を感じることができた。連日連夜の天測と測量という、ひたすら歩き続け、ひたすら頭から足の爪先《つまさき》まで算術漬けとなり、ひたすら根気と労力を要求されるお役目それ自体は、確かに苦しかったが、それを放棄しようとは二度と思わなかった。というより放棄したいと思った記憶など気づけば綺麗《きれい》に消し飛んでいた。

春海たちは東海道を進み、浜松でいったん二隊に分かれて地理を測り誤差を出来る限り少なくする努力が行われた。建部と伊藤および春海が属する本隊はそのまま東海道を行き、一方の分隊は姫《ひめ》街道へ向かっている。普通〝姫街道〟といえば難所の少ない中山道《なかせんどう》のことだが、この場合は気賀《けが》街道のことで、御油《ごゆ》に出る道のりをいう。

浜名湖のほとりで天測を行い、それから途上で分隊と合流し、そして一同、正月明けに熱田《あつた》に至った。そこで改めて正月祝いをし、また草薙《くさなぎ》の剣《つるぎ》を御神体としていることで有名な熱田神宮本宮に参拝している。神器の加護によって道中の藪《やぶ》が払われ、事業成就となることを祈念してのことだが、また別の意味合いもあった。というのも建部の家には先祖代々、日本武尊《やまとたけるのみこと》を始祖とする系譜が受け継がれているのだそうで、建部にとってはまさしく祖先崇拝の地だったのである。観測隊はこの神宮に、建部自ら書き下ろしたこのたびの幕命と、幕府より支給された金子《きんす》および観測の道具の一部を奉納している。

この熱田神宮の境内にいるとき、春海は自分が無意識に何かを探して目をさまよわせていることにはたと気づいた。目的がなんなのかはすぐにわかった。算額絵馬が奉納されていないかと目が勝手に辺りを探っていたのである。と同時に、えんのことが思い出された。それも箒《ほうき》を振り下ろそうとする姿ではなく、初めて正面から見せたあの微笑だった。

残念ながらすぐさま天測の準備にかからねばならず、算額絵馬はないかと尋ねる余裕もなかったが、えんの微笑だけはいつまでも春海の脳裏に残った。しかしどうせ思い出すなら関孝和の名や、金王八幡で見た絵馬の群れであるべきなのではないかと、やや己の心に疑問を抱いたが、違和感はなかった。逆に心の中にえんの微笑みが鮮やかに浮かんだせいで、出発して以来ひと月余りもずるずる引き延ばしていたことにやっと踏ん切りがついた。

その晩、天測が曇天のせいで早めに終了してのち、春海はそれを開いた。

亡霊のような気分で出発したにもかかわらず旅支度の中にちゃんと入れておいた一冊の稿本。あの関孝和が記したものを己の手で書き写した、偉大な考察の塊に、再び真っ向から挑む気で読んだ。稿本を開いたときはそれこそ乗り越えたと思っても乗り越えられぬ〝誤問の恥〟に襲われ苦悶《くもん》の呻《うめ》きを漏らしたが、読むうちにその思いがどんどん彼方《かなた》へ消えていった。

熱田では曇天によって天測が大いに阻まれたものの、建部が根気よく観測を続けさせ、五日を費やして入念な観測結果を得ている。そして出発する頃には、天測後から眠るまでの時間に稿本の写しを熟読することが春海の日課となっていた。

一行は天測を行いながら伊勢湾沿いに進み、やがて山田に、すなわち伊勢に辿《たど》り着いている。当地で天測の準備を整え、一同揃って伊勢神宮を参拝した。

日本の神社の本宗であり、神階もない別格たる神宮で、その権威は誰しも大いに称《たた》えるところである。そのため加護を祈念するだけでなく、みな興味津々となって公然と観光が行われた。

内宮《ないくう》と呼ばれる皇大神宮《こうたいじんぐう》では天照大御神が、外宮《げくう》と呼ばれる豊受大神宮《とようけだいじんぐう》では豊受大神が祀《まつ》られている。それぞれ一日ずつ参宮し、諸々《もろもろ》の奉納が行われた。

その儀式においても参拝においても春海は心底からこの神宮の神気に心打たれた。

八百万《やおよろず》とはよくぞ言ったものだった。天地に神々はあまねく存在し、その気は陰陽の変転とともに千変万化しながらも常にこの世に漲《みなぎ》っている。捨てる神あれば拾う神あり、というが、その正しい意義は星の巡りであり神気の変転である。神気が衰えることとは古い殻を脱ぐ用意を整えるということであり、蛇が己の皮を脱いで新たに生まれ変わるのとまったく同じなのだ。それがこの旅において伊勢を訪れた春海の深い実感であった。

神道は、ゆるやかに、かつ絶対的に人生を肯定している。死すらも〝神になる〟などと言って否定しない。〝禊《みそ》ぎ〟の本意たる〝身を殺《そ》ぐ〟という言葉にすら、穢《けが》れを削《そ》ぎ落として浄《きよ》めるという意味はあれど、穢れを消滅させる、穢れたとみなされた者を社会の清浄を保つために滅ぼすといった意味合いはないと言っていい。否定すべきものを祓《はら》い、流し去る一方で、その権威を守るために何かを根絶やしにしようとはしない。

仏教が伝来したときでさえ、宗教的権威を巡って果てしなく激突し続ける、ということもなく、まるで底のない沼地のように相手を呑み込んでしまった。むろんそれでも権威を巡る争いは起こる。だがその争いもまた神道においてはゆるやかに肯定され、より大きな、〝巡り合わせ〟とでも言うような曖昧《あいまい》な偶然性のうちに包み込まれてしまう。

巨大な大衆社会を包含するに至り、その巨大さの分だけ強力な権威を保たねばならない状態に至った宗教の一つにしてはきわめて希有《けう》な信仰のあり方と言えよう。いったいどうしてそのような信仰が生まれるに至ったのか、春海はなんだか不思議な気持ちになった。

江戸の幕閣たち、京の公家《くげ》たち、寺院の僧たち、春海が知る権威者たちはみな、己自身の権威に命じられるかのようにして、その権威を保ち、拡張することに必死になっている。あるいは神道家たちもそういう面では同じかもしれない。だがしかし神道というもの自体を思うと、布教に血道を上げるというよりも、欲する者には自由にその権威を与えて使わせてやる宗教であるような気がした。あたかも天地の恵みそのままに。

などと考えながらも春海はそこでちょっとした競争に巻き込まれている。というのも、建部や伊藤はもとより観測隊の面々が、参宮を終えるなりみな先を争って伊勢神宮の大麻《たいま》を手に入れ、さらには奪い合うようにして今年の頒暦《はんれき》、つまり〝伊勢暦〟を購入したからだ。

春海も頒布所で頑張って手を伸ばし声を張り上げ、自分の分を買っている。

伊勢暦はもっぱら伊勢神宮の御師《おし》たちが頒布し、その権威、また日本全土に普及する知名度の高さから、伊勢特産の箸《はし》や櫛《くし》、金物や織物などにも増して重宝がられる一品だ。

その夕べは天測が予定されておらず、春海は割り当てられた宿部屋で、久々にごろごろしながら伊勢暦を娯楽に安穏としたひとときを過ごした。この頃の暦には難解な暦註《れきちゅう》は印刷されておらず、一日ごとに、細長い仮名文字でその日の吉凶などが大まかに記されている。

それにしても暦というものも実に不思議なしろものだ。日本全国、ほぼ同じものが出回っているにもかかわらず、自分が手にした瞬間、それは自分だけの時を刻み始めるのである。暦に記された諸事の注釈も、こうして眺めている自分にとってのみ意味があるものに思えてくる。

ふと表紙を見直し、手にしたものが寛文二年壬寅《みずのえとら》のものであることを確かめた。

今年が自分にとってどんな年であるかが、十干十二支という、ただそれだけで、なんとなく漠然と理解できる気がしてくる。あるいは託宣にも似た、日々の生き様の指標となる何かが降って湧くような思いがする。今自分が手にしているのが伊勢暦であることが余計にその実感を裏打ちした。

といぅより伊勢暦自体は江戸でも手に入るのだが、伊勢に参宮した上でいただくところに有り難さがあった。ちなみに江戸では幕府公認の〝三島暦〟が一般的で、これは伊豆《いず》国にある三島大社の河合《かわい》家が編暦しており、その起源は源頼朝にまで遡《さかのぼ》るという。かなり昔から版木を用いて刷られているため、版木による暦全般を指して三島暦と呼ぶ者もいるほどで、その権威は伊勢暦に勝るとも劣らない。

他方で、本来、頒暦は京都で発行されて各地に下されるものという考え方も根強く、その点では〝京暦〟がいまだ権威の筆頭であると言えた。幕閣でもときとして京暦と三島暦の僅《わず》かな相違がもとで、いずれを公式の暦日として扱うべきかで議論が起こるらしい。

特に〝大小月〟が、それぞれの暦でずれると大変だった。大の月とは三十日間の月のこと、小の月とは二十九日間の月のことで、十二ヶ月いずれの月が大か小かを割り当てるのである。

これがずれると、あちらの暦では朔日《ついたち》なのに、こちらの暦では晦日《みそか》であるといったことになり、公式の祭礼から年貢の取り立て、商人たちの月々の支払いやら貸付利息やらが、ずいぶんと混乱する。そうならないためにも幕府は強いて三島暦を公認とし、他の暦を用いない場合が多いのだという。

そうかと思うと、そうした高い知名度を誇る暦の他にも、各地でそれぞれ幕府の許しを得て頒暦を作り、売買する神社や商家もある。いずれも創意工夫に富んだものが多く、またのちには暦から略暦を作成し、その裏表に、薬屋だの花屋だのの宣伝を盛り込む代わり、各店舗から一定額の金を集める、ということまで行われる有り様だった。

暦日や祭日、大小月の統一という点からすれば、取り締まられてもおかしくないことだが、人々がその土地土地で編まれる暦を求める限り、消えてなくなることはなかった。

つまるところ暦とは、絶対的な必需品であると同時に、それ以上のものとして、毎年決まった季節に、人々の間に広まる〝何か〟なのであろう。

それはまず単純に言って、娯楽だった。文字が読めない者も、絵暦を通して楽しむことが出来る。それどころか、今年の大小月の並びが絵の中に隠されており、謎解きのようにして読まねばならない頒暦もあった。そういう遊びが成り立つほどの万人共通の品なのである。

さらにそれは教養でもあった。信仰の結晶でもあった。吉凶の列挙であり、様々な日取りの選択基準だった。それは万人の生活を映す鏡であり、尺度であり、天体の運行という巨大な事象がもたらしてくれる、〝昨日が今日へ、今日が明日へ、ずっと続いてゆく〟という、人間にとってなくてはならない確信の賜物《たまもの》だった。

そしてそれゆえに、頒暦は発行する者にとっての権威だった。

最後の一つを思いついた途端、春海は普段の行儀の良さはどこへやら、灯《あか》りの周辺でごろごろ寝返りをうつとともに、ふいに不遜《ふそん》とも言える方向へ思考が転がっていくのを覚えた。

もしかすると暦とは、一つに、人々が世の権威の所在を知るすべなのかもしれない。江戸や京や伊勢といった世の権威を、公然と、またひそかに比較しうる道具なのである。

どの権威がより権威的であるかを、あたかも人々が自由に議論することで、決定しうるというように。いや、実際のところ暦を発行し、人々がそれを正しいものとして受け止めることによって、様々な権威の大部分が成り立っているのではないか。

なんだか急に不安になって春海は身を起こした。畳の上に暦を置き、やや後ずさってから、腕組みして眺めた。今の自分の思考には、妙に剣呑《けんのん》なものがふくまれているような気がする。いや、実際それはとてつもなく剣呑であるように思えてならない。おいそれと口にしてはいけないものだという確信があった。いったい何がそこまで剣呑だというのか。思わず首を傾げると同時に、突然ひやっと背筋が寒くなった。

権威の所在――つまり人々は、徳川幕府というものを絶対的なものとして崇めているわけではないのではないか。帝《みかど》のおわす京、神々の坐《いま》す神宮、仏を尊崇する寺院、畿七道に配置された藩体制。人々が自由に権威を選ぶ余地はいたるところに残されており、しかもそうした余地は、決して誰にも埋めることのできないものなのではないだろうか。

徳川家に碁打ちとして仕え、優れた幕閣の面々を知り、十重二十重《とえはたえ》に巡らされる江戸安泰の治世を見聞きし、泰山のごとき江戸城の威容を日々感ずる春海にとっては驚くべき思考だった。

と同時に、毎年、単に京と江戸を往復するのみならず、神宮や公家たち、寺院の僧たちと広い交流を持つ春海だからこそ、自然と考えつくことでもあった。

しばらく春海は凝然と暦を見つめ、

「やれやれ……」

やおら脱力し、肺の中の空気がすっかり入れ替わるくらい深々と溜《た》め息をついた。めでたい正月明けの参宮の後で、何を馬鹿馬鹿しいことを自分は考えているのか。急に自分が途方もない怠け者に思えてきた。要するに、江戸を出発して以来、久々にゆっくりすることができたものだから、こんな益体《やくたい》もない思案がずるずる心身から湧いてくるのであろう。

そう気を取り直して、暦ではなく例の稿本を取り出した。算盤《さんばん》を広げ、算木《さんぎ》を傍らに置き、関孝和の超人的とも称すべき算術の数々に没頭することにした。そうしながら、えんの微笑みが自然と思い出された。誤問を臥薪嘗胆《がしんしょうたん》して修業し直せという彼女のもっともな意見に、ようやく己の心が応じようとしているのがわかった。この旅のどこかで、必ず自分は再度の設問に挑戦するという、決意とも予感ともつかぬ思いが湧いたとき、

「急げ急げ！」

部屋の外から建部の声が聞こえ、

「灯りがありませぬ、建部様。灯りがなくては、この老いぼれの目では記せませぬ」

伊藤の声が続き、

「おのれしまった」

ばたばたという足音がいったん遠ざかったかと思うと、さらに勢いを増して戻ってきた。

春海は稿本を手に立ち上がって戸を開け、

「いかがなさいましたか――」

部屋の前を猛然と走り行く建部と伊藤の、

「月じゃ！　安井算哲！　月じゃ！」

「欠けております！　欠けております！」

という喚《わめ》き声に、春海はぽかんとなり、ついで慌てて部屋に戻って手灯りを握った。

それから一方の手に稿本を持ったまま、既に庭へ走っている二人の後を、火が消えないよう気をつけながら大急ぎで追った。中間《ちゅうげん》たちが何事かと顔を出したとき、春海は二人の後ろに立ってしっかりそれを見ていた。

星ではない。月だった。それもただの月ではなく、

「四分半！」

と建部が大声で告げ、伊藤が記そうとするのを、咄嗟《とっさ》に手の稿本と灯りを手渡し、春海が代わってその数値と形状を書きとめながらも、ありありと眺めることができたほどの、見事な月蝕《げっしょく》であった。

三人ともしばらくじっと月蝕を観察し続けた。雲が流れて来て月を隠しかけたときは三人同時に言葉にならぬ呻《うめ》き声を零《こぼ》した。雲がゆるゆると月から離れて流されてゆく間にも、月影から欠けた部分が逸《そ》れてゆき、やがて元に戻って皓々《こうこう》とした姿を取り戻した。

はあーっと三人揃って詰めていた息を吐いた。

「そなたら戻って良いぞ」

建部が、平助ら中間たちを追い返しつつ、両脇に抱えていた書物をひと束にして、片っ端からめくってゆき、

「二分以上の蝕を予期したものは皆無」

「なんとまあ」

伊藤が低い声で呟《つぶや》きつつこちらを見てうなずいたので、春海はその建部の言葉も記した。

それから遅れて、建部が手にした書物が各地の頒暦《はんれき》であることを理解した。

手に入れたばかりの伊勢暦はもとより、三島暦に京暦、薩摩《さつま》暦に会津暦、旅の途上で買い求めたとおぼしき、春海の見知らぬけばけばしい装丁の頒暦もあった。

かと思うと最後の一冊は建部自身の稿本で、それを開きながら神妙な顔つきになり、

「……やはり、日がずれつつある。いや、既に遅れておると見て間違いなかろう」

伊藤もますます声を低め、

「遅れること一日を超えましょうか」

「いや、二日に及ぶやもしれん」

「なんと……」

伊藤が息を呑《の》み、建部は今にも恐るべき天変地異が襲ってくるかのような眼差《まなざ》しで天を仰いでいる。春海は意味がわからず、どこまで記したらよいやら帳簿と筆を持ったままぽつねんと立っていたが、

「暦がずれている？」

いきなり何かの天啓が閃《ひらめ》いたかのように勝手に口がその言葉を発していた。しかも

それは決して素晴らしいものではなかった。春海はふいに先ほど馬鹿馬鹿しいと自分で一笑に付した、あの怖い考えが、断片的に、また脈絡もなく湧き起こるのを感じた。

果たして春海と同じような怖さを抱いているのかどうか、建部と伊藤がぱっと振り向き、

「しぃーっ」

と二人息を揃えて、声の大きさを咎《とが》められてしまった。

「は……も、申し訳ありません」

春海も咄嗟に声を低め、

「ずれているとは……」

改めて訊《き》くと、建部も伊藤も、無言のうちに互いに目を見交わし、ここではっきり口にして良いかどうか、推し量るようだったが、

「安井算哲……お主、本日が実は明後日である、と聞いて、どう思う？」

逆に建部はそんなことを訊いてきた。

その質問は春海の想像を超えた。質問自体が途方もなさ過ぎて、両手に筆記具を持ったまま、あんぐり口を開けて間抜け面をさらし、しばらく言葉が出ずにいた。

「な……なぜ……そのようなことに？」

訊かれたことに答える前に、さらに質問が出た。驚きすぎて声が震えていた。

伊藤は手灯《てあか》りを持ったまま静かに会話を見守っている。答えはとっくに知っているが、自分が口にすべきではないという顔だった。その伊藤と、建部はもう一度だけ視線を交わした。それから春海ではなく、天に浮かぶ月へ目を向けた。そしてあたかも誰の手も届かぬ月を責めるか、届かぬ自分たちを責めるかするような言いざまで、

「宣明暦《せんみょうれき》」

短く断定的に告げた。

それこそが、やがて究極の難問となって立ちはだかり、生涯をかけた勝負を生み出すなどとは露ほども思わず、春海はただ言葉を失い、建部の視線を追って月に目を向けた。

見慣れたはずのその白々とした輝きが、なぜかひどく異様なものであるように見えていた。

三

月蝕の観測ののち、寒風を避けて春海の部屋へ移動していた。

「現今、世にある暦法は全て、宣明暦に端を発しておる」

建部は、いつものしかつめらしい顔をさらに厳しく引き締めつつ、膝元《ひざもと》に積んだ各

地の頒暦を手のひらで叩《たた》いた。まるきり世の罪悪の根源を説法する僧の態度である。常時にこにこ笑みを絶やさぬ伊藤までもが、神妙な様子で腕組みし、宙へ目を向けている。

春海は二人のいやに緊迫した態度に恐縮して首をすくめ、

「唐国《からくに》の由緒正しき暦法と聞いておりますが……」

他人事《ひとごと》のように言った。というより何百年もの伝統を誇る国の暦法を、我が事のように話せという方が難しい。また胸中では妙な怖さが消えてくれず、その怖さがどこから来るのかもいまいち判然とせず、困惑が募るせいでますます一歩引いたような心持ちにならざるを得ない。

「八百年だ」

建部が鋭く言った。伊藤も、

「まこと長《なご》うございます」

その歳月そのものが世に悪事をなしたとでも言うような慨嘆の調子を声ににじませている。

あるいは事実、その通りだとも言えた。そのことは春海にも漠然と理解できた。

宣明暦とは、建部の言う通り、日本全土の暦を司《つかさど》る暦法である。伊勢暦も三島暦も京暦も地方によって日の吉凶や大小月の扱いの差はしばしば生ずることはあれど、基本となる暦術は全て同じ術理に依存していた。

その宣明暦がこの国に将来されたのは貞観《じょうがん》元年、春海の生きる今から、正確には八百三年の昔である。ときの暦博士たる大春日朝臣真野麻呂《おおかすがのあそんまのまろ》に、渤海《ぼっかい》国大使の烏孝慎《うこうしん》が、唐朝の〝長慶《ちょうけい》宣明暦経〟を教えた。真野麻呂はその暦の優秀さを知り、ときの清和天皇に採用を上奏した。

清和天皇とその側近たちはただちに改暦を準備させ、貞観四年、宣明暦を施行させている。というのも清和天皇は文徳《もんとく》天皇の崩御を受けて即位したばかりで、〝治世の刷新を民に明らかにするすべ〟を欲されたのだという。それには改元のみならず改暦こそがふさわしかった。民衆に〝世が変わった〟ことを告げ、また新たな天皇が世に善なるものをもたらす意志を天下に〝宣明する〟最大のすべが、改暦だったのである。

それ以来、宣明暦は連綿と国の暦として採用され続けた。その理由は、一つに宣明暦が確かに優れた暦法であったことが挙げられるが、

「一つの暦法の寿命は、どれほど優れていようと、もって百年。八百年も続けて用いることと自体がたわけておるわ」

というのが建部の歯に衣着《きぬき》せぬ言いざまだった。これは暦術を学ぶ者にとっての常識である。

なぜなら天体の運動のような規模甚大のものを読み解き、法則を見出《みいだ》すには、長い

年月をかけて観測し、また正確な数理に裏打ちされた暦術を精巧に積み重ねていかねばならない。

そして日も月も、この現在においてすら、まだまだ全てが読み解かれたわけではなかった。

だからどこかで誤差が出る。誤差が出たら、それがその暦法の寿命である。暦術の研鑽《けんさん》とは、誤差が出るまでの期間をより長くするために正しい観測と数理を追究することにあった。

永遠に誤差を出さないような暦法の完成は、究極的な夢だ。しかし実現するには、まだ到底、人智の及ばぬ範囲が広すぎた。今のような北極出地を幾世代にもわたって行ってゆく必要があるし、見たこともないような新たな数理算術が必要だった。

そんなわけで宣明暦が施行されてのち、何度か改暦の試みがなされたらしいことは春海も知っていた。暦術については算術と同じく、春海がまだ御城でお勤めをするようになる以前、京で何人かの師から教えを受けている。とはいえそれは〝経典の冒頭を読んだことがある〟といった程度であり、とても建部や伊藤についていける域にはなく、

「なぜ、そのようなことになったのでしょう……」

ぼんやり尋ねることしかできずにいる。

「朝廷が拒み続けてきたのでしょうねえ」

伊藤が声を低めてささやくが、まるで意味がわからなかった。伊藤は一貫してこの話題自体がとてつもなく不遜《ふそん》で、いつ誰の耳に入って大事となるか知れないというような態度でいる。あるいはそれもまた事実その通りだと言ってよかった。

「……なぜ拒むのでしょう」

思わず伊藤に合わせてささやき声になる春海に、建部がずけずけと言った。

「由緒悪しき法……つまり新たな暦法の多くが、名もなき民が作りしものとされたからよ」

たとえば貞観元年よりおよそ百年後の天暦《てんりやく》年間において、ときの陰陽頭《おんみようのかみ》たる賀茂保憲《かものやすのり》は、厳密に八十五年間で暦に誤差が生じることを見抜いて対処を急いでいる。

そして天台宗の僧である日延《にちえん》が中国に渡る際、新たな暦法の修得を公務として任じた。

日延は呉越《ごえつ》国の杭州《こうしゅう》に渡り、そこで公暦として用いられていた〝符天暦《ふてんれき》〟を学んで帰国し、ついに賀茂保憲に改暦のすべをもたらしたのだが、

「そのせっかくの暦法を、むざむざ捨てておったのだ」

建部がまた、ぱしんと音を立てて頒暦《はんれき》の束を叩いた。

一番上に置かれているのは手に入れたばかりの折れ紙の頒暦、つまりは伊勢暦であ

る。いかにも罰が当たりそうなその所作に春海はちょっとひやっとした。

「官吏の手になる暦法ではなかったというだけでですか……？」

「下らぬ言い訳じゃ。当の唐国は四分五裂の乱世。そもそも日延が海を渡らねばならなんだ理由は、当地の経典が戦火で焼亡し尽くしたゆえ、中国本山が我が国にある経典を求めたからよ。そんな時世に由緒正しきものを求められるわけがなかろう」

「まあ実際の理由はですね……」

と伊藤が口もとに手を当て、いかにも内緒話をするように、

「朝廷のほとんどの人が、理解できなかったんですよ。せっかくの新しい暦法が……いえ、そもそも暦がずれるということが、ね」

ひときわ不遜な言葉を発して、春海を呆然《ぼうぜん》とさせた。だがそれこそいまだ宣明暦が用いられ続けているゆえんだった。実に過去千年近くもの間、暦博士のみならず朝廷の要職は世襲化する一方で、新たに有能な人材に跡を継がせるといったことがあまり行われなかったのである。

当然のごとく学術の水準は低下し、かえって〝旧慣墨守〟の態度が徹底されていった。旧《ふる》い伝統を誇って神秘化し、改めるすべそのものを消し去ってゆく。

特に暦や天文を司るはずの安倍《あべ》家や賀茂家といった陰陽師たちが、算術的な術理ではなく、鬼神呪術《じゅじゅつ》のたぐいを扱う存在とみなされたこともそれに拍車をかけた。子孫

たちの多くが受け継ぐべき技術を理解できず、学習する意欲も能力も欠けた有り様となり、ついには、

「今の暦博士たる京の賀茂家の者と話をしてみよ。何が博士か。漏刻《ろうこく》の術、暦法、天測の法、みな秘伝の術であるとして一切おおやけにせぬが、何のことはない。全て失われたのだ」

とのことであった。ちなみに漏刻とは時刻を計る術理のことである。それすら失われるということが、どれほどの学術的な水準低下であるかは言うまでもない。

しかも建部も伊藤も八百年前のことだけを言っているのではなかった。今現在のこの国のことを言っていた。八百年間もかけての技術喪失、学術低迷である。

そのことが、もとから寒い室内で火鉢を抱く面々に、また違う寒々とした気持ちをもたらすのを春海は感じた。月蝕《げっしょく》が起こることを告げられる前に、ごろごろ寝転がってふけっていた、あの怖い思案のことがまたぞろ脈絡もなく思い出されてくる。

この国には実は正しく民衆を統《す》べる権威というものは存在せず、いつまた覆るかもしれないのだという、途方もない思案である。しかもその権威の欠如は、決して活気に溢《あふ》れる自由さを意味しなかった。人それぞれがばらばらに都合の良い権威に覆われることを望んで改めることを拒んでゆくような気がした。それはもしかすると〝息吹〟を拒むということなのかもしれない。しかも個人の生活の息吹ではなく、国とし

ての息吹さえも。

ふいに天守閣のことが脳裏をよぎった。明暦の大火で焼亡した江戸城の天守閣である。それが再建されなかったことそれ自体が〝戦時〟の混沌《こんとん》を脱し、新たな時代の幕開けに立ち会っているのだという息吹を若い春海に感じさせたはずだった。

なのに今、天守閣喪失後の青空を思い出すのが怖かった。あの青空の向こうには本当に何もないのだとしたら。結局のところ新たな時代の到来などという大層なものはなく、ただ単に徳川幕府という権威にくるまれ、大勢が息吹をやめただけだったとしたら。

碁打ちとして安穏たる〝飽き〟に苦痛を感じている我が身を振り返るだに、そうした思案こそ恐怖だった。徳川家が江戸に開府し、天下泰平の世が訪れた——で、どうするのか。

ひたすらに精進に努めながらも、実際に許されるのは過去の棋譜の再現に過ぎない職務を延々と続けるのか。あの道策のような燦《きら》めく天与の才を持った者からも、羽ばたくすべを奪うのが泰平の世なのだろうか。

と、そこまで考えが巡ったところで完全に途切れた。暦のずれ、という驚くべき言葉から、どんどん飛躍したせいで本当に脈絡がなくなり、到底このときの春海についていける思案ではなくなっていた。暦がずれることで世の中に何が起こるのか、ある

いはそのような事態を許すということがどのような意味を持つのか。あまりに途方もなさすぎて、

「いずれ蝕の予報すら難しくなろう……」

ことさら真剣な顔つきになる建部や、

「そのときこそ、いよいよ――」

何やら思案を抱くような伊藤をよそに、春海はただ、今こうして碁打ちの職務を外れて、北極出地という一大事業に参加できた我が身の幸運を味わうばかりである。己を〝飽き〟から救う算術というものをもたらしてくれた神仏に心底感謝したかった。

そこへふと、

「一つ気になっていたのですが、それはなんの本なのでしょう」

伊藤が、春海の傍らに置かれた本を指さして言った。先ほど月蝕観測の際に、春海が慌てて手渡した、関孝和の稿本である。

「これは……」

口ごもりつつ、とある算術の達人の手による稿本である、と告げるや、

「名は？」

「いずこの方で？」

たちまち建部と伊藤が一緒になって食いついた。勢い、春海は金王八幡の算額絵馬

のことや儀村塾や〝一瞥《いちべつ》即解の士〟たる関孝和について話さざるを得なくなり、

「そのような人物が江戸にいるとは」

建部など力いっぱい拳《こぶし》を握りしめ、

「ぜひ弟子入りしたい」

はっきりとそう言った。なんと伊藤まで首肯している。この二人の老人にとって研鑽《けんさん》のためなら三十余も年下の若者に頭《こうべ》を垂れることなど苦でも何でもないらしい。それどころか、

「だいたいにして若い師というのは実によろしい」

「ええ、ええ。教えの途中で、ぽっくり逝かれてしまうということがありませんから」

などと喜び合うのだった。とはいえ右筆《ゆうひつ》であり御典医である二人は交友関係が幕府により厳しく制限されている。二人の身分では、そうそう巷間《こうかん》の士に教えを請いに行けるものではない。それでも、弟子入りしたいと思えるほどの人物が江戸にいるということ自体が喜びなのだろう。先ほどまでの重苦しい様子など忘れたように、

「これ算哲、なぜお主は弟子入りせなんだ？」

「そうですよ安井さん。勿体《もったい》ないことですよ」

春海が弟子入りしてくれれば、間接的にその教えを自分たちが受けられるという下

心をたっぷりと込めて迫ってくる。お陰で春海は、

「それが、身の程も知らず……」

と、算術をもって勝負を挑んだことまで話さねばならなくなった。いや、挑んだばかりか、愚かにも誤謬《ごびゅう》を犯した設問を出してしまったことまで話させられた。

「まさに生涯の恥でございます……」

だが苦しげにうなだれる春海のことなどまったく気にもせず、

「見せよ」

「お見せ下さい」

「えっ……？」

「その誤問じゃ」

「ぜひとも拝見しとうございます」

さすがに春海も狼狽《ろうばい》し、そんな愚劣な設問は捨て去ったと言い張ったのだが、

「お主の頭の中にあろう」

「自ら立てた設問でしょう。そうそう忘れたとは言わせませんよ」

二人の勢いにぐいぐい押し切られ、気づけば筆を執って、あの忘れがたい苦痛そのものである誤問を、その場で新たに書かされていた。

「うむ、見事な誤問よ」

「実にお見事な誤謬でございますな」

などと建部も伊藤も目を輝かせ、嬉々《きき》として争うように薄暗い灯《あか》りの中で春海の誤問を書き写すのだからたまったものではない。羞恥《しゅうち》のあまり発熱しそうだった。その上、当然のことながら二人とも稿本を写させてくれと言い出した。拒めるわけもなく、己の誤問を知られた上で、関の才気みなぎる稿本を見せるという二重の恥にめまいがした。

「これ、算哲。お主は実に良い学び方をしておるぞ。この誤問がそう言っておるわ」

「羨《うらや》ましい限りでございますねえ。精魂を打ちこんで誤謬を為《な》したのですからねえ」

春海はがっくりきて、はあ、ええ、と生返事をするばかりである。このときだけは二人に褒められても嬉《うれ》しくなかった。二人とも早く寝てくれないかと神に祈りたい思いだった。

四

春になり、夏になった。

観測隊の一行は東海道での天測を終え、山陽道に入り、四国へ渡った。舞子浜《まいこのはま》から淡路島《あわじしま》の岩屋に渡り、さらに福良《ふくら》から鳴門《なると》に渡っている。そこから撫養《むや》へ行き、南へ下って室戸《むろと》に入った。北上して塩飽《しわく》の小島に渡り、そこから山陽道へ戻って萩《はぎ》を目指した。

その頃から建部の歩調が鈍くなった。

それでも赤間関《あかまがせき》（下関《しものせき》）に到るまで立派に天測の指揮を務め、また歩測と算術をもって北極出地の予測を立てることを一度として欠かさなかった建部だが、やがて咳《せき》が止まらなくなり、ついに歩行に支障をきたすまでになった。

建部はなおも九州に渡ることを主張したが、伊藤および随伴の医師の説得により、赤間にて療養することを、無念そうに承知した。代わって伊藤が隊を取り仕切り、春海がそれを補佐しつつ、一行は九州を巡った。さらに各藩と交渉し、琉球《りゅうきゅう》、朝鮮半島、北京および南京に観測者たちを派遣している。これらの観測者たちから、

『朝鮮三十八度、琉球二十七度、西土北京四十二度強、南京三十四度』

という観測結果が江戸に報告されたのは、それから半年余も後である。詳細な天測が行えたとは言い難かったが、それでも大まかな値を得ることはできた。

それらの値が届くよりも前に、観測隊は赤間に戻り、数ヶ月ぶりに建部と合流している。当地でひたすら療養に専心していた建部だが、容態は見るからに悪化し、肌色は蜜蠟《みつろう》のごとく黄みがかり、絶えず苦しげに咳《せ》き込んでいた。そして久々に再会するなり、

「少し前に血を吐いた」

短くそう言った。明らかに無理をして床を出て伊藤と春海に対座していたが、今もってしかつめらしい態度を崩さない。そのことがかえって悲痛で、春海はすっかり言葉を失ってしまい、傍らの伊藤が、

「さようでございますか」

微笑みながら穏やかに返したことが信じられなかった。建部の言葉は、この観測事業から外れて帰還すると告げたに等しい。春海はなんとか言葉を絞り出そうとしたが、己の膝《ひざ》をつかんだ手に力がこもるばかりでひと言として出てこない。建部の復帰を信じて疑わず、赤間へ戻るまでずっと、九州各地の北極出地の報告を、建部が悔しがって聞き、また奮起する顔しか想像していなかった。

「いまだ五畿《ごき》七道の半ばを終えたばかりでございますよ」

さらりと伊藤が言う。病人の悲痛を汲《く》み取るようでもあり、突き放すようでもあった。医師としての職分によるものか、生来の性分か、いずれにせよ春海は伊藤のその態度に心底感謝した。自分一人で今の建部と相対できる勇気がなかった。

「わかっておる」

「いったん江戸へお戻りになりますか」

建部はうなずき、何か言おうとしたが咳き込んで言葉にならず、代わりに伊藤が、

「では犬吠埼《いぬぼうざき》の辺りで再び落ち合えますかな」

相手を宥《なだ》めるでもなく、決まり切ったことを告げるように口にした。また建部も、

「彼《か》の地は星がよく見える」

肺腑《はいふ》を鎮めるように大きく息をついて、微《かす》かに笑みを浮かべながらそう言った。

このとき春海は内心でほっと安堵《あんど》していた。純粋に、御典医であり優秀な医師である伊藤が、建部の快癒と復帰を保証してくれたと思ったのである。犬吠埼という具体的な地名が出たことがその安堵を裏打ちしてくれた。

その時点で建部が江戸に戻り、北極出地の中間報告を行うとともに、引き続き療養することが決まった。その間、伊藤と春海たち観測隊は山陰道を進み、江戸へ向かいつつも城へ報告には上がらず、房総《ぼうそう》を巡って北上する。ほぼ旅立つ前に建部が組み立てた旅程通りである。

特段、詳細に話すべきことはなかったが、伊藤は念入りに建部に確認を取っている。それが、これから延々と病床に就かねばならぬ者への、伊藤なりの配慮であったのだと、このときの春海が気づくことはなかった。病床にある建部が、いつでもその脳裏に旅の様子をはっきり思い描けるように、あるいは事業復帰という最大の望みが建部の中で失われてしまわないようにという配慮である。その伊藤の丁寧で穏やかな態度こそ良薬となったのだろうか、ぜいぜい息を切らすようだった建部の呼吸もやや落ち

着き、

「旅程の半ばを無事に終えたことを神仏に感謝し、また今後の成就を祈るとしよう」

この事業では特別な日以外は御法度《ごはっと》であるはずの酒を運ばせ、また別室にいる他の隊員たちにも振る舞うよう中間《ちゅうげん》たちに命じている。むろん大盤振る舞いというほどのものではなく、あくまで〝祈念〟の杯である。それをちびちびと口にしながら、

「わしにも、一つ、大願というやつがある」

と建部が呟《つぶや》くように言った。口調は呟くようだったが、目は春海を見ていた。

「は……」

春海には咄嗟《とっさ》に相づちを打つことしかできず、

「どのようなものでしょう？」

と伊藤がにこにこ微笑んで先を続けさせた。

「渾天儀《こんてんぎ》」

建部は、ぽつっと告げて杯を置き、

「天の星々を余さず球儀にて詳《つまび》らかにする。太陽の黄道、太陰（月）の白道、二十八宿の星図、その全ての運行を渾大にし、一個の球体となしてな。そして――」

そこで、春海が初めて見る表情を浮かべた。恥ずかしがるような、照れるような顔だ。そして両腕で何かを抱えるような仕草をしてみせ、その、何もない眼前の虚空を

愛《いと》しむように、

「それを、こうして……こう、我が双腕に天を抱きながらな……三途《さんず》の川を渡りたいのだ」

言って腕を下ろし、

「そう思っていた……ずっと、いつの頃からか、な」

と付け加えた。

「なんとも楽しげですなあ」

優しい顔でうなずく伊藤のそばで、春海は完全に度肝を抜かれている。天の星々を地球儀のごとく球形に表現した品が存在することは知っているが、建部の告げた構想はまさにその完成形とでも評すべきものだった。しかもその腕に〝天を抱く〟と建部が口にしたとき、実際にぼんやりその幻が見える気がした。こうして病に倒れるまで、きわめて的確に、また入念に天測の指揮を執ってきた建部が口にしたからこそ、目に浮かぶ幻だった。

「どうじゃ、算哲」

まるで自慢するような調子で建部が言った。実際、春海からすれば鼻高々に自慢された気持ちだった。お前は、それほどのものを脳裏に描き、実現のために邁進《まいしん》できるか。そう言われた気がして、はっきり言って悔しくなった。

「精進いたします」

思わず奮然となって、いささか見当の外れた答え方をしたのだが、それがどうやら建部を面白い気持ちにさせたらしく、

「精進せよ、精進せよ」

珍しいことに、若者がやるような節操のなさで、からから声を上げて笑った。伊藤もなんだかやけに嬉《うれ》しげに笑っている。春海だけがくそ真面目に、

「必ずや精進いたします」

意地を込めて繰り返すので、二人ともまた愉快そうに笑った。

そうして翌朝、春海たち観測隊一行は山陰道を東へ進むべく出発し、建部は医師に付き添われて駕籠《かご》に乗り、江戸への帰り道を辿《たど》った。

以後、春海が、建部と会うことは二度となかった。

やはりこの大地は——地球は丸いのだ。
渋川春海、二十四歳。寛文二年の夏の終わり、銚子《ちょうし》犬吠埼にいた。背後に陸地があることを忘れそうな、絶海に立つかと思われるほどの見晴らしの良さである。何百里先かもわからぬ彼方《かなた》の雲の動きさえわかる。当然、日が暮れれば満天の星だ。しかも、わざわざ見上げずとも、目の前の水平線定かならぬ彼方に星々が燦《きら》めいている。春海

は星雲の真っ只中《ただなか》にいるかのような錯覚に陥りかけ、思わず両手を宙に向かって大きく伸ばしていた。確かに、このまま、

〝双腕に天を抱く〟

ことすら可能なのではないか。そう思わされる光景の中にあって、

（星にちなんだ設問がいい）

唐突にその思いが春海の胸中を満たした。あの〝誤問の恥〟の痛みも今はもうほとんど薄れている。代わりにわくわくするような気分だけがあった。

そこでの観測にずいぶん苦労したことも、かえって観測後の充足感を与えてくれた。当初は南側の犬若岬での観測が予定されていたのだが現実には不可能だった。波による浸食が著しく、いずれ消えてなくなることになる岬である。危なっかしくて子午線儀も設置できない。無理な設置で道具が損なわれることを避け、北側の犬吠埼にて天測が行われた。その北極出地の結果は、

『三十五度四十二分二十七秒』

春海の予測、伊藤の予測、いずれも十分以上の差で外れた。他にも恒星の緯度が多く測定され、春海がそれらの値を記していると、

「星とは良いものですねえ」

しみじみと伊藤が言った。無事に観測を終えたばかりの木星の数値が記された紙片

を手にしている。北極星と違って他の全ての星は当然のように移動するから観測が大変だった。星が子午線にさしかかる瞬間を見計らい、象限儀《しょうげんぎ》の望遠鏡でぴたりと正中を捉《とら》える。木星以外にも後から後から巡り来る星をすかさず観測し、休まず数値を記録してゆく。器具を操る隊員たちの腕前は今や名人芸といっていいほどに鍛えられ、伊藤の指示の下で遅滞なく仕事をこなしている。見ようによっては、あたかも一隻の大船をみなで操り、星の海を航《わた》るがごとき働きであった。そして伊藤はその光景を称賛するように紙片を持った手をひるがえし、

「ときに惑い星などと呼ばれますがねえ。それは人が天を見誤り、その理《ことわり》を間違って理解してしまうからに過ぎません。正しく見定め、その理を理解すれば、これこの通り」

春海が新たに数値を記したばかりの帳簿を、紙片でひらりと撫《な》で、

「天地明察でございます」

にっこり笑って言った。見ている方が嬉しくなるような幸せそうな笑顔だった。

「天地明察ですか」

春海は思わずそう繰り返した。北極星によって緯度を測るこの事業にふさわしい言葉だった。いや、地にあって日月星を見上げるしかない人間にとっては、天体観測と地理測量こそが、天と地を結ぶ目に見えぬ道であり、人間が天に触れ得るゆいいつの

すべてであるのだ。そう高らかに告げているように聞こえた。

と同時に、先ほどの設問の構想がふいにまたかすかに輪郭を帯びた。星々の列が、まだ試みたことのない算術の術理とともに、ぼんやり頭に浮かんでくる。それを形にするにはかなりの労苦が必要なことは、発想の端緒をつかんだ時点で既にわかっている。だが必ず形にしてみせる。この旅が、今のお役目が終わるまでには必ず。そう思っていると、

「私にも、一つね、大願があるんですよ」

伊藤は笑顔のまま、口調だけ内緒話のように真面目になって、そう告げた。

「まあ、大願というより、夢想と呼ぶべきかもしれませんがねえ」

建部が〝天を抱く〟と口にしたときの顔がぱっと脳裏に浮かび、春海は、つい反射的に身を乗り出して訊《き》いた。

「いかなる大願でしょう」

「分野《ぶんや》、というのがありますよねえ」

「はい。占術の……」

「そうそう。星の異変すなわち国土の吉凶の徴《しるし》という、あれです」

そういえば伊藤が算術とともに占術も修得していることを春海は思い出した。

〝分野〟というのは星の一々を国土に当てはめる中国の占星思想のことである。

あらゆる星が中国各地の土地と対照されており、天文を司《つかさど》る者は、星々の異変の兆候をいち早く察知し、該当する国々に影響を及ぼす前に、詳細を報じることを責務とする。国家の運命を扱うのであるから、ただの星占いとは根本的に違う。国家経営の学、占星思想、地理地勢の学の集大成たる巨大な思想体系であった。

その分野を修得し、究めたいということだろうか。そう春海は咄嗟《とっさ》に推測した。だが、建部のときと同様、そこで春海の想像を遥《はる》かに超える言葉が来た。

「私、あの分野をねえ、日本全土に当てはめたら面白いだろうなあ、とねえ……そう思うんですよ」

「日本全土……?」

鸚鵡《おうむ》返しに口にしたまま後が継げずに絶句した。聞いた瞬間に衝撃を受けたというのに、後からそれがどういう意味を持つかを悟り、さらなる衝撃に総身が痺《しび》れる思いを味わった。

本来、分野とは中国独自のものだ。日本はせいぜい全国土に対して幾つかの星が配置されているに過ぎない。だが全天の星を、今の江戸幕府の統制下にある全国領地に当てはめて日本独自の分野を創出する。それが伊藤の狙いだった。いわば星界の下克《げこく》上《じょう》、天下統一である。そのためには日本全国の大まかな地図製作および精確無比な天文観測が大前提となる。そしてもちろん膨大な占星術の知識の一つ一つを自在に応用し尽くさねばならない。

それはまた、中国の古典を頂点とする多くの学問体系をもひっくり返すことになるだろう。今の世の学問における根本的な姿勢の大転換。それは中国という巨大な歴史と文化の枠組みから飛び出し、日本独自の文化を創出する試みであるとすら言えた。

もしそんなものができあがったら世の全ての宗教家が驚愕《きょうがく》するだろう。あるいはそれこそ、神道や陰陽道など日本古来の宗教が、真に〝日本独自の宗教〟となる瞬間かもしれなかった。

「す……凄《すご》い……。それは、凄いことです、伊藤様……」

震える声で称賛した。衝撃にくらくらして熱でも出そうだった。

同時に、それこそ建部が告げた〝渾天儀《こんてんぎ》〟と対になる発想であることに気づいた。あらゆる星の運行を一つの球体となすような渾天儀がなければ、とても伊藤の言う〝日本の分野作り〟などできはしない。また分野という発想がなければ、天文術というものがまだまだ体系化に至っていないこの時代に、全天の星を一つにまとめる渾天儀といった発想は抱けなかったろう。

〝渾天儀と分野〟は、いわば二つで一つの夢なのである。建部と伊藤、二人一組となって初めて抱くことができたであろう大願だった。

いったい二人とも、どうしてこう、途方もない一大構想を自分に見せつけようとするのか。何か自分に含むところでもあるのか。ついつい本気でそう口にしたくなった。

「いえいえ、私の齢《とし》じゃ、寿命が来るまでにはとても追っつかないでしょうねえ」

と伊藤は言う。だが逆に言えば、それは、実際にやろうと算段を整える努力をしたことがあるということだ。天まで届く巨大な城の設計図を試しに書いてみたと言っているに等しい。

それだけでもどれほどの学問修得と日々の研鑽《けんさん》が必要だったか。想像して春海の背をぶるっと震えが駆け抜けた。

「なら、ねえ……若い人に、考えだけでも、伝えておきたいと思いましてねえ……」

伊藤はそう言ったが、春海がそのとき深く感銘を受けたのはまったく逆のことだった。人には持って生まれた寿命がある。だが、だからといって何かを始めるのに遅いということはない。その証拠が、建部であり伊藤だった。体力的にも精神的にも衰えてくる年齢にあって、少年のような好奇心を抱き続け、挑む姿勢を棄てない。伊藤が天測の術理を修得したのは四十を過ぎてからだという。自分はまだ二十四ではないか。何もかもこれからではないか。そんな幸福感を味わう春海に、

「どうです。面白いでしょ」

伊藤が、いつもの丁寧で柔和な笑顔を見せて言った。城中でありとあらゆる者の横柄な態度に慣れた春海には、それだけで改めて新鮮さを感じさせられる笑顔である。

「はい。とても面白うございます」

元気良く答えたところを、

「頼みましたよ」

ぽん、ときわめて自然な所作で肩を叩《たた》かれた。なんだか無性に嬉《うれ》しくなった。

「頼まれました」

つい反射的に笑顔で応じていた。やがてそれが本当に、春海にとって空前絶後の事業になるなどという予感は、このときはかけらも抱かなかった。ただ自分はこれからなのだ、という思いを繰り返し味わい、喜びの念に陶然となるばかりであった。

五

翌朝、犬吠埼から北上するため出発したとき、ふと春海の胸中を、えんのことがよぎった。

今のままゆけば、江戸に戻れるのは約束した一年が過ぎてからになってしまう。あちこちで天候に恵まれなかったり、藩との調整に時間がかかったりしたため、建部が立てた計画からは数ヶ月ほど遅れていたのである。秋が過ぎ、冬になればさらに遅れが出るだろう。

そのことを手紙に書いて、江戸にいるえんに送るべきだろうかと思った。なんとか公務を終えるまで待っていてもらうよう頼むのである。今いる場所からなら手紙の一つや二つはたやすく送れるし、公務のさなかの私信を咎《とが》められることもない。

だが一方で、そんな風にわざわざ念を押して詫《わ》びたり頼んだりするのもためらわれた。だいたいが設問の相手は、えんではなく関孝和なのである。その勝負の証人になってくれなどと、思えばおかしなことを頼んだものだ。しかしそこで春海は唐突に、幸福な気分が湧くのを覚えた。念を押さずとも、えんはきっと待っていてくれるという確信から来る気分だった。えんが自分から、あの誤問を預かると言ってくれたことが、今、無性に嬉しかった。そのときのえんの微笑みが心の支えになってくれている。

そんな不思議な心持ちだった。

結局、礒村塾にも荒木邸にも手紙を出すことなく、春海は奥州《おうしゅう》道中を進んでいった。

数日後、逆に手紙が届いた。差出人は、もちろん、えんではない。江戸で療養中の建部からである。それを中間《ちゅうげん》から春海が受け取り、春海が伊藤に手渡し、伊藤が読んだ。

「建部様のご容態、いかがでしょうか……」

思わず心配顔になって訊く春海に、伊藤は、なんとも言えない優しい顔で言った。

「あの方はねえ……少しでも早く、私たちに追いつくことしか考えていませんよ」

それで春海はすっかり安心してしまった。旅のどこかで、意気盛んに復帰する建部の姿がはっきり思い浮かんだ。そのせいで、まさか建部の病状が日増しに悪化し続けているなどとはまったく考えもしなかった。

一行は会津に入った。藩士たちの助けでこれまでで最も充実した天測となり、伊藤は、会津の城代家老である田中〝三郎兵衛〟正玄《まさはる》に感謝の手紙を送っている。

ちなみに田中正玄は、二代将軍秀忠《ひでただ》の老中・土井利勝《としかつ》から〝天下の名家老〟の一人と評されたほどで、領地をほぼ留守にせざるを得なかった保科正之に代わり、会津の屋台骨として尽力した人物である。春海も、この田中正玄と碁のお勤めを通して知己であったが、その思考柔軟かつ無私の人柄には、けっこうな影響を受けている。

支援のほどは藩によってまちまちで、ときに事業に支障をきたすこともあった。天測を〝隠密《おんみつ》行為〟ととらえ、観測隊に嘘の情報を教えたり、先触れに走る者を拘束してしまったりする藩もあったのである。

特に、加賀《かが》藩は強硬だった。はなから観測隊を〝幕府隠密〟と決めてかかり、城に通じる全道中の観測に反対してきた。そのため当地で伊藤は辛抱強く交渉せねばならなかった。

結果、〝天測不能〟とならずに済んだのは、ひとえに藩主自身が、

「天測というものに興味がある」

と言って家臣を宥《なだ》め、観測隊を城へ招いたことによった。

春海は、伊藤とともに城中で饗応《きょうおう》され、天測の実態を事細かに説明している。

興味深そうに聞くのは、弱冠二十歳たる加賀藩主・前田綱紀《つなのり》である。その若さで藩の改革に乗り出したばかりだが、既に徹底した新田開発、貧民救済、学問普及によって一定の成果を挙げていた。これがのちには〝加賀に貧者なし〟と評され、百万石の泰平というとてつもない豊穣《ほうじょう》を実現させる端緒となろうとは、春海に限らず、誰にも思い及ばぬことであったろう。

ただこのとき、春海は綱紀を前にして鮮烈な感動を覚えていた。ちょうど建部や伊藤から受けた感銘とは逆で、あどけなさの残る若者が、敢然と藩の命運を背負おうとしているその姿に、身が熱くなるような勇気をもらう思いがした。

綱紀も、歳の近い春海に親近感を抱いたのか、

「肥後守様から、そなたの名を聞いたことがある」

直々にそんなことを言われ、春海はびっくりした。

肥後守様とはむろん、春海ら安井家の碁打ちを厚遇してくれている会津藩主たる保科正之のことだ。綱紀にとっては岳父である相手である。というのも綱紀は将軍家綱の意向もあり、保科正之の娘を娶《めと》っていた。

「私の名など……。兄である安井算知のことではございませぬか……?」

恐縮するというより、ほとんど萎縮《いしゅく》しきって訊《き》き返したが、

「安井算哲という囲碁の達者がおって、かつ算術にも暦術にも長《た》けているとか」

算術に暦術ときては春海に間違いない。将軍家綱の後見人に等しい保科正之の口から己の名が出るなど、嬉しいというより、ひやりと身が竦《すく》む思いがする。

「過分のお褒めにございます……碁もいずれの術理も、未熟な身でありますれば」

だが何が綱紀の気に入ったのか、その穏やかな双眸《そうぼう》を、はっきり春海に向けて言った。

「これからも公務大任を受ける身であろう。余にできることは支援いたそう」

これによって天測は無事、許しを得た。だがそれ以上に、遥《はる》か将来において、このときの綱紀の言葉が、意外なかたちで現実のものとなるとは、果たして綱紀も予見していたのかどうか。

春海はただ伊藤とともに平伏し、感謝の念を繰り返し述べるばかりである。

北端にいた。

奥州津軽《つがる》の最先端、三廏《みんまや》である。

『四十一度十五分四十六秒』

それが旅の終端だった。隊員一同、感無量である。みな、海の向こうの蝦夷地《えぞち》方面

に向かって歓声を上げた。蝦夷地は今回の事業にはふくまれていない。後は南下しつつ、東側の沿岸部などで、天測の誤差修正を何ヶ所かで行いながら江戸へ帰還するだけである。

伊藤は手を合わせて天を拝み、海を拝み、地を拝み、事業成就の感謝を献《ささ》げている。春海も同じく感謝を込めて、強風によって晴れ渡った夜空を見ていた。響き渡る波の音の一つ一つが今の己を鼓舞するようだった。ついに新たな設問を作り出すことに成功した自分を。

今、その設問を記した紙片が懐中にある。犬吠埼から北上する間に考察を練り、三厩に到った昨日、なんとか作り上げたものだ。

数百日かけて観測してきた星々の並び、〝天を抱く〟という建部の言葉、日本全土に星を配置するという伊藤の言葉に触発され、春海が初めて試みる最新の術理を駆使しての設問だった。

とはいえ、ただ最新であることを恃《たの》んだだけの設問ではない。星を見続けるこの旅を、一個の設問に表現したくて工夫を重ねるうちに、それしかなくなったのである。

成し遂げた事への誇らしさよりも、まさかまた無術ではないかという不安の方が強く、一日のうちに何度も見直した。そのせいで設問を記した紙はさっそくしわくちゃになっている。ならばすぐそばにいる伊藤にも見せて意見を頂戴《ちょうだい》すべきなのだが、しばらくそれが出来ずにいた。というのも、建部が復帰することをまだ信じていたからである。三廏での天測を終えたとはいえ、誤差修正という繊細な技術が要求される作業が残っており、建部が合流する意義は十分にあった。そして春海は、この設問を、できれば建部と伊藤の二人に同時に見て欲しかった。それがこの旅に己を同行させてくれた二人への礼儀だと信じた。

だから三廏を発《た》って江戸へ戻り始めたときも、懐中に設問を記した紙を抱いたまま、そのことを伊藤に告げなかった。そしてまた伊藤も、

「三廏での天測を終えたと知れば、建部様は、さぞ悔しがるでしょうねえ」

ぽつりと出発間際に口にして以後、建部のことは不自然なくらい話題にしなかった。

そして白河《しらかわ》で宿泊中、手紙が来た。中間からそれを受け取った春海は、差出人の名として建部とだけ書いてあったことから、近々いずこかで合流するむねを記したものだろうと勝手に喜び、いそいそと手紙を伊藤に手渡し、言った。

「これで建部様も長の療養を終えられ、再び旅に出られるでしょうか」

伊藤は静かにそれを読み、

「確かに、辛《つら》い療養の日々を終えたようです」

と暫時瞑目《めいもく》した。春海は、ほっと安心した。伊藤も安心したのだろうと信じた。だが伊藤は再び目を開くと、優しい顔で手紙を見つめて言った。

「この事業に復帰し、無事、お役目を終えたら、改めて弟子入りしたい人がいると、そう弟君の直恒《なおつね》様に、繰り返しお話ししていたのだそうです」

春海は自分の笑顔が凍りつくのを感じた。遅れて頭がその理由を悟った。なぜ建部がわざわざ弟にそう話したなどと書くのか。これではまるで伝聞の文章ではないか。だがまさしくそうであることを頭はとっくに理解していた。

「本人が無理でも、建部家の誰かを弟子入りさせるべきだと……」

その弟子入りしたいという相手は、むろん関孝和のことだろう。そうに違いない。春海の中の冷静な部分がそう考えた。だが残りの部分は衝撃を受けて呆然《ぼうぜん》となって何かを考えるどころではなくなっていた。

「最期までね、そう言い続けていたそうですよ、あの人は」

「……最期」

咄嗟《とっさ》に受け止められず、その言葉がぽろっと取り落としたように零《こぼ》れた。てんてんとその言葉が転がって沈黙の中に消えるのを感じた。

手紙の差出人は建部直恒、春海が知る建部、つまりこの事業の発起人たる建部昌明の、弟であった。寛文三年の春を迎える前、春海と伊藤が江戸に戻るよりも先に、病んだ肺がついに癒《い》えず、建部は死んだ。

春海はあまりのことに頭の中が真っ白になりながらも、

（見送る人の顔だったんだ）

医師である伊藤が、こんなにも優しい顔をしている理由がやっとわかった。建部が隊から離れて江戸へ戻らざるを得なかったときから伊藤は予期していたに違いなかった。そうと悟ったときには遅かった。何が遅かったのか。思わず胸元に手を当てた。設問。

馬鹿、と心のどこかで己を詰《なじ》る声が上がった。この馬鹿。なぜ三殿で伊藤にそれを見せなかった。そうすれば伊藤のことだから、それを建部にも見せるべきだと言ってくれたはずではないか。そうすれば江戸にいる建部に手紙を送って、最期に己の成果を見てもらえたはずではないか。この旅に同行させてくれた建部に感謝を告げることが――

急に込み上げてきた。心の声すら途切れ、危うく嗚咽《おえつ》を漏らしかけて必死に歯を食いしばって耐えた。友たる建部とともに長年この事業実現のため努力し続けてきた伊藤を差し置いて、なぜ己が泣けるか。礼を失するにもほどがある。この馬鹿。そうは思っても目の縁に光るものが溜《た》まって視界がぼやけた。鼻の奥に熱を感じて情けない音を立てて洟《はな》をすすり、それをごまかすため、つい、

「よもや、建部様が……」

泣き声そのものの声を発してしまった。けれども伊藤は小さくうなずいてくれた。

建部と春海の両方に対しての、優しい仕草だった。

「きっとあの人のことですからねえ……悔しい悔しい、と言いながら臨終を……」

と微笑む伊藤の目にも、光るものが浮かんだが、そっとまばたきし、

「大往生ですねえ」

穏やかに、どこまでも建部をいたわるように言った。

「きっと、夢の中で天を抱いて……星を数えながら、逝ったのでしょうねえ」

春海はみっともなく洟をすすりながら懐中から紙を取り出し、それを畳の上で広げ、

「この旅で培った術理による設問です。ご覧の通りいまだ未熟でございます。ですが……ですが、必ず精進してご覧に入れます。精進し、いつか天を……」

また込み上げてくるもので声が途切れた。伊藤は、情けなく歪《ゆが》む春海の顔には目を向けず、ただ、しげしげと、設問だけを見てくれている。

「て、天を……我が手で詳《つまび》らかに、また渾大《こんだい》にし、建部様と伊藤様への感謝の証《あか》しとしたく存じます」

やっと言い切った。伊藤は、そっと愛《いと》おしむように設問を撫《な》で、

「これ、よく出来ておりますねえ」

春海が涙をこらえる間を十分に置いてから、おもむろに顔を上げ、にっこり笑って、

「頼みましたよ」

ぽんと春海の肩を叩《たた》いた。

「頼まれました」

反対に顔を伏せた春海の両目から、ついにこらえきれず、涙が零れ落ちた。

六

寛文三年、夏。

無事、旅から帰還した春海は、二刀をしっかりと帯び、左へ傾《かし》ぎそうになりながらも踏ん張って会津藩藩邸を出た。

行く先は麻布にある礒村塾である。

北極出地の旅から帰還して、既にひと月余りが経っていた。

寛文元年の十二月朔日《ついたち》に出立してより四百八十七日間、距離にして千二百七十里にも及ぶ旅路だった。その間、百五十二回もの天測を行い、多数の藩と交渉し、総勢で数百人の人間が関わった。まさに一大事業の完遂である。

その旅から戻って六日後には、礒村塾を訪れている。その際、三廏で考案した設問を、村瀬の許可を得て、塾の玄関の壁に貼らせてもらっていた。

江戸に帰還するまでの間、繰り返し誤りがないか、伊藤にも協力してもらいながら確かめた設問だった。術には大いに自信がある、と言いたいところだが、誤問の恥がここに来て急激に春海を責め苛《さいな》むようになっていた。毎夜のごとく、眠りに落ちると、今度こそ己の設問の横に、

『無術也』

と冷罵《れいば》するように記されたさまを夢に見て、はっと目が覚めるという有り様だった。

先の誤問の雪辱となるどころではない。恥の上塗り、度重なる失態に、およそありとあらゆる気概も自負心も打ち砕かれるのではないかという怖れゆえに、そもそも江戸に帰還してのち、設問を出しに行くところで意気が挫《くじ》けそうになっていた。

事業の報告は伊藤の務めであり、春海は、まず会津藩邸に帰還を告げ、また碁打ち衆の主立った面々に留守を詫《わ》び、挨拶《あいさつ》に回るだけでよかった。

建部の墓前には、帰還して三日後、伊藤と待ち合わせて参じた。歳の離れた弟の建部直恒に案内され、代々の墓地の一角に埋葬された建部に向かって拝みながら、我が手で渾天儀を作ってみせるという誓いを改めて胸に刻み込んだ。

なお建部に子はなく、断絶であった。兄が二人、弟が一人おり、いずれも子に恵まれているのに、建部昌明の系譜だけぽつんと淋《さび》しい。そのせいか、弟の建部直恒は、

「兄が師事したいと願っておりました方には、ぜひ我が子らを弟子入りさせたいと思います」

それが一番の供養になると信じているような様子で口にしたものだった。春海はその考えに大いに賛同しつつ、墓地を出て複雑な気持ちに襲われた。自分がこれから挑まねばならない相手も、建部直恒が我が子らを弟子入りさせたい人物、すなわち関孝和なのである。

そして北極出地の旅を経て勇気百倍と思いきや、我ながらぐったりするほどの怯懦に支配されていた。この時期、江戸で春海に仕事はなく、さっさと旅支度をして実家のある京に行き、また初秋には江戸に戻るだけという、気楽な身分である。

その気楽さのせいで、かえって意気地が無くなったのか、このまま設問を己の手に握ったままにして京に行ってしまおうか、きっと塾の誰も春海の設問のことなど覚えてもいないに違いない、という都合の良い思いが湧いた。そしてそのつど、えんの怒った顔と微笑んだ顔とが交互に現れ、臆病《おくびょう》な自分を叱ったり励ましたりする。そんな五日間だった。

だが煩悶《はんもん》の日々も、六日目で吹っ切れた。ひとえに安藤のお陰である。

このとき安藤はたまたま会津に戻って不在だったが、春海が帰還したときのため、二冊の書を同僚に預けていた。春海はそれを帰還後すぐに受け取り、驚きとともに読んでいる。

一冊は、なんと前年に安藤自身が出していた、

『竪亥録仮名抄』

という書だった。安藤は、『竪亥録』を記した今村知商に師事していた時期があり、その師の術理を精《くわ》しく読み解き、己のものとした上ですっかり説明してみせたわけである。竪亥と言えば〝難解〟の代名詞であり、この書を出したことで安藤は今や名だたる算術家たちと肩を並べたことになるだろう。まさに鍛錬に怠りない安藤の真髄たる書だった。

またもう一冊は、その年に出された、村松茂清《しげきよ》という算術家による書、

『算俎《さんそ》』

であった。その内容の特筆たる点は、何より円の術理を解明してみせたことにあるだろう。従来この国で用いられてきた円周率〝三・一六〟を改め、〝三・一四〟がより正解に近いことを証明するとともに、きわめて詳細な数値を弾《はじ》き出しているのである。

(自分が進んだ分だけ、世の算術家たちもまた進んでいる。いや、自分が進[illegible]進んでいるのだ)

どこからか響く時の鐘の音とともに、己の脳天を鐘の代わりに[illegible]たような衝撃を受けた。そのせいでなおさらに怯懦の念を刺激されて尻込《しりご》みし、実家のある京へ逃げ去りたい一心になりかけたものだ。だが陽きわまれば陰に転じ、陰きわまればなん

とやらで、二冊の書を大まかに読むうち、とうとう完全に開き直った。

行こう。己は試されねばならない。試されてこその研鑽《けんさん》だった。試されぬまま成果を挙げたなどとは断じて口にできなかったし、己を納得させられなかった。何より、旅路において春海が新たに設問を成し遂げたと、安藤は信じてくれている。だからこの二書を同僚に託し、切磋《せっさ》琢磨《たくま》の思いを無言のうちに春海に届けたのである。

そんなわけで帰還ののち六日目の朝、春海はなんとか勇気を振り絞って塾へ向かった。一年と四ヶ月ぶりの、えんに約束した期日を遅れること百日以上の捲土重来《けんどちょうらい》である。

出迎えてくれたのは村瀬で、ちょうど昼食を用意しているところだった。門人たちはそれぞれの商いのため誰も来ていない。そういう時間をあえて見計らっての参上だった。心のどこかで、えんが同席した食事の光景を思い出し、また期待していたのかもしれない。その証拠に、塾に来る途中、思いついて干魚を買っていた。籠《かご》を持った女たちから、今度は目刺しだと言われた。確かに干魚の目のところを串《くし》で貫き、束ねてはいたが、目刺しのわりには平べったいような気がした。これでは、また、えんに本当に目刺しなのかと問われそうだ。そう思った。だが塾に行ってみると、えんはいなかった。

「嫁に行ったんだよ、あいつ」

村瀬は、茶を淹《い》れてくれながら、やけに優しく、妙に申し訳なさそうに告げた。

「え？」

「年の暮れ頃、急に縁談が降って湧いて、そいつがどうも上手《うま》くいってね。相手は、まあ、見るからに出来た男で、文句のつけようもない。で、先方が是非にというわけで正月明けの早々に、祝言だ。まあ、荒木さんも俺も、ひと安心てところさ……」

村瀬はしみじみと、そしてやや早口にそう教えてくれた。いつも気分良く話し、気分良く笑う村瀬にしては、どこか気まずそうでもあった。

嫁か。だからいないのか。そう春海は思った。うん、それはめでたい。

「どうも、おめでとうございます……」

そう口にした途端、すっと寒々しい思いが胸に入り込んできた。反射的に息を吞《の》んだ。止めようとしても止められない寒々しさだった。なんなのだろう、これは、と呆《あっ》気《け》にとられるほど喪失感に襲われ、身を支える力が今にも失《う》せ、手にした茶碗《ちゃわん》を落っことした上に、目の前の長机に突っ伏してしまいたくなった。

なんなのだろう。前回、己の誤問を悟ったときとも違う。かつて天守閣が消滅した光景を見たときとも違う。ただ身に力が入らない。一瞬、何のためにこんな場所にいるのか、まったくわからなくなっていた。関孝和に挑むためだ。それ以外にないじゃないか。そう己に胸の内で言い聞かせてみたが駄目だった。

「まことに……めでたいことで」

途方に暮れた迷子《まいご》のように力無く口にする春海に、村瀬がしんみりと言った。

「で、あいつ……渋川さんの問題を持っていっちまった。この塾のことを思い出すための品だとか言ってな」

「私の……？」

単純に驚いた。あんな誤問にいったい何の用があるのだろう。だがなぜか、良かったと安堵《あんど》している自分がいた。救われたと言っていい思いすら湧いていた。

「すまないね、渋川さん」

村瀬が妙にいたわるように言った。春海はかぶりを振って、

「いいんです。約束の一年に、間に合わなかった私が悪いのですから……」

言いつつ茶碗に目を落とし、茶の表面に映る己の顔に出くわした。なんだろうこの沈痛な顔は。驚くと言うより、ますます途方に暮れてしまった。江戸に帰還してみたら、帰る家が消えてなくなっていた、とでも言うような気分だった。

「干魚に、出涸《でが》らしの茶っていうのも、な」

急に話題を変えるように村瀬が言って立ち上がり、台所に行ったかと思うと、徳利を持って戻ってきた。

「飲もうか」

「は……」

こんな真っ昼間から酒を飲む習慣は春海にはない。びっくりしつつも、なぜかひと息に茶を飲み干した。村瀬に酒を注いでもらい、村瀬も己の茶碗に注ぐのを待ってから、

「いただきます」

半分ほどをひと口に飲んだ。そんなことをする自分に呆《あき》れる思いだった。そもそも春海は自分をどちらかというと下戸《げこ》だと信じていたのだが、このときは馬鹿な飲み方を自分にさせてやりたかった。村瀬の優しい笑顔が、そうしろと言ってくれていた。

一人の女を想ってついには結ばれるなど滅多に起こることではない、婚姻はあくまで家と家の取り決め、数多《あまた》の家名の連続の中に男も女もいるのだ。さっそく酔いが回る頭のどこかでそんな声がしたが、胃の腑《ふ》の火照《ほて》りの方に意識を取られて、心はろくろくその声に耳を貸さなかった。

ただ、村瀬がちびちび茶碗に口をつけつつ、

「良い問題だなあ」

しみじみと言ってくれたことで、急に涙がにじんだ。顔を伏せてまばたきし、なんだかわからない涙を追い払った。そうして長机に置かれた紙と、それに記された、己の手による新たな設問を見た。

『今有如図大小星円十四宿。只云角亢二星周寸相併九寸。又云房心尾星周寸相併壱拾八寸。重云女虚危室壁五星周相併四十五寸。問角星周寸』

『今、図の如く、大小の十四宿の星の名を持つ円が並んでいる。角《す》星と亢《あみ》星の周の長さを足すと九寸である。また房《そい》星と心《なかご》星と尾《あしたれ》星の周の長さを足すと十八寸である。さらに女《うるき》星、虚《とみて》星、危《うみやめ》星、室《はつい》星、壁《なまめ》星の五つの星の周の長さを足すと四十五寸である。角星の周の長さは何寸であるか問う』

二十八宿のうち十四宿の名を用いた問題だった。術理に誤謬《ごびゅう》がないよう十二宿まで減らすか、あるいは思い切って二十八宿まで増やすか、けっこう悩んだが、ちょうど切りの良い半分の十四と定めることにした。

「……招差術か」

にやりと村瀬が笑った。春海は酔いでぼんやりしながら、こくんとうなずいている。

それこそ最新の算術の一つで、この設問の要《かなめ》となっている術理の名だった。多数の要素にわたる共通解をいかにして導くか。天元術《てんげん》とともに様々な天文暦法が日本に伝わる昨今、盛んに研究がなされているが、まだ完全な体系立てに成功した書はなかった。少なくとも春海は知らない。村瀬も知らないのだろう。その目がさっそく、関よりも前に春海の問題を解いてやろうという気概に満ちている。それでいながら村瀬はなんとも優しい調子で、

「関さんと、渋川さんの名は、後で俺が記しておこう。あんた下戸かい？　そんなに揺れてちゃ、字を書くのは無理だろう」

「私、揺れてますか？」

「右へ左へぐらぐらだ」

そう言えばそんな気もする。てっきり村瀬の方が右へ左へ傾《かし》いでいるのかと思った。

「これは良い問題だよ、渋川さん」

心底から惚《ほ》れ惚《ぼ》れしたように村瀬は褒めてくれた。その声音に、春海の酔った胸にも深く沁《し》みるような誠意がこもっている。

「は……」

「良い問題だ。なあ、渋川さん」

「ありがとうございます……」

「関さんも、こいつを解くのは楽しみだろう。よく作ったなあ」

頭を下げた途端、今度は前後に揺れた。ほろ苦いような、心地好《よ》いような酩酊《めいてい》の中で、全てに感謝していた。北極出地の旅に、建部に、伊藤に、安藤に、村瀬に、関孝和に、えんに。算術というもの、己のふれた算術にかかわる人々全てに感謝した。そして残りの酒を頂戴《ちょうだい》すると、仰向《あおむ》けにぶっ倒れ、そのまま一刻《いっとき》近くも、夢の中にいた。星の海の中をぷかぷか漂い、ひどく安らかな心持ちだった。

まったくとんでもなかった。

慌てて夢の中から飛び出して正気に返ったときには塾の一隅で布団をかけられ丸くなっていた。村瀬はただ笑ったが、平身低頭、無礼と醜態を詫《わ》び、退散した。

その際、玄関の壁に、既にしっかり自分の設問が貼られているのを見ている。しかも、『関孝和殿』という宛名と、『渋川春海』という出題者の名が、『門人総員デ解ク可《べ》シ』うんぬんという煽《あお》り文句とともに、村瀬の手で書き加えられていた。もうこれで逃げられない。昂揚《こうよう》するというより、ぞっとなりながら会津藩藩邸に戻った。

翌朝から、もう恐ろしくて恐ろしくて生きた心地がしなかった。無術なのでは、そもそも最新鋭と信じた術理など存在しないのではないか、十四宿もの星円の周を導き出すなどありえないことなのではないか、などと悪夢の種には事欠かなかった。

それでも解答を確かめるため、勇を鼓して塾へ向かう気になれたのも、またもや安藤のお陰だった。しばらくして安藤が公務によって会津から江戸に来て、

「設問はいかがですか？」

挨拶《あいさつ》が済むと、ただちに訊《き》かれたものである。まずは、安藤の著した書の感想をひとしきり話すなどして心を落ち着けたかったのだが、

「さ、さ、お見せ下さい」

大いに楽しみにしていた、とでも言うように急《せ》かされ、設問の写しを見せた。安藤はじっと問題を見つめ、やおらうなずくと、物も言わず書き写し、

「では私も挑ませていただきます」

当然のように宣言された。このとき、ちらっと春海の胸に安堵の念が湧いた。安藤がたちまちのうちに解いてしまうのではないかと思ったのである。そうなれば今度は安藤と己の彼我《ひが》の力量の差に悔しい思いをするだろうが、しかし少なくとも設問自体

が間違っているという悪夢は消えてくれる。

翌朝、さっそく、

「解けましたか……？」

と訊いたが、安藤は、やたらに莞爾《かんじ》とした笑顔を見せ、

「解けません」

まるで断定するような言い方に、春海は震え上がった。

「ま、まさか……またもや……」

だが安藤は笑顔のまま首を傾げ、

「さて、どうでしょう。一瞥《いちべつ》即解の士ならば、既に解かれているかもしれませんよ」

いつもの会津訛《なま》りを江戸弁に無理に押し込めたような口調で春海に塾へ行くよう促し、

「男子一生の勝負です。勇を奮って参りなさい。さ、さ」

さらに翌朝、玄関まで見送られ、名物の干し柿まで持たされて、春海は邸《やしき》を出ている。その際に刀を締め直し、安藤の前であえて踏ん張って見せたのは覚えているが、そこから先の記憶がぶっつり消えていた。途中、どこをどう通って来たのか思い出せない。気づけば荒木邸の門前にいた。そんな恐ろしい場所に突っ立っている己をふいに発見し、跳び上がるほど驚いた。しかもちょうど門下生が集まる時間である。みな

棒立ちの春海に気さくに挨拶して中へ入ってゆく。なんて馬鹿なことをしたのか。人が集まる前か、それよりも後に来れば良いものを。せめて遠くから眺め、折りの良いところを見計らって、こっそり近づくべきではないか。こんな人目につく状況下で、己の設問の結果を確認するなど……

思わず尻込《しりご》みして引き返そうとしたとき、村瀬がひょいと玄関口に姿を現し、しかも完全に目が合ってしまった。村瀬が笑みを浮かべ、おいでおいでと手招きをした。こうなると村瀬に無礼と知りながら、一目散に逃げられる春海ではない。ぎくしゃくとした足取りで前に進んだ。震える手で干し柿の包みを差し出し、

「あんた偉いよ、渋川さん。いつも手土産を持ってくるんだから」

村瀬が感心して包みを受け取り、玄関の方へ顎《あご》をしゃくる様子に、戦慄《せんりつ》した。それだけで、そこにある己の設問に変化があったことが察せられたからだ。春海は、咄嗟《とっさ》に顔を背けながらも、見開いた目は正しく玄関の方を向こうとするという奇怪な行為を己がしてのけるのを感じた。気づけば顔の方が目に従っていた。そればかりか足まで追随した。おそるおそる玄関へ歩み入りながら、やっと目が見ているものが意識にのぼった。

玄関の右側の壁。やや右上の中央辺りに己の設問が貼り出されている。

そしてその空白に、ぽつんと、しかし黒々と、何かが記されていた。

春海はそこに『無術』の二文字をはっきりと見た。何度も悪夢で見た通りの筆蹟《ひっせき》だった。だがそれもほんの一瞬のことで、そうに違いないという恐怖とともに、幻影は去った。後にはただ、さらりと書き記された答えだけがあった。

『答　七分ノ三十寸　関』

今度こそ本当に棒立ちとなった。微動だにせず息を詰めてじっとその解答を見つめる春海の肩を、誰かが叩《たた》いた。そちらを振り返る間もなく、村瀬が、春海の目の前に何かを差し出した。筆だった。それで何をしろと言うのか。咄嗟に訳がわからなかった。

「答えはどうだい、渋川さん」

村瀬に訊かれて、やっと筆を手に取った。背後で門下の者たちが集まって注目しているのが感じられた。それらの視線の中に、春海は、建部や、伊藤や、安藤や、この場にいない者たちの眼差《まなざ》しを感じる気がした。えんが心のどこかで微笑んでくれていた。

『明察』

記した途端、どよめきが起こった。さすがと褒める者、してやられたと悔しがり舌打ちする者、ただ感心する者、色々だった。

「良かったなあ、渋川さん」

すぐそばで村瀬の優しい声がして、震える春海の手から、そっと筆を取った。

かっと熱いものが込み上げ、春海はほとんど無意識に、その両手を眼前に持ってきた。

ぱーん。拍手《かしわで》を一つ、高らかに打った。門人たちがぴたりと黙った。

何かを越えた。何かが終端に辿《たど》り着いた。そして新たに始まった。そんな気がした。

「ありがとうございました」

手を合わせたまま瞑目《めいもく》し、設問と答えに向かって深々と頭を下げた。その虚心清々たる春海の礼拝を、村瀬も門人たちも、ただ黙って見守ってくれていた。

（下巻に続く）

本書は、二〇〇九年十一月小社刊の単行本を、
上下巻に分冊して文庫化したものです。
文庫化にあたり、加筆修正を行っております。

本書は史実をもとにしたフィクションです。
尚、主要参考文献は『天地明察　下』の巻末に
掲載されております。

（編集部）

天《てん》地《ち》明《めい》察《さつ》 上

冲方《うぶかた》丁《とう》

角川文庫 17398

平成二十四年五月二十一日　初版発行

発行者―井上伸一郎
発行所―株式会社角川書店
東京都千代田区富士見二―十三―三
電話・編集（〇三）三二三八―八五五五
〒一〇二―八〇七八
発売元―株式会社角川グループパブリッシング
東京都千代田区富士見二―十三―三
電話・営業（〇三）三二三八―八五二一
〒一〇二―八一七七
http://www.kadokawa.co.jp
印刷所―大日本印刷　製本所―大日本印刷
装幀者―杉浦康平

う 20-6　ISBN978-4-04-100318-3　C0193

角川文庫発刊に際して

角 川 源 義

第二次世界大戦の敗北は、軍事力の敗北であった以上に、私たちの若い文化力の敗退であった。私たちの文化が戦争に対して如何に無力であり、単なるあだ花に過ぎなかったかを、私たちは身を以て体験し痛感した。西洋近代文化の摂取にとって、明治以後八十年の歳月は決して短かすぎたとは言えない。にもかかわらず、近代文化の伝統を確立し、自由な批判と柔軟な良識に富む文化層として自らを形成することに私たちは失敗して来た。そしてこれは、各層への文化の普及滲透を任務とする出版人の責任でもあった。

一九四五年以来、私たちは再び振出しに戻り、第一歩から踏み出すことを余儀なくされた。これは大きな不幸ではあるが、反面、これまでの混沌・未熟・歪曲の中にあった我が国の文化に秩序と確たる基礎を齎らすためには絶好の機会でもある。角川書店は、このような祖国の文化的危機にあたり、微力をも顧みず再建の礎石たるべき抱負と決意とをもって出発したが、ここに創立以来の念願を果すべく角川文庫を発刊する。これまで刊行されたあらゆる全集叢書文庫類の長所と短所とを検討し、古今東西の不朽の典籍を、良心的編集のもとに、廉価に、そして書架にふさわしい美本として、多くのひとびとに提供しようとする。しかし私たちは徒らに百科全書的な知識のジレッタントを作ることを目的とせず、あくまで祖国の文化に秩序と再建への道を示し、この文庫を角川書店の栄ある事業として、今後永久に継続発展せしめ、学芸と教養との殿堂として大成せんことを期したい。多くの読書子の愛情ある忠言と支持とによって、この希望と抱負とを完遂せしめられんことを願う。

一九四九年五月三日